CAHIERS DES ÉTATS

DE

NORMANDIE

SOUS LE RÈGNE DE HENRI IV

DOCUMENTS RELATIFS

A CES ASSEMBLÉES

RECUEILLIS ET ANNOTÉS

Par Ch. de Robillard de Beaurepaire

TOME Ier

(1589-1601)

I0127030

ROUEN

CHEZ CH. MÉTÉRIE

LIBRAIRE DE LA SOCIÉTÉ DE L'HISTOIRE DE NORMANDIE

RUE JEANNE-DARC, N° 11

M DCCC LXXX

BIBLIOTHÈQUE NATIONALE DE FRANCE

3 7531 02473395 9

CAHIERS

DES

ÉTATS DE NORMANDIE

ROUEN — IMPRIMERIE DE E. CAGNIARD

Rues Jeanne-Darc, 88, et des Basnage, 5.

CAHIERS DES ÉTATS

DE

NORMANDIE

SOUS LE RÈGNE DE HENRI IV

DOCUMENTS RELATIFS

A CES ASSEMBLÉES

RECUEILLIS ET ANNOTÉS

PAR CH. DE ROBILLARD DE BEAUREPAIRE

TOME Ier

(1589-1601)

ROUEN

CHEZ CH. MÉTÉRIE

LIBRAIRE DE LA SOCIÉTÉ DE L'HISTOIRE DE NORMANDIE

RUE JEANNE-DARC, N° 11

—

M DCCC LXXX

EXTRAIT DU RÈGLEMENT.

ART. 16. — Aucun volume ou fascicule ne peut être livré à l'impression qu'en vertu d'une délibération du Conseil, prise au vu de la déclaration du Commissaire délégué, et, lorsqu'il y a lieu, de l'avis du Comité intéressé, portant que le travail *est digne d'être publié.* Cette délibération est imprimée au verso de la feuille de titre du premier volume de chaque ouvrage.

Le Conseil, vu la déclaration de M. JULIEN FÉLIX, *commissaire délégué, portant que l'édition des* DOCUMENTS RELATIFS AUX ETATS DE NORMANDIE, *recueillis et annotés par* M. CH. DE BEAUREPAIRE, *lui a paru digne d'être publiée par la* SOCIÉTÉ DE L'HISTOIRE DE NORMANDIE, *après en avoir délibéré, décide que cet ouvrage sera livré à l'impression.*

Fait à Rouen, le lundi 1ᵉʳ mars 1880.

Certifié :

LE SECRÉTAIRE DE LA SOCIÉTÉ,

C. LORMIER.

ARTICLES

DE

REMONSTRANCES

Faictes en la Convention des Trois Estats

DE NORMANDIE

Tenue à Caen, le seiziéme jour de Novembre, et autres
jours ensuyvans, mil cinq cents quatre vingts treize.

*Avec la Responce et Ordonnance sur ce faicte
par le Roy estant en son Conseil,*

Tenu à Chartres le vingt-sixiéme jour de fevrier, mil'
cinq cents quatre vingts quatorze.

AU ROY.

Et a Monseigneur le Duc de Montpensier, *Pair de France,
Gouverneur et Lieutenant general pour sa Majesté en
ses Pays et Duché de Normandie, et Nossieurs les
Commissaires deputez par sa dicte Majesté, pour tenir
l'assemblee des Estats de ceste Province en ceste ville
de Caen, le seiziéme jour de Novembre, mil cinq cents
quatre vingt treize.*

Articles des plaintes et doleances proposees au Roy par
les Deputez des Estats du Pays et Duché de Normandie,

lesquelles ils suplient sadicte Majesté avoir pour agreables, et y apporter les remedes tels qu'ils ont tousjours esperé de sa bien vueillance et bonté sur chacun article.

PREMIEREMENT.

LESDICTS DEPUTEZ DES ESTATS rendent graces infinies à Dieu de ce que les ayant pourveuz et douez d'un des plus grands, plus genereux et plus magnanimes Princes du monde : il luy a pleu encores luy faire cognoistre et toucher comme à veuë d'oeil la verité de la Religion Catholique, Apostolique et Romaine, qui estoit la derniere partie qui restoit pour l'esgaler en toutes vertus et perfections à ceux qui ont jamais tenu le rang des bons et vrais Monarques en la France : estant sadicte Majesté en valleur, clemence et bonne volonté à l'endroict de ses sujets à eux semblables, ce qui donne plus d'esperance à ses povres sujets que sadicte Majesté aura pitié et compassion de leurs miseres : Tellement qu'elle sera supliee que suyvant la declaration faicte en sa saincte et divine conversion, il luy plaise aymer et conserver la Religion Catholique, Apostolique et Romaine, recognoistre et declarer que jusques à ceste heure les catholiques ont esté fidelles serviteurs de cest Estat, maintenir et suporter les gens d'Eglise en leurs immunités, dignités, et libertés, comme ses predecesseurs, les maintenir de tous troubles, s'en rendre protecteur.

AU ROY.

Le Roy ne cedera à aucuns de ses predecesseurs en devotion envers Dieu et son Eglise, conservation des serviteurs d'icelle, manutention des droicts, franchises et privileges à eux accordés : lesquels il ne souffrira estre enfraincts ny diminués, et s'en rendra tousjours protecteur.

II.

Prient aussi lesdicts Estats qu'il soit procedé comme de crime de leze Majesté contre les blasphémateurs du nom de Dieu, gens desbordés en tous vices, comme ceux qui vivent sans foy, sans loy et sans religion, que l'on appelle Atheistes.

Accordé, et seront les ordonnances des predecesseurs Roys de rechef publiees, afin d'estre observees sur les peines contenues en icelles.

Accordé, et seront les Ordonnances contre les blasphemateurs sevérement observees, et ordonne sa Majesté à la cour de Parlement et juges particuliers y tenir la main.

III.

Aussi qu'il soit commandé par sadicte Majesté à toutes personnes de quelque qualité ou condition qu'ils soyent, d'inviolablement garder et festoyer le jour des saincts Dimanches, et autres Festes solennelles, observer le sainct temps de Caresme, et autres jeusnes et veilles commandees de l'Eglise, sous peine de punition corporelle.

Accordé, avec admonition aux Prelats et Pasteurs Ecclesiastiques, d'y pourvoir entant qu'il depend de leur function.

Accordé, et sera mandé à tous Officiers d'y tenir la main.

IV.

Que defences soyent faictes à tous taverniers et hostelliers de ne faire d'oresnavant aucune traficque, vendre et distribuer viandes grasses aux jours dessusdicts, attendu le scandalle qui en provient : vendre ny assoir en leurs maisons ou tavernes aux jours des Festes et Dimanches durant la celebration du service divin : Et que toutes personnes

soyent abstraincts par toutes voyes de droict, à tout le moins
au jour de Dimanche, à l'eau benoiste et Messe paroissialle,
s'il n'y a excuse raisonnable : mesme ne faire venduës au
joúr de Dimanche d'aucuns biens et marchandises, attendu
le scandale qui en provient.

*Accordé, mesme pour les jeuʒ de paulme avec ladicte admo-
nition.*

*Accordé, mesme de ne faire aucunes ventes au jour de
Dimanche.*

V.

REMONSTRENT lesdicts Estats, qu'encores que defences
eussent esté faictes par sa Majesté en l'article treiziéme du
cahier des plaintes et doleances de quatre vingts dix à tous
gens de guerre de ne loger ny fourrager aux maisons presbiteralles, molester les gens d'Eglise en leurs biens, ny en
leurs personnes : lesdicts gens d'Eglise ont esté tellement
excedés et travaillés, qu'ils ont esté contraincts habandonner
leurs Eglises et maisons ausdicts gens de guerre, qui ordinairement y font leurs corps de garde, logent leurs chevaux qui
ont gasté et desmoly les saincts Autels, profané le sainct
Sacrement de l'Autel, et foullé à pieds les choses sainctes,
pillé, ravy et emporté leurs moyens, les croix, callices et
ornemens dediez pour le service divin : le plus souvent
prins les povres Ecclesiastiques qu'ils auroyent arrançonnez
à grands deniers, pour lesquels aucuns sont morts aux prisons. Si suplient tres-humblement sadicte Majesté reiterer
lesdictes defences : et faire inionctions à tous justiciers,
mesmement aux gens des Courts de parlement, de tenir la
main à peine de privation de leurs charges, afin que tels
meffaits ne demeurent impunis.

Accordé.

Accordé, et enjoinct au Gouverneur et Lieutenants

*generaux de sa Majesté de faire garder exactement les
Ordonnances sur ce faictes : et aux juges des lieux de les
faire lire et retirer de six mois en six mois.*

VI.

QUE d'oresnavant defences seront reiterees à tous Gentilshommes de prendre, directement ou indirectement, aucunes
dixmes à ferme, et encores moins usurper, tirer maisons,
ny autres revenus desdicts Ecclésiastiques, sur peine d'estre
declarés roturiers : et quant ausdictes dixmes, demandent
lesdicts Ecclesiastiques estre preferés aux baux desdictes
dixmes, sans pour ce desroger à leur estat : Et ce pendant
pour ce qui s'est passé jusques icy, en sera informé.

Accordé suyvant les anciennes Ordonnances, et pour le surplus.

AU ROY.

*Accordé, et seront les baux desdictes dixmes faicts à
personnes capables, au plus offrant et dernier enche-
risseur.*

VII.

LESDICTS Estats suplient tres-humblement sa Majesté se
resouvenir du contrat faict avec le feu Roy que Dieu absolve, par le Clergé general de France en l'annee mil cinq
cents quatre vingt six, qui porte tres-expressement, que si
par hostilité des guerres ou autres violences aucun beneficier estoit spolié des fruicts de son benefice, ou partie
d'iceux, qu'il seroit quitte et deschargé du payement desdicts
decimes, au prorata de ce qu'il auroit perdu : et qu'on luy
restabliroit les sommes ainsi desduites, si elles excedoyent
la somme mentionnee audict contract, outre la rente deuë
en la maison de ville de Paris. Et neantmoins combien que

lesdicts beneficiers, ou la plus grande partie d'iceux, ayent esté spoliés totallement des fruicts et revenus de leurs dicts benefices, comme ils ont remonstré aux Tresoriers generaux de sadicte Majesté, auroyent esté contraincts lesdicts Ecclesiastiques en leurs personnes et biens particuliers, sans s'adresser aux fruicts desdicts benefices, ny à ceux qui les usurpent : mesme auroyent faict saisir et arrester par plusieurs fois le revenu desdicts beneficiers, ainsi usurpez par les gens de guerre, et qui auparavant ladicte usurpation avoyent accoustumé de payer : Qu'il plaise à sa Majesté faire entretenir ledict contract, et maintenir lesdicts Ecclesiastiques en leurs dicts privileges.

Accordé, qu'ils ne seront contraincts par corps, et pour le surplus renvoyez.

AU ROY.

Sera pourveu sur les requestes qui seront presentees par les particuliers pour leur estre faict droict suyvant leurs privileges et contracts, lesquels sa Majesté veut estre entretenus, et ne pourront estre contraincts par corps.

VIII.

Aussi lesdicts du Clergé, remonstrent tres-humblement à sadicte Majesté, que par le contract faict entre ledict Clergé de France, et le sieur Scipion Sardini, pour la somme de cinq cens mil escus par luy promise payer en l'acquict dudict Clergé, en l'annee mil cinq cents quatre vingts neuf, le quatriesme jour de Mars : Lesdicts du Clergé auroyent cedé et transporté audict sieur Sardini les Estats de Receveurs alternatif, et controlleur des decimes en chacun diocese de France, revenant à la somme de cinq cents cinquante mil escus, et la somme de cent-cinquante huict mil cinq cents tãt d'escus, pour la somme de cent mil escus, restans desdicts cinq cents mil escus, qui estoit d'interest pour l'entree dudict contract, la somme de deux cent vingt cinq mil escus environ : Outre les grandes charges imposees sur ledict Clergé par ledict contract, et ausquelles pour n'avoir peu par lesdicts du Clergé satisfaire à cause des guerres, troubles et seditions qui sont eslevees en ce Royaume, pilleries et ravagements faicts sur lesdicts du Clergé : ledict Sardini par surprise ou autrement, sans avoir ouy ledict Clergé, est condamné à luy payer et rembourser lesdictes sommes, avec les gaiges desdicts Officiers de Receveur alternatif, et controlleur, encores qu'ils n'ayent esté establis, ny faict aucun exercice desdicts Estats aux Dioceses de Coustances et Avranches, avec interests et despens pour lesquels ils travaillent de jour en jour lesdicts Ecclesiastiques par rigoureuses contrainctes, chose grandement prejudiciable ausdicts du Clergé, et hors de raison, pour ce que si tant estoit que ledict Arrest eust lieu, ledict Sardini gaigneroit au malheur du temps, et auroit interest d'interest. Parquoy lesdicts du Clergé suplient humblement sadicte Majesté les vouloir descharger desdicts interests à eux demandez : Et ordonner qu'en payant leur équipolent de la taxe principalle desdicts Offices, et des cent mil escus d'outre plus, ils soyent tenus quittes et deschargés envers ledict Sardini, et ses associés.

AU ROY.

Ledict Sardini ouy, leur sera faict droict: et pour ce le feront assigner au conseil.

IX.

SUPLIENT d'avantage les Ecclesiastiques du Diocese d'Avranches, qu'il plaise à sa Majesté ordonner deniers

estre prins sur la recepte dudict lieu, pour employer aux
reparations de l'Eglise Sainct André dudict lieu, suyvant
l'article second de la capitulation accordee par feu de bonne
memoire Monseigneur de Montpensier, et ratiffiee par sa
Majesté, et la visite et procès verbal desdictes reparations
faict par le commandement de mondict Seigneur de Montpensier : et que ladicte capitulation soit de poinct en poinct
observee selon sa forme et teneur, et ainsi qu'elle a esté
accordee et ratiffiee par sadicte Majesté.

*Accordé, pour l'entretenement de la capitulation. Et pour le
surplus.*

AU ROY.

*La capitulation sera entretenuë : Et pour le regard
desdictes reparations, renvoyé aux Tresoriers generaux
de France pour informer d'icelles, et en donner avis, et
ou les deniers en pourront estre pris.*

X.

Qu'il plaise à sa Majesté suyvant sa declaration faicte à
Fontainebleau, que les arrerages que l'on demande des
decimes des annees passees demeurent surcis, sans que les
receveurs en puissent faire poursuitte, jusques à ce que par
sadicte Majesté autrement en ait esté ordonné : Et outre
descharger lesdicts Ecclesiastiques desdicts decimes.

*Accordé suyvant la declaration du dixiéme jour de Septembre, mil
cinq cents quatre vingts treize.*

Accordé, suyvant l'avis des Commissaires.

XI.

Remonstrent aussi les Depputés des Estats, qu'un grand
travail leur vient par les Receveurs des decimes, lesquels,
combien qu'ils ayent des gages pour faire sortir les deniers

des decimes, neantmoins sans faire aucune diligence sur les beneficiers, establissent simples gens commissaires aux revenus des beneficiers, qui ne cognoissent ny leurs revenus, ny ceux qui tiennent les revenus desdicts beneficiers : et incontinent après sous pretexte de telles commissions, contraignent lesdicts Commissaires par voÿes induës, et non raisonnables, au payement desdicts decimes, par corps et biens, voyre le plus souvent devant qu'ils ayent le loysir en faire faire aucune proclamation : Ce considéré, il plaise à sa Majesté ordonner que lesdicts Receveurs feront eux-mesmes les diligences d'eux faire payer sur les beneficiers, et autres à eux obligez.

Seront suyvies les Ordonnances et reglemens, et defences d'y contrevenir.

Accordé, et sera l'avis des Commissaires suyvi.

XII.

D'avantage, pour ce que les Dioceses s'estendent en diverses Vicontés et Elections, le plus souvent lesdicts Receveurs font faire leurs executions par des Sergents qui ne sont de la jurisdiction, à laquelle ils executent, lesquels menent les namps hors de la jurisdiction, pour oster le moyen de les poursuivre, et pour les faire perdre, et ne font aucune élection de domicile pour le Receveur, au lieu ou ils executent : Tellement que l'on ne peut prendre pourvoy contre lesdicts Receveurs, ny leur Sergent, qui par ce moyen exigent, et tirent de grands deniers du peuple, pour ne souffrir leurs executions : Il soit ordonné que lesdicts Receveurs des decimes feront faire leurs executions par les Sergents ordinaires, ou Huissiers en chacune Election, et feront élection de domicile en la ville principalle de la jurisdiction, pour y recevoir les assignations qu'il sera besoin de leur faire : Qu'il soit aussi ordonné que lesdicts Rece-

veurs des decimes feront contremarquer leur registres par
le juge, de leur domicile, afin qu'ils ne soyent changez, et
que les payans decimes y puissent avoir recours, par ce
qu'ils perdent ordinairement leurs acquits aux ravages que
leur font les gens de guerre : Aussi qu'ils laisseront au greffe
de chacune Election un Estat de la taxe des decimes deubs
en icelle, et des autres deniers qu'ils demandent en outre
lesdicts decimes, afin que les beneficiers puissent estre certains de ce qu'ils doyvent : ce qu'ils n'ont peu encores obtenir, ny eu moyen de voir les rolles et taxes desdicts decimes,
ce qui se voit en tous les Eveschés de Normandie, ou les
Receveurs qui y sont, levent à leur discretion tant de deniers
qu'ils veulent : Pour à quoy obvier, suplient tres-humblement lesdicts Estats qu'aux departemens qui se feront
desdicts decimes, soyent appellés les Deputés pour les Ecclesiastiques aux Estats, chacun en son Bailliage.

Pour le regard des departemens, en sera usé comme par cy devant a
esté observé : Et pour le surplus accordé.

Accordé, comme par l'avis des Commissaires.

XIII.

Sᴀᴅɪᴄᴛᴇ Majesté sera supliee d'exempter lesdicts Ecclesiastiques des contributions aux magasins, fortifications,
pionnages, et autres semblables charges, pour le faict de la
guerre, specialement comme il avoit promis par la capitulation d'Avranches, ratiffiee par sa Majesté, article septiéme
par laquelle les Ecclesiastiques demeurent deschargés des
deniers des decimes pour les annees quatre vingts neuf, et
quatre vingts dix, en consideration qu'ils les auroyent
payés au sieur de Vicques par force et contraincte, et aussi
des grandes et notables pertes qu'ils avoyent souffertes à
cause de la guerre : lequel article auroit esté confirmé par
Arrest du conseil privé de sa Majesté, du huictiéme d'Aoust,

quatre vingts unze, et lettres patentes des vingt deuxiéme Novembre, et quinziéme Decembre audict an, et Arrest de
surceance du premier Juin, et treiziéme Septembre dernier :
neantmoins lesquels Arrests et lettres patentes, les Tresoriers
generaux des finances au Bureau estably à Caen, auroyent
empesché les supplyans de jouïr du fruict de ladicte capitulation, ayans baillé plusieurs assignations et escroes aux
soldats de la garnison de Pontorson et chasteau de Mortaing,
pour lever lesdicts deniers sur lesdicts Ecclesiastiques, vertu
desquelles assignations les aucuns auroyent esté emprisonnez par lesdicts soldats, les autres contraincts s'absenter,
mesmes pour les sommes excessives que lesdicts soldats
auroyent accoustumé prendre sur lesdicts Ecclesiastiques :
Si suplient sadicte Majesté ordonner que ladicte capitulation,
Arrests du conseil et lettres patentes sortiront en leur effect,
et que les deniers qui auroyent esté payés par lesdicts
Ecclesiastiques, ainsi forcés, et au prejudice de ladicte capitulation, leur soyent précomptés sur les decimes des annees
ensuyvantes, au cas qu'ils n'en fussent entierement deschargez : et qu'il soit commandé ausdicts Tresoriers
generaux revoquer toutes les assignations et escroes qu'ils
auroyent delivrees ausdicts gendarmes, avec defences à
toutes gens de guerre de n'incommoder lesdicts Ecclesiastiques en leurs personnes, ny en leurs biens pour quelque
pretexte qu'ils puissent alleguer.

Ladicte capitulation d'Avranches, sera suyvie et entretenuë, les
Arrests observés, et les assignations baillees au contraire, revoquees.

Accordé, pour estre l'avis des Commissaires suyvi, et
le septiéme article de la capitulation d'Avranches, gardé
et observé.

XIV.

Qu'il plaise à sa Majesté, d'oresnavant vacation avenant

d'aucuns benefices, soyent simples ou avec charges d'ames,
y pourvoir personnes qui soyent d'aage et literature suffisante et canonique, et de la Religion Catholique, Apostolique et Romaine : Et ou il aviendroit que par le malheur
du temps quelque beneficier fust privé des fruicts et revenus
de son benefice, sadicte Majesté n'en face donation qu'à
personnes Ecclesiastiques, pour le malheur que l'on a veu
arriver en tel cas.

AU ROY.

*Sa Majesté ne pourvoit aux tiltres des benefices, ains
seulement presente ceux ausquels il a droict de presentation, nomination, collation, et entend l'ordre Ecclesiastique estre gardé, et le revenu des benefices estre attribué
à ceux qui font les charges.*

XV.

Et d'autant que le malheur du temps apporte telle licence
aux Sergents, que sans respect de l'ordre de Prestrise, ils
vont impudemment jusques dans les Eglises prendre les
curés et autres beneficiers pour les decimes : il luy plaise
reiterant son ordonnance, faire defences à tous Huissiers et
Sergents de prendre au corps lesdicts Curés et beneficiers,
sur peine de la vie, et que leurs robbes, brevieres, et autres
commodités, ne pourront estre saisies, pour quelque chose
que ce soit.

*Accordé, suyvant l'intention du Roy, et Arrest de la Court de Par-
lement.*

Accordé.

XVI.

Qu'il plaise à sa Majesté, entretenir aux trois Estats, la
Chartre Normande à eux accordee par les Roys ses predecesseurs.

Accordé, et sont les Commissaires d'avis que sa Majesté face de rechef Declaration et defences d'y contrevenir directement ou indirectement, sur peine de nullité des actes de contravention.

Accordé.

XVII.

SUPLIENT aussi lesdicts Estats, qu'il plaise à sa Majesté suyvant les privileges de la Chartre Normande, leur faire rendre justice, par les justiciers et Officiers leurs juges naturels en ladicte Province, sans permettre qu'ils en soyent distraicts, ny tirés en autres Courts ou jurisdictions : ce qui ne peut estre sans leur apporter infinis travaux, inconveniens et dommages inestimables.

Accordé, sauf à pourvoir aux parties selon l'ocurence des cas suyvant les anciennes Ordonnances.

Accordé, suyvant l'avis des Commissaires, pour n'y estre pourveu que suyvant les Ordonnances.

XVIII.

CONSEQUAMMENT, qu'il plaise à sa Majesté tenir la main à sa justice, authoriser les jugemens et Arrests, tant de ses courts de Parlement qu'autres Subalternes, à ce que l'entier effect et execution d'iceux, ne puissent estre empeschés ny retardés, autrement que par les voyes ordinaires et accoustumees, dont la cognoissance soit reservee aux juges, ausquels elle appartient.

Accordé.

Accordé.

XIX.

QU'IL plaise à sa Majesté faire defences à toutes personnes de faire porter le chaperon de velours à leurs femmes, ny estat appartenant à Damoyselle, s'il ne sont nobles, sur peine de cinq cents escus d'amende.

Accordé, suyvant les Ordonnances, et enjoinct aux juges de les observer, dont le Procureur general du Roy sera averty, afin de sa part d'y tenir la main.

Accordé, avec l'avis des Commissaires.

XX.

REMONSTRENT lesdicts Estats, que la pluspart des Tresoriers generaux, sont parens et alliés des Receveurs, qui est occasion que les assignés sur leur recepte, ne peuvent avoir justice.

AU ROY.

XXI.

REMONSTRENT que lesdicts Receveurs quelque assignation qu'il y ait sur eux, pour payer, soit pour munitions de guerre avancees pour le Roy, Soit pour les pensions de Messieurs les Princes, ou autres, Soit pour d'autres assignations à prendre sur les deniers de leurs charges, jamais ne payeront sans composer avec lesdicts assignés, ou autrement feront manger ou despendre la plus grande partie de leur dicte assignation, à la poursuite d'iceux deniers, et payent seulement, disants qu'ils n'ont aucuns deniers de la nature, sur quoy l'on est assigné : se confians aux Tresoriers generaux de ne les faire poinct payer.

AU ROY.

XXII.

SUPLIENT humblement sa Majesté de vouloir reigler tel desordre, et envoyer Commissaires non suspects, ainsi que feit feu de bonne memoire le Roy François, pour reformer les abus desdicts Receveurs, lesquels sont de basse maison, et qui depuis dix ans, et signamment depuis ces troubles, se sont enrichis par dessus toutes les meilleures et anciennes

maisons et familles, et se sont tous faicts depuis trois mois
Secretaires de la Couronne et maisons de France, pour
signer les quitances les uns des autres.

AU ROY.

Les Deputés et Procureurs des Estats, ouys au conseil,
qui ont declaré n'avoir memoires pour la verification
desdicts trois Articles, lesquels ils ont dict avoir esté
extraicts d'un memoire qui fut entrejetté en l'assemblee
des Deputés desdicts Estats : Leur est ordonné de fournir
dans deux mois de memoires, pour la preuve et verifica-
tion desdicts trois Articles, autrement, et à faute d'y
satisfaire dans ledict temps, y sera pourveu comme de
raison.

XXIII.

Qu'il leur soit defendu suyvant les anciennes Ordonnance de r'entrer à l'exercice de leur charge, et ne soyent
admis en aucune charge avant qu'ils facent apparoir de
leurs quitances, ou autrement de leurs comptes, et en
leur faisant justice, le Roy et le public y auront grand
profict, et se trouvera beaucoup de deniers.

Accordé, suyvant l'Ordonnance.

Renvoyé à la chambre des Comptes, pour y pourvoir
suivant les Ordonnances.

XXIV.

Qu'il plaise à sadicte Majesté, maintenir la Noblesse en
ses privileges, franchises, prerogatives, comme elle a esté
du temps de ses predecesseurs Roys : et que d'oresnavant la
Noblesse du Pays soit preferee aux gardes des villes, chasteaux et places fortes de ladicte Province, et n'y en poser
d'oresnavant qui ne soyent Catholiques.

AU ROY.

Le Roy y pourvoira selon l'importance des places : et la cognoissance qu'il aura du merite de ceux qui en devront estre pourveus.

XXV.

SUPLIENT aussi lesdicts Estats, sadicte Majesté, ne vouloir admettre au privilege de Noblesse, que ceux qui l'auront acquis, et gaigné par la vertu des armes : Et qu'il soit defendu à toutes personnes de prendre le nom, tiltre, et qualité de Noblesse, s'il n'est de nom et d'armes honorable.

AU ROY.

Le Roy n'entend estre cy apres honoré de la qualité de Noblesse, Que ceux qui par leurs vertus et services le meriteront.

XXVI.

QUE d'oresnavant l'arriereban, ne sera levé en ceste Province que par les moyens contenus en la chartre Normande : et ou ledict arriereban auroit esté tenu, et le service n'auroit este faict : que les baillifs, leurs lieutenans, et procureur de vostre Majesté, examinateurs du compte dudict arriereban, ordonneront que les deniers seront rendus aux Nobles et tenans fiefs.

AU ROY.

Si les deniers n'ont esté employés aux affaires de la guerre, les Baillifs ou leur Lieutenans, les feront rendre et restituer.

XXVII.

Suplient aussi lesdicts de la Noblesse, les exempter d'aucunes taxes, cottisations, et levees qui pourroyent estre faictes sur eux, pour quelque pretexte que ce soit, ains se contenter du tres-humble et tres-fidelle service qu'ils offrent prester à votre Majesté.

Accordé, pour ceux qui servent le Roy actuellement et sans fraude, et pour les autres, renvoyés au Roy.

Accordé, pour ceux qui servent actuellement : et pour les autres, y seront contraincts suyvant les Ordonnances sur ce faictes.

XXVIII.

Sadicte Majesté, sera supliee de lever et oster la pernicieuse forme, de bailler le sel par impost, contraignant les povres gens de prendre dix fois autant de sel qu'il leur en faut : lever et oster les vingt et dix sous d'augmentation, et les soixante et quinze sols qui se levent és Bailliages de Gisors, Evreux, et Alençon, qui cause qu'en tels endroicts le sel vaut treize livres quinze souls le minot, prix excessif, et insupportable au peuple.

AU ROY.

L'impost n'a esté estably que pour les tres-grands abus qui se commettoyent és lieux ou il avoit accoustumé d'estre levé : à quoy toutesfois, sa Majesté pourvoira lors que les affaires de son Royaume le permettront.

XXIX.

Remonstrent lesdicts Estats à sa Majesté, que ce qui plus apporte de foulle, oppression et coustage à ses povres sujets,

apres l'incommodité des guerres : c'est la multitude des
Officiers supernumeraires, crées depuis la suppression
generale du feu Roy Henry deuxiéme, portee par les
Ordonnances faictes aux Estats generaux à Bloys, comme
lieutenans generaux des Baillifs en chacune Viconté,
seconds Advocats du Roy, Assesseurs aux sieges de viconté,
Greffiers de presentations aux sieges des Bailliages et
Vicontés, Bistrades : les Clercs des greffes, l'augmentation
du nombre des Conseillers Presidiaux, Presidens, Tresoriers generaux, Receveurs et Controlleurs alternatifs en
toutes receptes, Presidens et lieutenans, Esleus és Elections,
Sergens, Greffiers, Huissiers et Receveurs des parroisses,
Receveurs des consignations, nouveaux Receveurs du sel,
et une infinité d'autres : Si suplient tres-humblement
sadicte Majesté, ne pourvoir ausdicts Offices, ainsi crées,
vacation avenant par mort, forfaicture, ou autrement : Et
ou pour vostre service et bien du peuple, aucuns se trouveroient qui voudroyent rembourser lesdicts Officiers Supernumeraires il plaise à sadicte Majesté les y recevoir, en
jouissant des gaiges, et taxations attribuees ausdicts Estats.

AU ROY.

*Accordé, pour ceux qui voudront rembourser lesdicts
Officiers, pour estre du tout supprimés : et pour le reste
y sera pourveu aussi tost que les affaires de sa Majesté
le permettront.*

XXX.

Lesdicts Estats, suplient tres-humblement vostre dicte
Majesté, comme ils ont faict par l'article trente-huictiéme
du cahier dernier desdicts Estats, que ou pour les affaires en
commun des paroisses, et du consentement des parroissiens,
à la pluspart, il seroit faict quelques fraiz : Les Esleus en

chacune Election puissent donner leur mandement, pour
faire lever lesdicts fraiz au marc la livre, sur le rolle de la
taille, jusques à la somme de dix Escus, et au dessous,
sans qu'il soit besoin obtenir lettres patentes, qui coustent
beaucoup plus que la somme : Sur lequel article vostre
Majesté auroit respondu, que les Ordonnances seroyent
suyvies, et d'autant qu'il n'y a Ordonnance sur ce de permission, ou defences : il plaise à vostre Majesté accorder le
contenu audict article.

Accordé, selon que par le Roy a esté ordonné en son conseil.

Accordé, suyvant l'avis des Commissaires.

XXXI.

ET pour ce qu'il se suscite plusieurs proces, de parroisse à
parroisse, contre particuliers, à raison de quoy s'ensuyvent
condamnations de despens, sur icelles paroisses : Pour lesquels, celuy qui a obtenu l'effect en cause, execute l'un des
parroissiens d'icelles, lequel pour la delivrance desdicts
biens, faict par apres convenir la parroisse, comme estant
executé pour le faict commun d'icelle : laquelle n'ayant
rien à dire, ny contre la debte, ny contre la garantie, est
tousjours condamnee à la delivrance des biens de l'executé,
avec despens adjugés aux requerans sur iceluy executé :
Sauf la recompence en principal avec despens, qui luy est
par le mesme moyen adjugé sur ladicte parroisse, avec despens de son chef, pour l'execution de laquelle sentence,
l'executé par apres s'adresse à l'un des autres parroissiens :
lequel pour le mesme faict commun de ladicte parroisse, tient
et garde les mesmes procedures, pour avoir pareille recompence sur icelle, prenant par apres un autre desdicts parroissiens pour la mesme chose, au profit duquel pareil jugement
se donne contre la paroisse : de sorte qu'il n'y a jamais fin

à tel desordre : Dont avient que pour petite somme de
despens, à quoy se montera une condemnation, s'ensuyvra
un tres-grand coust en ladicte parroisse : qui est un feu qui
consume et devore vos povres contribuables, autant que la
taille, ou il n'y a moyen de pourvoir, si ladicte parroisse, ou
tel cas arrive, ne passe un certificat lors que la demande
luy est faicte desdicts despens, par devant le Curé ou
Vicaire d'icelle, ou Collecteur par elle esleu, afin de
recueillir sur les parroissiens au marc l'escu, la somme à
quoy se trouvera monter l'executoire desdicts despens, pour
icelle mettre à leur descharge és mains du porteur d'iceluy:
Mais les Esleus font difficulté, quand la parroisse est
convenuë aux fins de l'emologation dudict certificat, à
executorier iceluy, d'autant que par les Ordonnances, il
seroit porté qu'il ne se fera aucune levee de deniers, sans
vos lettres patentes : Ce qui ne se doit prendre pour ce
faict icy : n'ayant esté jamais l'intention de vostre Majesté,
empescher le mesnage et police des contribuables pour le
payement de leurs debtes communes, ausquelles ils ne
peuvent par autre moyen remedier ne pourvoir, d'autant
que la poursuitte des lettres patentes, pour cest effect, leur
cousteroit dix fois plus que la somme à quoy se monte-
royent lesdicts frais et despens : Si vous suplient tres-
humblement qu'en les relevant de telles charges et exactions
qui causent leur ruyne : il plaise à vostre Majesté, ordonner
que d'oresnavant les collecteurs, ausquels ledict certificat
aura esté passé, communiqueront iceluy au Procureur de
vostredicte Majesté, en l'election d'ou dependra la parroisse,
pour apres avoir esté veu par iceluy les sentences, condamnations et executoires pour les depens, pour lesquels ledict
certificat aura esté passé, et trouvé par ce moyen n'y avoir
aucun interest pour vostre Majesté, estre par lesdicts
Esleus, devant lesquels le negoce se traictera, procedé à
executorier ledict certificat, sur ladicte parroisse, suyvant

la volonté d'icelle, et en consequence desdictes sentence et condamnation.

Accordé.

Accordé.

XXXII.

Qu'il plaise à vostre Majesté, faire decider et terminer le different d'entre Messieurs de la court des Aydes et Chambre des comptes, et leur faire commandement de verifier toutes lettres qui leur seront presentees suyvant l'adresse qui leur en sera faicte, sans qu'il soit besoin aux povres poursuyvans d'autres reliefs d'adresse.

AU ROY.

Seront lesdictes Chambre des Comptes, et court des Aydes, mandees pour estre reiglees au Conseil.

XXXIII.

Plaise aussi à vostre Majesté, suyvant qu'il vous a pleu accorder aux articles trente cinq et trente sixiéme, que les arrerages de rentes constituees sur vos receptes, seront payees aux particuliers de ce qui leur est deu du passé, et que d'oresnavant, il n'en sera faict aucun retranchement, d'autant qu'il n'y a eu aucuns Commissaires deputés pour informer du contenu ausdicts articles.

AU ROY.

Accordé, pour les serviteurs du Roy, pour lesquels a esté laissé fonds et receptes : Et sera mandé aux Tresoriers generaux de France, d'en envoyer les Estats, et les raisons pour lesquelles ils n'ont esté payees.

XXXIV.

Suplient aussi lesdicts Estats, sadicte Majesté, que les
Ordonnances par luy faictes, pour les fortifications des
villes et places fortes, ausquelles est contenu que le peuple
ne sera sujet de vaquer aux fortifications et pionnage,
qu'une fois le mois, soyent observees et gardees, d'autant
que les povres habitans sont tellement travaillés desdictes
fortifications, qu'il n'y a place, ville, fort, ou chasteau, ou
ils ne soyent contraincts à les fortifier, deux ou trois fois la
sepmaine, chacun en leur Viconté, autrement sont mis en
l'amende, pour laquelle ils sont executés par les soldats de
la garnison, et pour l'amende, et pour la course : Que s'il
n'y a biens pour ladicte amende et course, ils sont prins
prisonniers, menés comme criminels ausdictes places, dont
ils ne sortent jamais qu'ils n'ayent trouvé argent, qui est
une chose lamentable d'oster le travail aux povres gens, du
gaing duquel ils payent la taille à vostre Majesté.

Sera pourveu par Monseigneur le Gouverneur.

*Accordé, Et ne seront contraints qu'une fois le mois
pour la fortification des places qui se fait suyvant les
Lettres du Roy, et par departement des Eleus.*

XXXV.

Que les Receveurs, Sergens, et Commissaires, ne pourront contraindre, parroisse pour parroisse, ny prendre les
biens des nobles, mesmes des Ecclesiastiques, pour les
debets des tailles de leurs parroisses.

Accordé.

Accordé.

XXXVI.

Sadicte Majesté, sera supliee ne faire d'oresnavant

aucune levee extraordinaire, ny mesmes par les Lieutenans ny Gouverneurs en ce Pays de Normandie, apres la seance des Estats de ce Pays, suyvant les privileges d'iceluy.

AU ROY.

Et sur les plaintes particulieres y sera pourveu, par Monseigneur le Gouverneur.

Ne sera faicte ancune levee, si ce n'est pour quelque urgente necessité, et par lettres patentes du Roy : Faisant sa Majesté defences d'avoir esgard à toutes autres levees ou impositions.

XXXVII.

Qu'en reiterant par sadicte Majesté , ses precedentes Ordonnances, pour le soulagement de ses sujets : Que defences soyent faictes à tous Capitaines et gens de guerre, de ne prendre les gens d'Eglise, laboureurs, marchans, chevaux ny bestial, sur peine de la vie, avec injonction aux Gouverneurs d'y tenir la main : Et mandé aux juges des lieux pour ce qui s'est passé, en informer.

Accordé, pour les Ecclesiastiques, qui recognoissent le Roy, et les paysans qui luy payent la taille, à quoy sera tenu la main par Monseigneur le Gouverneur, et par Messieurs les lieutenans generaux en son absence.

Accordé, suyvant l'avis des Commissaires, et les Ordonnances sur ce faictes.

XXXVIII.

Qu'il soit pareillement defendu à tous gens de guerre prendre aucunes personnes que ce soit, revenans audict Pays, et sous l'obeissance de sa Majesté, de quelque qualité qu'ils soyent.

Accordé, pour ceux qui recognoistront le Roy, et satisferont à leur devoir.

Accordé, suyvant l'avis des Commissaires, pour ceux qui feront le serment de fidelité, dans le temps porté par les Declarations du Roy.

XXXIX.

Qu'il soit defendu à tous Gouverneurs, Capitaines des places , gens de guerre et autres , faire ou faire faire aucunes levees de deniers, foings, grains, pailles, avoynes, beurres, sildres, lards, voicture de harnois, ny autre chose que ce soit , sur le peuple , sans permission de sa Majesté, et de Monseigneur son Gouverneur, sur peine de la vie.

Accordé, et sera informé des contraventions qui ja ont esté faictes, à quoy sera tenu la main par Monseigneur le Gouverneur.

Accordé, suyvant l'avis des Commissaires.

XL.

Qu'il soit defendu à tous Capitaines des places, tenans garnison, faire sortir leurs compagnies sur le plat pays, et faire loger icelles à discretion, attendu qu'elles sont payees: Et mesmes qu'il soit defendu ausdicts soldats de sortir de leurs garnisons avec armes, si ce n'est pour le service de sa Majesté, et par le commandement du Gouverneur, attendu les insolences qu'ils font, specialement aux jours de Festes et Dimanches : Car en allant, revenant, tirent mil harquebusades aux Eglises, troublent le service divin, intimident le povre peuple, font les Commissaires, prennent bestes, tuent vollailles , exigent argent , feignent avoir quelque Commission du Roy ou de leur Gouverneur, qui n'est autre chose que la ruyne evidente de tout le pays.

Accordé, et sera informé des contraventions.

Accordé, pour du mesme avis que les commissaires, estre informé des contraventions, et pourveu suyvant les Edicts du Roy.

XLI.

QUE Commission soit accordee, pour informer contre ceux qui menent troupes sans commission.

Accordé, et seront tenus tous gens de guerre, de prendre attache de Monseigneur le Gouverneur, et en son absence, de Messieurs les Lieutenans generaux.

Accordé, et sera suyvi l'avis des commissaires.

XLII.

QUE pareillement Commission soit adressee contre ceux, de quelque estat ou condition qu'ils soyent, qui ont mis, imposé , et imposent aucuns deniers sur le peuple , sans lettres patentes de sa Majesté , bien et deuement veriffiees.

Accordé, et sera tenu la main par Monseigneur le Gouverneur, et par les Officiers du Roy, à peine d'en respondre par lesdicts Officiers.

Accordé.

XLIII.

QUE les refugiés et povres personnes, ayant quitté et habandonné leurs biens et moyens, pour le service de sa Majesté, ne soyent contraincts payer aucune chose, ny les comprendre au rolle des tailles, qui se font aux rolles des villes, ou ils sont residens, attendu leur impuissance, et que la pluspart d'iceux ne se peuvent nourrir et entretenir, et defendu les comprendre ausdictes tailles, et impositions.

AU ROY.

Est mandé aux Esleus y avoir esgard, sur les requestes qui leur en seront presentées.

XLIV.

Qu'il soit faict fonds aux officiers de sa Majesté, exerçant leurs charges, pour le payement de leurs gaiges, et principallement à ceux du Bailliage et siege Presidial de Rouen, de present trans-feré à Louviers, attendu la residence actuelle qu'il y font, estant privés de la jouissance de leurs biens et revenus, et le long temps qu'il y a qu'ils n'en ont rien receu.

AU ROY.

Et se pourront lesdicts officiers pourvoir par Remonstrances et requestes particulieres.

Leur sera pourveu sur leurs requestes particulieres.

XLV.

Que les saisies des biens de ceux de la Ligue, ne seront employés que pour les affaires de sa Majesté, ainsi qu'il est porté par l'Edict faict par le feu Roy, au mois d'Avril, mil cinq cents quatre vingts neuf : Et que ceux qui ont receu et negotié lesdictes charges, en rapporteront extraict au Greffe des Bailliage, et sieges Presidiaux.

AU ROY.

Et neantmoins sont les Commissaires d'advis, que la Chambre domanial soit restablie tant pour l'observation des privileges de ladicte Province, que pour relever les povres habitans d'icelle, de vexations et frais insuportables.

Accordé, et que ceux qui ont manié lesdicts deniers en rendront compte.

XLVI.

SUPLIENT aussi lesdicts Estats, sadicte Majesté, de ne permettre que d'oresnavant les gens du tiers Estat, et payans taille, lesquels se seroyent retirés aux villes de son obeissance, pour les incursions et ravages qui leur sont faictes par les gens de guerre, et pilleries du party contraire, soyent pris et arrestés pour la totalité de la taille des parroisses ou ils sont contribuables, fors de leur cotte part, au moyen qu'ils ne soyent Asseeurs-Collecteurs.

AU ROY.

Est mandé aux Tresoriers generaux de France, d'en donner avis.

XLVII.

PLAISE aussi, à sadicte Majesté, considerer les frais en quoy tombent ceux qui ont causes à vuider à la Court de Parlement : Et ordonner que d'oresnavant, durant la seance de six sepmaines de chacun Bailliage, ladicte Court ne pourra expedier aucunes autres causes, que celles du Bailliage, et par rolles : Et que s'il reste aucunes causes durant ledict temps , soyent remises à la prochaine seance dudict Bailliage, afin que le peuple ne soit plus consumé en frais.

Seront gardees les Ordonnances du Roy, speciallement pour le rolle ordinaire.

Accordé, pour estre le reglement des rolles ordinaires suyvi.

XLVIII.

SUPLIENT aussi sadicte Majesté, abstraindre les juges, Baillifs, Vicontes, leurs Lieutenans, et autres leurs Officiers, de relever les defaux, qu'ils donnent ordinairement à huict et neuf heures du matin, à leurs jurisdictions, à tout le moins, dans le jour des assignations, envoyés (?) que les parties se presentent, attendu que les uns sont surpris, tant pour la distance du chemin, que pour les risques qui courent par les chemins, pour fuir aux prises et emprison-nemens de leurs personnes, et courses faictes sur eux, par les ennemis de sa Majesté.

Seront gardees les Ordonnances, et seront les parties qui comparois-tront devant midy receus à deffendre : Et ne seront donnés les defauts que sauf midy, et selon l'occurence des cas, y sera pourveu par la court de Parlement.

Accordé, suyvant l'avis des Commissaires.

XLIX.

REMONSTRENT aussi, lesdicts Estats, à sa Majesté, que de tout temps ils se sont monstrés affectionnés, comme ils sont encor de present à son service : et neantmoins ils seroyent de pire condition que les autres Provinces, d'autant qu'ils payent le quatriéme des vins, sildres, et autres boissons : Suplient tres-humblement, que pour et au lieu dudict quatriéme ils soyent mis à l'ordre des autres, qu'ils ne payent que le huictiéme.

AU ROY.

Sa Majesté y pourvoira, quand les affaires du Royaume pourront permettre.

L.

PLAISE aussi, à sadicte Majesté, ne permettre que d'ores-navant les Gentilshommes puissent faire garder leurs chasteaux, et maisons fortes, par leurs sujets, et voysins : ny moins les contraindre à fournir aucuns vivres, ny autres

munitions, pour l'entretien desdictes maisons et Chasteaux:
ains que lesdicts Gentilshommes soyent contraincts les faire
garder aux despens de la chose publique.

*Accordé, sans préjudice des privileges et droicts particuliers, des-
quels les proprietaires feront apparoir à mondict Seigneur, ou à ses
Lieutenans generaux en son absence : et sans prejudice des procés pen-
dans en la Court.*

*Accordé , sans prejudice des privilleges et droits
particuliers, desquels les proprietaires sont en possession, dont en cas de debat ils feront apparoir.*

LI.

REMONSTRENT aussi, lesdicts Estats, à sa Majesté, qu'ils
ne soit desormais permis à gens de guerre, marcher en
desordre par les champs, ny vivre autrement que par
estappes, ainsi qu'il est porté par l'ordre et discipline
militaire, portees par les Ordonnances : A peine aux
delinquans de punition corporelle : et que exactement il
soit commandé aux Visbaillifs, chacun en son ressort, de les
suyure pour les abstraindre de tenir et garder l'ordre.

AU ROY.

*Et sont les Commissaires d'advis que par sa Majesté y soit pourveu
par autres moyens beaucoup plus expédiens et de moindres frais que de
les faire vivre par estappes.*

*Accordé, pour estre les estappes dressees pour les
trouppes qui marchent par la Province, pour le soulagement du peuple. .*

LII.

PLAISE aussi, à sadicte Majesté, que d'oresnavant les
Baillifs et leurs lieutenans, en chaque Bailliage, et Viconté
de ceste Province, soyent abstraincts et condamnez à faire

faire lecture les premiers jours de leurs assises : faire enregistrer en leurs Greffes, toutes les articles contenus aux Estats, par vous accordés, à ce que personne ne pretende cause d'ignorance.

AU ROY.

Et sont les Commissaires d'advis qu'il en soit usé en la forme accoutumee.

Accordé, suyvant l'avis des Commissaires.

LIII.

Remonstrent aussi, que par la Trefve, les armes ont esté abbatuës : les Huissiers et Sergens vont et peuvent faire librement les contrainctes pour la taille : A ceste cause, suplient sadicte Majesté, suyvant qu'il a esté accordé par les articles, ampliation et declaration de ladicte Trefve, arrestee à Fontainebleau, le dixiéme de septembre dernier : que l'on n'use plus contre le povre peuple des rigueurs de la guerre, au payement de ladicte taille : Mais que l'on traicte avec douceur et suyvant les Ordonnances anciennes, attendu que la difficulté du payement, ne procede poinct de mauvaise volonté, et refus de payer, mais de l'impuissance du peuple qui est tellement grevé et oppressé des guerres passées, qu'il n'a pas la pluspart de quoy se nourrir.

Accordé, suivant les articles de la Trefve.

Accordé.

LIV.

Remonstrent à sadicte Majesté, les habitans de sa ville de Coustances, que lors que feu Monseigneur de Montpensier estoit audict Coustances, avec son armee, en l'an mil cinq cents quatre vingts dix, et qu'il fut requis avoir pouldres et boullets, pour battre la ville d'Avranches : Plusieurs des

Bourgeois de ladicte ville de Coustances furent commandés par ledict Seigneur, de s'obliger avec luy, à deux marchans qui luy feirét promesse de livrer lesdictes pouldres et boullets : ce que lesdicts habitans feirent sur la parolle de mondict Seigneur, qu'il ne leur adviendroit aucun inconvenient : et qu'il en seroit faict levée sur les Eslections de la generalité de Caen : et néantmoins lesdicts Bourgeois auroyent esté pour ce arrestés et constitués prisonniers en ladicte ville de Caen, et autres lieux ou ils sont encores detenus depuis huict jours, contraincts et executés en leurs biens, la pluspart vendus, requeste desdicts marchands, combien que sa dicte Majesté eust ordonné en son conseil, que ladicte levee seroit executee, ensemble de l'interest desdicts deniers : à ce qu'il plaise à sadicte Majesté, que l'arrest de sa Court de Parlement donné au mois de Fevrier, mil cinq cents quatre vingts douze : contenant condemnation et par corps, sur lesdicts povres habitans, soit retracté ou pour le moins surcis : attendant l'effect de ladicte levee, veu que ce qu'ils en avoyent faict, estoit par le commandement de mondict Seigneur, et pour le service de sadicte Majesté : En sorte que sans l'ennuy et travail qu'ils en ont eu, il leur a cousté pour cest effect, plus de quatre mil écus.

Y a esté pourveu par Monseigneur le Gouverneur et par la Court de Parlement.

Y a esté pourveu par le Conseil du Roy.

LV.

Et qu'il plaise à sadicte Majesté, avoir esgard qu'en plusieurs parroisses de la Viconté de Coustances, proche de la mer, y a Prevosts à elle redevables en grains et qui à cause que leurs terres ont esté en grande quantité submergees ne peuvent payer lesdits grains en especes : Pourquoy il luy plaise les reduire et moderer, au prix que chacune pourroit valloir, lors des fieffes, qui estoit de quatre à cinq souls le boisseau, comme anciennement il estoit accoustumé estre faict : et faire quelque diminution ausdicts povres sujets à cause desdictes terres submergées.

AU ROY.

Pour ce qui depend de son domaine : Et pourront les particuliers se pourvoir par remonstrances ou requeste particulière.

Sera pourveu aux particuliers, sur leurs requestes, apres l'information sur ce faicte.

LVI.

Suplient tres-humblement à sa Majesté, les habitans de la viconté de Vallongnes, disans que ladicte Viconté, est situee de telle façon, que de tous costés, il sont environnés de mer, ou de grands marests : de sorte qu'il n'y a qu'un passage pour sortir d'icelle, qui sont les ponts d'Ouves, ou l'on a de nouveau faict faire des fortifications, qui contraignent les habitans du Pays à cause du desordre que commettent ceux de la garnison de ladicte forteresse, le plus souvent de passer la mer au Véz, à leur grande incommodité, et qu'il s'en noye le plus souvent. Ce consideré, pour rendre le chemin libre, ordonner que ladite forteresse sera rasee, ne servant que de charge au Pays, veu que la ville de Carenten n'est qu'à demy quart de lieue.

Y sera pourveu par Monseigneur le Gouverneur.

Est mandé au Gouverneur de la Province, de donner sur ce son avis.

LVII.

Suplient aussi, tres-humblement les Deputés du Bailliage d'Evreux et d'Alençon, disans qu'aux Bailliages desdictes villes d'Alençon et d'Evreux, il y a des mesmes paroissiens, favorisant le party des rebelles, et qui par ce moyen apportent beaucoup d'incomodité aux Pays, specialement la maison d'un nommé le sieur de Pleuviers, demourant audict Bailliage d'Alençon, et autres : A ceste cause, il plaise à sa dicte Majesté, ordonner que les fortifications desdictes maisons seront abbatues et ruynees.

Y sera pourveu par mondict Seigneur le Gouverneur, et à ceste fin pourront les particuliers se retirer par devers luy.

Le Gouverneur de la Province y pourvoira.

LVIII.

Qu'il soit aussi dict, que les Receveurs des tailles de chacune Election, feront parapher leurs registres et borde-raux qu'ils feront par chacune annee, par les Officiers des Elections : afin que les Collecteurs y puissent avoir recours, si par cas fortuit leurs quittances se perdoyent : et que lesdits Receveurs employeront tous les deniers qu'ils recevront, ou sur la taille, ou sur les creuës, si tant y est deu : et qu'ils ne feront poinct divers acquicts et enregistrement d'une mesme somme, qui leur sera payee en un mesme jour et seul payement, pour avoir l'esmolument de plusieurs quittances.

Accordé.

Accordé.

LIX.

Qu'il plaise au Roy, revoquer, ce qui reste à executer de certaines pretenduës taxes, faictes en l'annee mil cinq cents quatre vingts trois : et recherchees par un nommé Claude du Boullé, esleu sur les Officiers ordinaires de ceste Province, sous pretexte d'une augmentation de pretendu pouvoir de juridiction, non veriffiee en la Cour de Parlement : et declarer toutes obligations pour ce faictes, nulles : et outre

3

ordonner que les deniers qui ont esté pris par force et contraincte, sur eux, serviront aux lieutenans des Vicontes, tout ainsi qu'aux Vicontes, de ce qu'ils doyvent payer pour avoir lettres de premier Conseiller, aux jurisdictions du Bailliage de leurs Vicontés, suyvant quil a esté ordonné à la response des Estats de l'an mil cinq cents quatre vingts six, en l'article soixante septiéme : et que ce qui reste à executer des taxes et obligations, qui en vertu d'icelles taxes ont esté faictes, soyent du tout ostees.

AU ROY.

Ledict du Boullé sera appellé au Conseil, et cependant surceoiront toutes executions.

LX.

Lesdicts Estats, remonstrent que l'Election de Dampfront ne porte de taille, que six mil cinq cents escus, par ce que ladicte Viconté, ne consiste qu'en trente six parroisses, encore y a il une partie mixte, et est chargee d'un grand nombre d'officiers nouveaux, specialement, d'un Président d'Esleu, un lieutenant, quatre Esleus, deux Controlleurs, deux Receveurs, un Advocat, et un procureur du Roy, qui apportent une ruyne au Roy, à cause des grands gaiges et taxations : et aux habitans de ladicte Election, d'autant qu'il n'y a un seul desdicts Officiers qui ne conserve sa parroisse, et le plus souvent deux ou trois, et rejettent la foulle ordinairement sur les povres parroisses : et qui plus est, ils exemptent de la taille leurs amis, parens, sujets, et fermiers : tellement qu'à ceste occation, le povre peuple est foullé et accablé, et contrainct quitter et habandonner le pays : de sorte qu'il est tres-necessaire supprimer les nouvelles Elections, et remettre lesdicts Officiers en l'ancien nombre, tant pour conservation des finances du Roy, que soulagement du peuple.

AU ROY.

Et sont les Commissaires d'advis qu'il plaise à sa Majesté y pourvoir.

Est mandé aux Trésoriers généraux de France d'informer desdicts abus, et envoyer l'information au conseil : et pour le regard de la suppression requise, y sera pourveu quand les affaires le permettront.

LXI.

Remonstrent en toute humilité, vos povres sujets, habitans de la ville et Bailliage d'Evreux : que depuis le commencement des troubles, ils se sont toujours maintenus et comportés sous votre obeissance, neantmoins qu'ils fussent environnés des villes de Rouen, Louviers, Vernon, Beaumont, Dreux, Passy, Nonancourt, Bretheuil, Rugles et des chasteaux de Harcourt, Bailleul, et plusieurs autres chasteaux, et maisons fortes : ils ont esté à l'occasion du soustien de vostre service, pillés, ravagés, constitués prisonniers, prins à rançon, leurs maisons et fermes des villages, leurs fermiers et autres laboureurs ruynés et desnués de leurs biens : contraincts de quitter et habandonner leurs labeurs, pour sauver leurs vies : au moyen de quoy leurs terres sont demourees sans labeurs, les maisons bruslees et abbatues, et tous leurs bestiaux ravis par les rebelles, comme le tout se voit à l'œil.

LXII.

Que depuis la prise des susdictes villes de Louviers, Dreux, Bretheuil, et autres places : les susdicts habitans, ont plus que devant esté pillés et ravagés à l'occasion d'une

fureur, et rage desdicts rebelles, qui jour et nuict entroyent
dans les fauxbourgs, et empeschant qu'aucuns vivres et
marchandises entrassent dans leursdictes villes : et tenans
lesdicts habitans en telle captivité, qu'ils n'eussent osé
sortir de ladicte ville : nonobstant la moisson et vendanges
instantes, les fruicts desquels lesdicts rebelles emportoyent à
leur profit : mesmes qu'ils ont esté par deux fois rassiegés :
soustenu par trois fois le passage des trouppes de feu
Monseigneur de Montpensier, allant aux sieges de Paris, et
Rouen : et pour combler leur malheur, la passee des
Espagnols, qui auroyent bruslé le Neuf bourg, et autres lieux
par ou ils sont passés à travers dudict Bailliage : finallement
ont esté fortunés, par gresle et fouldre du Ciel, telle estant
impetueuse, qu'il n'est memoire d'en avoir veu une
telle.

AU ROY.

*Et pourront les habitans dudit Bailliage d'Evreux se pourvoir par
remonstrances ou requestes particulières, si bon leur semble.*

A esté pourveu aux suppliaⁿs sur leurs requestes
particulieres.

LXIII.

ATTENDU que les impositions mises sur le sel, ont esté
pour la pluspart destitués (*pour* destinés) à l'acquit des
debtes du Roy et du Royaume : esquelles (*pour* lesquelles)
n'ont eu autre effect, que d'enrichir les partisans, ausquels
il se trouve estre deu plusieurs grandes sommes de deniers,
qui absorbent et ruynent les droits du Roy, d'ou vient
que lesdictes impositions, qui n'avoyent esté mises que
pour certain temps, demeurent par ce moyen perpetuelles :
Sa Majesté, sera tres-humblement suppliee, revoquer et
estaindre toutes lesdictes impositions : la continuation

desquelles, n'apporte autre fruict à sa Majesté, afin que ses fidelles et obeissans sujets, ne se trouvent de pire condition, que ceux qui sont contraincts de vivre sous la puissance de ses ennemis, aux places desquels ils se distribue autant de sel, qu'en celles de l'obeissance de sa Majesté : et par ce moyen se trouvent sesdicts ennemis plus puissans de se maintenir.

AU ROY.

Lors que les affaires de ce Royaume le permettront, y sera pourveu.

LXIV.

QUE les augmentations de prix accordees aux adjudicataires, soyent revoquees, attendu l'abondance du sel qui est aux marées sallans de ce Royaume, et mesmes que lesdicts adjudicataires ont fourny la pluspart des greniers du sel estranger, qu'ils ont eu ce bon marché : et toutesfois le prix du marchant excede le prix que sa Majesté et le marchant levoyent ensemble de nostre memoire : et lors mesmes de l'extreme penurie de sel en ce Royaume.

AU ROY.

Idem.

LXV.

QU'IL plaise à sa Majesté, revoquer son Edict portant nouvelle execution (*pour* erection) des receveurs generaux et particuliers des gabelles, attendu l'excessifve charge qu'il apporte aux finances de sa Majesté, pour les gaiges qui y sont attribués : et qu'il recullera l'hipotheque des rentes constituees sur les greniers à sel, et la somme de cent mil escus, à quoy se trouve monter lesdicts gaiges, qui seront prealablement aquités sur les droicts de sa Majesté : lesquels

n'ayant sceu fournir pour le payement des arrerages des
rentes, en deffalquant sur iceux ladicte somme de cent mil
escus, ils seront moins suffisans à l'avenir, et serviront de
sujet d'augmenter lesdictes impositions, et d'ailleurs les
droicts qui leur sont attribués, seront encor à la charge du
peuple, et mesmes que ledict establissement, annulera
et destruira de tous poincts les Offices des grenetiers de ce
Royaume : lesquels ayant esté premierement institués
pour recevoir les droicts du Roy, à en compter à la
Chambre des comptes, et ayans tousjours jouy, jusques
à l'introduction des parties du sel en ce dernier regne : et
mesmes qu'ils ont esté creés alternatifs comme les autres
comptables de ce Royaume : il seroit plus seant selon
l'ordre ancien et accoustumé, que lesdits Grenetiers receus-
sent lesdicts deniers, afin que les finances de sa Majesté, et
le public de son Royaume, s'en trouvent plus soullagés, et
lesdicts Grenetiers maintenus.

AU ROY.

Idem.

LXVI.

SADICTE Majesté, sera supliee avoir en recommandation
les povres hopitaux, malladeries, et autres lieux de pitié et
Ecclesiastiques, et personnes miserables, comme veufves,
sous aages et orphelins, à ce qu'ils soyent payés de leurs
rentes, assignees sur les receptes generalles et particulieres,
privileges (*pour* et privilegiees) : et avant tous dons plusieurs
deguisemens de finance, qui sont plustost acquités par les
receveurs, que lesdictes charges ordinaires, et que six sepmaines apres chacun quartier, en sera accordé executoire
par les Tresoriers generaux, aux particuliers sans les mettre
en debets de quittance en leurs comptes, à peine d'en respondre en leurs Privés noms, et à ceste fin d'en faire faire

les proclamations, pour acquitter lesdictes rentes deuës : et défendu aux chambres des comptes de passer lesdicts dons et pensions és comptes de recepte et despence, au prejudice des charges ordinaires, acquises à tiltre onereux, à peine de respondre en leurs propres et privés noms, en quelque sorte que ce soit, suyvant les anciennes Ordonnances et formes de finances : sans avoir esgard ausdictes lettres obtenuës par lesdicts demandeurs de pensions et dons.

AU ROY.

Accordé.

LXVII.

QUE chacune nature de deniers, qui se levent generalement, ne soyent changés et deguisés de l'effect à quoy ils sont obligés et affectés : ce qui se trouve du contraire, que les imposts sur des marchandises destinés pour payer des charges, sont divertis en fortifications, dons et autres deguisemens : et les levees sur le peuple et plat pays, et qu'à ceste fin chacun Officier fera sa function et despence, comme il luy est requis et du devoir de sa charge, sans divertir les deniers ailleurs, d'autant qu'il s'est faict infinité de levees, sans en rendre compte : et en la despence il se verra infinis abus et larcins : et que la recepte surpassera la despence desdictes levées : qu'à ceste fin sa Majesté y donnera reiglement et contraindra ceux qu'il appartiendra en rendre lesdicts comptes, et que Commissaires soyent deputés pour en faire la recherche, de tous les deniers recelés, deguisement de deniers mal payés, biscapit, et de son domaine usurpé, aliené, ou mal vendu, et qui s'est tiré et tire plus de profit en trois ans, qu'ils n'ont payé.

AU ROY.

Et sont les Commissaires d'avis, que toutes impositions doivent estre baillees à ferme, à ce qu'il en soit faict estat.

Accordé.

LXVIII.

Sᴀ Majesté sera supliee, que les pièces de son domaine aliené (à) quelque tiltre que ce soit, ne changent leur qualité et nature ancienne : et que l'ordonnance du feu Roy Henry premier, de l'an... donné à Fontainebleau en Decembre, soit observée, pour la memoire à l'avenir de sondict domaine, aliené et yssu de la Couronne.

AU ROY.

Seront suyvis les Edicts et Declarations, verifiees en la Court.

LXIX.

Qᴜ'ɪʟ plaise au Roy ordonner, qu'il ne sera plus levé un sol pour escu, sur les Collecteurs des deniers de la taille, dont les quittances coustent envers les receveurs des tailles bien souvent autant que les sommes y contenuës, mesmes pour les decimes.

AU ROY.

Ne se peut à présent rien changer sur ce qui a esté cy devant ordonné.

LXX.

Qᴜᴇ̀ les Sergens, coureurs des tailles, ne pourront prendre pour port de chacun Mandement, ou commission, que deux sols six deniers : et semblable somme, pour le premier avertissement : pour chacune execution, cinq sols : pour execution et venduë de biens, quinze sols, suyvant qu'il est porté par Arrest de la Court des Aydes, du dix septiéme Decembre, mil cinq cents soixante dix neuf.

Accordé, suyvant les Ordonnances et Arrests.

Accordé.

LXXI.

LES habitans de la Viconté d'Avranches, suplient tres-humblement sadicte Majesté, qne la capitulation dudict Avranches , faicte par feu Monseigneur de Montpensier, ratifiee par vostre Majesté, sera emolloguee en la court de Parlement, afin qu'ils puissent estre exemps de la somme de mil escus, que les Tresoriers generaux ont ordonné estre levee sur la ville, pour le canon, cloches et metaux, qui estoyent dans ladicte ville : de quoy ils estoyent quittes par la capitulation, mesmes par l'accort faict par Monsieur le conte de Thorigny, au nom desdicts habitans : par lequel ils estoyent quittes et deschargés envers le sieur de Suresne, desdicts canons, cloches et metaux, en luy baillant la somme de deux cents escus : laquelle somme il a touchee. Si suplient sa dicte Majesté les décharger de la dicte somme de mil escus.

AU ROY.

Et se pourvoiront ceux de ladicte ville d'Avranches par remonstrances ou requestes particulieres, si bon leur semble.

Y a esté pourveu sur la requeste particulière.

LXXII.

SUPLIENT tres-humblement lesdicts Estats, ordonner quelques deniers pour la reparation des ponts de ceste Province, à la plus grande partie desquels il n'y a moyen et est impossible de pouvoir passer par dessus : Ce qu'on pourra faire pour peu de deniers, en plusieurs endroicts : A ceste fin suplient tres-humblement vostre Majesté, ordonner que verification sera faicte par les Tresoriers generaux, des deniers qui ont esté receus pour les passages et droict de pont, afin qu'ils soyent employés à l'effect que dessus.

AU ROY.

Est ordonné aux Tresoriers generaux de France, faire employer les deniers destinés à cest effect, et con-träindre ceux qui sont tenus à l'entretenement desdicts ponts.

LXXIII.

Lesdicts Estats, en reiterant l'article quarante-uniéme, du cahier des Estats, mil cinq cents quatre vingts dix : Suplient tres-humblement sadicte Majesté, que les deniers d'octroy de chacune ville, soyent rendus et affinés devant les Maires et Eschevins desdictes villes, Baillifs, Vicontes, ou leurs Lieutenans, à ce appellés les gens du Roy : sans qu'il soit besoin les rendre à la chambre des Comptes, si le revenu n'excede deux cents escus par chacun an : attendu que les frais et espices excedent le revenu.

En sera usé en la forme accoustumée.

Accordé, suyvant l'avis des Commissaires.

LXXIV.

Qu'il plaise au Roy, et à Monseigneur de Montpensier, employer des postes à pied, à la ville d'Alençon, princi-palle ville du Duché d'Alençon, pour servir aux affaires du Roy, de mondict Seigneur et du peuple.

Sera pourveu par Monseigneur le gouverneur.

Accordé.

LXXV.

Que les Archers, qui sont incapables de faire service, pour leur aage ou indisposition, seront contraincts resigner leurs places à gens habilles, pour faire ledict service : et seront contraincts se monter et equipper de bons et forts chevaux et armes.

Accordé.

Accordé.

LXXVI.

ET jaçoit que les sujets de ceste Province, par la chartre Normande, confirmee par les predecesseurs Roys et par vous : ne doyvent estre distraicts hors d'icelle pour quelque cause et occasion que ce soit : Si est-il que les Commissaires par vous deputés, pour la saisie des biens des rebelles, sous pretexte de ladicte Commission, pretendent avoir jurisdiction, pour cognoistre de toutes choses concernant lesdictes saisies, circonstances et dependances, soit par voye d'appel ou autrement, en quelque manière que ce soit : qui seroit travailler lesdicts sujets, et tirer hors de leurs jurisdictions, et contrevenir directement ausdictes Ordonnances et privileges : Supliant vostre Majesté declarer que la commission n'aura lieu, en cas qui survienne proces, pour lesdictes saisies, soit par opposition ou autre pourvoy que ce soit.

Y a esté satisfaict, sur l'article quarante cinquiéme.

Y a esté pourveu, sur le quarante cinquiéme article.

LXXVII.

QU'IL y a plusieurs Curés, decedés depuis ces troubles desquels la presentation et nomination de leurs benefices appartiennent aux Gentilshommes lais, qui n'ont par la coustume, que six mois apres la mort desdicts Curés (droit) de nommer et presenter à leur Evesque, un homme capable : Ce que plusieurs n'ont peu faire, tant pour l'absence de leursdicts Evesques, qu'à cause des troubles : Si suplient

tres-humblement sadicte Majesté que ny le temps turbu-
lent où nous sommes, ny l'absence des Evesques, ne
puisse empescher, la paix faicte, que la nomination qu'ils
feront d'homme capable, soit bonne et vallable, tout
ainsi que s'ils avoyent nommé dans le temps à eux
prefix.

AU ROY.

Ceux qui ont droict de presentation, feront leur
devoir dans le temps ordonné de droict : et ou ils ne
trouveront les Evesques, ou leurs vicaires, prendront
acte de leurs diligences, pour empescher la prescrip-
tion.

LXXVIII.

Suplient aussi, lesdicts Estats, que ceux qui doyvent
rentes hypotheques, ne se puissent excuser payer les arrerages desdictes rentes, se voulans ayder de la coustume, que
nul ne peut demander plus avant que cinq ans, si les
creanciers sont serviteurs du Roy.

AU ROY.

Et y a esté pourveu par les Arrets de la court de Parlement, sur les
requestes particulieres, par maniere de provision, suyvant le contenu
audict article.

Accordé, suyvant l'avis des Commissaires, et des
reiglements faicts par les Arrets de la court.

LXXIX.

En ceste Province, les povres taillables, sont tellement
surchargés et agravés d'imposts, qu'ils leur est impossible
de respirer, pour y avoir la moitié, voire les deux parts
des contribuables, lesquels induëment se exemptent comme
bourgeois de ville, Archers, hommes d'armes : et qu'à

ceste fin l'Ordonnance de l'an mil cinq cents quatre vingts soit reiteree et renouvellee, pour les Soldats, Archers, Monnoyeurs et Bourgeois des villes, qui s'exemptent indeuëment.

Accordé.

Accordé.

LXXX.

Que tous les accords trouvés, et autres lettres concernans les tailles, seront envoyees à la court des Aydes, pour y estre verifiees, sans prejudice du privilege donné aux Bourgeois de la ville de Caen : et que faute de leur estre envoyés, ils ne donnent Arrests ny reglement contraire à ce qu'il sera faict pour l'execution de la volonté de sa Majesté : Que defences soyent faictes aux Tresoriers generaux de France, verifier aucuns imposts, peages et subsides, qui ne soyent verifiés et adressés à la court des Aydes, juges naturels.

AU ROY.

Seront suivis les adresses des lettres et Commissions.

LXXXI.

Sa Majesté, sera supliee, qu'en interpretant ses Edicts faicts contre les rebelles, de declarer n'avoir jamais entendu y comprendre les femmes veufves, sexageneres, et les sous aages : en quelque part qu'ils résident, en leurs maisons : attendu que le sexe, aage impuissant de nature de tout temps, les rend de soy innocens des crimes de felonnie, et favorables des peines portees par lesdicts Edicts, comme sadicte Majesté l'a declaré en partie, dans son Edict du mois de Mars, mil cinq cents quatre vingts unze, donné devant Chartres, ne pouvoir estre prins à rançon.

AU ROY.

Seront les Edicts et Declarations du Roy suyvis.

LXXXII.

Que les formes anciennes et accoustumees, suyvant les Ordonnances de nos predecesseurs Roys, soyent observees aux compagnies souveraines : tant par leurs opinions, reiglement, que autrement, que les malheurs de ce temps ont faict du tout changer par les volontés particulieres.

Seront les Ordonnances gardees : Et pourront les particuliers se pourvoir selon que par icelles, il leur est permis.

Est enjoinct de suyvre les formes prescriptes par les Ordonnances, sans s'en pouvoir departir, pour quelque cause que ce soit.

LXXXIII.

Que les erections des fiefs n'ayent lieu, à raison des droictures de colombier, et autres droicts y attribués, pour raison du dommage qu'en reçoivent les voisins desdits fiefs, nouvellement erigés, contre l'usage : sans les y avoir appellés, mesmes les charges ordinaires, payees et aquitees, ayans tout droict de chauffages aux forests : et les paysans maintenus en leurs droictures et communes.

AU ROY.

Se pourvoyront ceux qui pretendent interest, par devant juges, ausquels la cognoissance en appartient, pour leur pourvoir, s'il n'est expressement dict par l'octroy du fief.

LXXXIV.

Que defences soyent faictes, à toutes personnes de faire reünir des Offices supprimés par mort, ou autrement : et d'Officiers qui n'ont esté jamais veus, ny receus, pour lesquels l'on tire gages, pour six et sept annees à la foulle du peuple : et que les juges en respondent en leur propre et privé nom, qui passent telles parties.

AU ROY.

Et neantmoins sont les Commissaires d'avis du contenu en cest article.

Accordé, suyvant l'avis des Commissaires.

LXXXV.

Que quand desdicts Estats auront couché opposition à quelque levee que ce soit : celuy au nom duquel la levée se devra faire, se pourvoyra par Commission du Conseil, pour faire appeller lesdicts Estats, ou leur Procureur, pour dire les causes de leur opposition : d'autant que ceux cy sous umbre d'une jussion, y employent que sa Majesté, sans avoir esgard à l'opposition desdicts Estats, ou de leur Procureur, veut et entend que la levée soit faicte : qui est au grand prejudice desdicts Estats, qui par ce moyen sont privés de leurs raisons, exceptions et defences.

AU ROY.

Accordé, pour les levees qui se feront au profit des particuliers, lesquels seront tenus faire appeller au Conseil, le Procureur des Estats, pour estre ouy sur les causes d'oppositions.

LXXXVI.

Que les Lettres patentes, qui seront obtenuës, par lesdicts Estats, soit sur les responces des articles du cahier, ou par requestes particulieres, seront aussi tost publiees et verifiees aux Courts, ou elles seront adressees.

Sera pourveu selon l'occurrence des cas.

Accordé.

LXXXVII.

Que quand il plaira à sadicte Majesté, decerner Commission pour faire vendre quelque chose que ce soit : elle commettra autres, que ceux qui tiennent les premiers rangs de la justice : pour ce que sadicte Majesté, pensant tirer quelque commodité de l'execution desdictes Commissions, elle en emporte le moins : estant le plus grand profit pour les Commissaires.

AU ROY.

Le Roy y pourvoira.

LXXXVIII.

Que les oppositions, couchées au nom desdicts Estats, seront receuës, par les corps ou elles seront presentees, pour estre renvoyees par devers sa Majesté, à certain temps pour faire les remonstrances s'il n'y a partie : que s'il y a une partie instante, elle le fera appeller au conseil, si elle avise que bon soit : et cependant les choses tiendront estat, et seront en surceance.

AU ROY.

Et seront le Procureur général et ses substituts avertis de leur devoir selon l'occurrence des cas.

Accordé, et sera aussi remis au conseil, d'ordonner de la surceance.

LXXXIX.

QUE les Receveurs, et Payeurs des gens de guerre, qui ont et prennent les assignations, sur les deniers des receptes generalles de Rouen et Caen, pour le payement et solde, tant des garnisons, que autres gens de guerre qui seront entretenus, et levés au Pays de Normandie : seront tenus d'oresnavant de compter en la Chambre des Comptes de ladicte Province, et non ailleurs : à ce que les abus et malversations, qui se commettent par lesdicts Receveurs et Payeurs sous pretexte des comptes, qu'ils disent et pretendent rendre au Tresoriers extraordinaires des guerres, cóme de clerc à maistre : qui est un manifeste abus, soyent cognus.

AU ROY.

Et neantmoins sont les Commissaires d'avis, que les comptes soyent rendus en ladicte Chambre.

Sera la forme ancienne suyvie.

XC.

QUE d'oresnavant, aussi, les povres taillables ne seront prins pour les deniers de la taille, aux villes et marchés : d'autant que tels emprisonnemens rendent les plus beaux marchés, sans hommes, marchandises, et trafficq : et n'y voit-on que quelques femmellettes : au lieu qu'auparavant le trafficq, qui se faisoit ausdicts marchés, estoit suffisant pour payer les tailles.

AU ROY.

Accordé, pour ceux qui iront et viendront aux mar-

*chés, et par provision seulement, pour la qualité du
temps.*

XCI.

QUE toutes condamnations, obtenuës sur la generalité
des villes cy devant occupees par les Ligueurs et rebelles de
sa Majesté, durant ces guerres, soyent revoquees, sauf aux
porteurs d'icelles condemnations, à eux adresser sur ceux
qui les ont vollees.

AU ROY.

Sera pourveu sur les requestes particulieres.

XCII.

QUE les deniers des Leprosaries de chacune Viconté, ou
il n'y a aucuns lépreux, soyent employés en la nourriture
et entretien d'un ou plusieurs precepteurs pour l'instruction de la jeunesse : et les comptes rendus devant les
Eschevins et Maires des villes.

AU ROY.

Seront les Ordonnances gardées.

XCIII.

SUPPRIMER aussi, la levee des deniers de cinquante mil
hommes de pied, qui se leve sur les villes closes : attendu
qu'elles payent la taille, comme un plat Pays.

AU ROY.

*La necessité des affaires de ce Royaume le pouvant
permettre y sera pourveu.*

XCIV.

QUE des deniers, provenans de la prevosté et coustume,

qui se payent par les marchans, passans et rapassans par les villes, et bourgades, il en soit employé quelque nombre, pour la reparation des pavés, estans en ruynes aux avenuës des villes : qui est la cause que le trafficq ne se faict librement, et les droicts domaniaux grandement diminués.

AU ROY.

Et neantmoins sont les Commissaires d'avis du contenu en cest article.

Accordé, suivant l'avis des Commissaires.

XCV.

Que pour l'avenir, aucun marchant ou voicturier, à faute de payer sa coustume, pour n'avoir trouvé personnes quelques fois, qu'il *(pour* qui la) luy ait demandee, negligence ou ignorance, sa marchandise ne soit forfaicte : ains seulement condamné en un escu d'amende, appliquable au fermier de ladicte prevosté et coustume : pour eviter aux inconveniens qui en peuvent arriver, non pour contrevenir à l'Edict : et qu'il ait un tableau, et homme expres, sans armes, pour recueillir ladicte coustume : et que ledict tableau contienne le prix.

AU ROY.

Les reglemens et ordonnances sur ce faictes, seront gardées.

XCVI.

Et pour ce que les President, Esleus de ceste Province, en la pluspart, negligent appeller le Deputé du tiers Estat, en ladicte Viconté, au departement des tailles : il plaise à vostre Majesté, ordonner suyvant vostre Commission, envoyée ausdicts Estats, que non seulement au departement

des tailles, mais aussi en tous autres departemens adjudicataires, pour la fourniture de munitions, pour siege de
ville, pour estapes, chevaux d'artillerie, habitans de
Provinces et autres : que lesdicts Esleus appelleront ledict
Deputé, pour eviter aux abus qui se sont trouvés, à peine
de nulité de ce qui pourroit estre faict par lesdicts Esleus
en ce regard.

AU ROY.

Et sera cependant suyvi l'ordre accoustumé.
Sera suyvi l'avis des Commissaires.

XCVII.

Les habitans de la ville de Vernon, en consideration de
tant de munitions par eux fournies, en vos camps et armees :
tant de deniers levés par le commandement de vostre
Majesté : tant de passages de gens de guerre : tant d'incom-
modités par eux souffertes, pour la gresle tombee en ces
lieux : Suplient vostre Majesté les faire descharger du prest
à eux demandé, de la somme de deux mil escus, pour ayder
à payer les soldats de vostre armee, estant à Dreux.

AU ROY.

Et se pourront lesdicts habitans, si bon leur semble, pourvoir par
Remonstrance, ou requeste particuliere.
Leur sera pourveu sur leurs requestes particulieres.

XCVIII.

Que les fermiers, et Receveurs des domaines, seront tenus
ouvrir les greniers, et recevoir les grains qui leur seront
apportés et offerts aux termes qu'ils escherront.

AU ROY.

Et sont les Commissaires, d'avis du contenu audict article, s'il n'y a prejudice ou danger apparent.

Accordé, suyvant l'avis des Commissaires.

XCIX.

QUE concussion fort grande s'exerce ordinairement contre les povres enfans mineurs, par les Sergens, lesquels si tost qu'un povre homme est decedé, adjournent les povres parens, pour eslire tuteurs, faire inventaire des meubles, et bannir les heritages : ores que le tout ne vaille la moitié des frais, qui luy convient faire, et en faisant lesdicts inventaires, passent la plus grande partie de ce qui s'y trouve au nom de leur valet, ou autre apposté, à vil prix : dont toutes fois, ils ne payent rien : si bien que les meres, veufves, les povres enfans, se trouvent frustrés de tout : C'est pourquoy ils suplient sadicte Majesté, ordonner que d'oresnavant lesdicts Sergens, ny autres, ne s'immiscuront au faict desdictes tutelles, inventaires et bannissemens, si les principaux parens ne les requerent : et pourront lesdicts parens faire faire lesdictes inventaires par tel Tabellion, ou Sergent qu'ils voudront choisir, jouxte la coustume.

AU ROY.

Accordé.

C.

QU'IL soit commandé aux Sergens de faire signer en leurs registres, les parquiers et gardes ausquels ils baillent les namps à garder : sur peine que l'execution soit nulle, et de dix escus d'amende.

Accordé, suyvant les Ordonnances.

Accordé.

CI.

Lesdicts Estats remonstrent à sadicte Majesté, qu'il y a plusieurs particuliers qui ont des rentes, à prendre sur les receptes, tant generales, que particulieres, aydes et gabelles : desquelles encores que mesdicts sieurs Tresoriers generaux du Bureau ayent ordonné que fonds sera delaissé ausdictes receptes, pour payer lesdictes rentes : Si est ce pourtant que lesdicts Receveurs, ne voulans rien payer, n'ont jamais de fonds en leurs mains : et couste beaucoup plus aux povres particuliers demourans le plus souvant loing de la ville à faire voyage vers lesdicts Receveurs, que les rentes ne vallent : Si suplient tres-humblement sadicte Majesté, vouloir ordonner, qu'un mois apres le terme escheu : lesdicts Receveurs seront tenus payer les rentes à ceux qui en demanderont, à peine du double.

Sera pourveu par les Tresoriers generaux, suyvant les Ordonnances.

Les Tresoriers generaux y pourvoiront, suyvant l'Estat du Roy.

CII.

Remonstrent lesdicts Estats, à vostre Majesté, que les bordiers et riverains des forests, qui ont droict à l'usage d'icelles, sont empeschés à leurs privileges : C'est pourquoy ils suplient vostre Majesté les y vouloir retenir.

Sera pourveu par les juges ausquels la cognoissance en appartient, appellés les substituts du procureur general du Roy.

Sera suyvi l'avis des Commissaires.

CIII.

Que les marchands ne soyent empeschés en la conduite de leurs marchandises, par les Gouverneurs, qui prennent des impositions, sur icelles, telles qu'ils leur ostent leur profit: Et qu'il soit defendu ausdicts Gouverneurs, de prendre ny exiger aucuns deniers, sur quelque marchandise que ce soit, sans Lettres patentes verifiees ou besoin sera, et sur peine de la vie.

Accordé.

Accordé, et deffences sont faites de lever aucunes impositions que celles qui sont ordonnees par sa Majesté.

CIV.

Que les vendeurs de namps soyent remis en chacun Bailliage, en remboursant au prealable les sergens, pour fuir et eviter aux tromperies et malversations, que commettent ordinairement lesdicts Sergens.

AU ROY.

Quand les affaires de sa Majesté le permettront, y sera par elle pourveu.

CV.

Et d'autant qu'en plusieurs endroicts, en ceste annee presente, cinq cents quatre vingts treize, la gresle auroit tout ruyné: justifiant par les fermiers, leur ruyne: il soit faict diminution d'une moitié de leur fermage, pour Evreux et Gisors.

Se pourvoiront les particuliers par devant les juges ordinaires des lieux.

Se pourvoiront ainsi qu'il est porté par l'avis des Commissaires.

CVI.

Remonstrent lesdicts Estats, qu'en plusieurs endroicts de ceste Province, specialement au grand Andely: encores

qu'il y ait deux parroisses, les tailles dudict lieu, se cueil-
loyent par un mesme rolle et mandement : et depuis auroyent faict divers rolles : il vous plaise remettre ceste pre-
mire façon : et ordonner que d'oresnavant les tailles audict
lieu, et autres endroicts, se cueilleront, comme ils avoyent
accoustumé, par un mesme rolle et mandement, sans
toutesfois prejudicier en rien sadicte Majesté, pour eviter
aux procès qui surviennent ordinairement à cause de ce.

Accordé.

Accordé.

CVII.

Remonstrent aussi, lesdicts Estats, que quelque don, et
concession que sa Majesté ait faict du tiers de la taille ou
autre portion, ils n'en ont eu aucune diminution : ains ont
esté contraincts avec toute rigueur et extortion infinie estans
envoyés à les tourmenter, au lieu de Sergens ordinaires :
lesquels anciennement se contentoyent des sallaires ordonnés par le Roy, des Capitaines et Soldats, et autres gens
qui ne prennent point en payement des sols ou des testons,
mais exigent, pillent, rançonnent lesdicts pauvres gens du
tiers Estat, à quatre fois plus que ne se montent lesdictes
tailles.

AU ROY.

*Sera informé par les juges des lieux, de ce qui aura
esté exigé au prejudice des remises accordees par sa
Majesté, et des exactions pretenduës, pour le tout estre
envoyé au conseil ou il y sera pourveu.*

CVIII.

Remonstrent d'avantage, que les Capitaines et Gouverneurs des places, font si peu d'estat des maisons des particuliers, que pour la moindre opinion qui leur vient de faire

un fort esperon, ou boullevert, ils ruynent et abbatent les maisons des proprietaires, mesmes les Eglises et maisons presbiteralles : tellement qu'à cause de ce, plusieurs sont reduits en extreme povreté : Si suplient tres-humblement sadicte Majesté, que defences leur soyent faictes d'user ainsi du bien des proprietaires, sans les recompenser.

Sera pourveu par Monseigneur le Gouverneur.

Sera pourveu par le Gouverneur de la Province, pour le bien et conservation d'icelle : lequel, au cas qu'il ordonne des maisons devoir estre abbatuës, seront estimees auparavant, pour leur estre puis pourveu de recompense.

CIX.

Que les rescompences adjugees aux Gentilshommes, (sur) le tiers Estat du val de Scere, soyent revoquees : et que le don, qui leur a esté faict par le Roy, de trois annees de moitié de leur taille, soit suyvi et executé.

AU ROY.

Accordé.

CX.

Les habitans de ladicte ville de Carentan suplient tres-humblement sadicte Majesté, leur accorder la suppression des Officiers de Sainct Lo, en les remboursant : eu esgard que la Court n'a voulu esmologuer ladicte Election et Viconté : D'avantage lesdicts habitans suplient sa Majesté, attendu la redification des murailles de la ville et Chasteau dudict Carentan, curement des fossés, et autres fortifications, qui leur ont beaucoup plus cousté que lesdictes tailles, estre exempts pour l'avenir desdictes charges.

AU ROY.

Et se pourvoiront les habitans, et Officiers dudict Carentan, par remonstrances ou requestes particulieres, si bon leur semble.

Sera l'avis des Commissaires suyvi.

CXI.

QUE les Collecteurs, ne soyent tenus payer que le tiers
du quartier par chacun mois, apres le mois expiré : et que
les charges en doyvent estre delivrees aux Sergens ordinaires,
sans que les Receveurs les puissent bailler à des coureurs,
et personnes à leurs discretion : Qui ne mettent moins le
peuple en frais, que le payement des tailles : pour les frais
et executions qui se font par lesdicts coureurs, sur le peuple,
et à ce que lesdicts Receveurs n'y puissent contrevenir,
Sadicte Majesté est supliee en faire une Ordonnance expres,
avec injonctions de peines et amendes.

AU ROY.

*Seront les Ordonnances sur ce faictes des levees des
deniers du Roy observees, et deffences d'y contrevenir.*

CXII.

SADICTE Majesté sera supliee, de ne donner à l'avenir
aucunes abolitions, ny pardons d'homicides de guet à pens,
ny assassinats, comme estant chose tres-pernicieuse : et que
si aucuns par importunité avoyent esté donnés, par surprise ou autrement, que sans y avoir esgard, justice en soit
faicte selon le demerite.

AU ROY.

Et sont les Commissaires d'avis du contenu audict article.

*Le Roy veut et entend que les Ordonnances pour le
reiglement de la justice soyent suyvies.*

CXIII.

LES povres habitans du plat Pays de Caux, se plaignent

infiniment à vostre Majesté, de ce que depuis le commencement de ces troubles, ils ont eu tousjours les armees sur le dos : tantost celle de vostre Majesté, tantost celle de l'ennemy, au siege de Dieppe: ores l'armee de Monseigneur de Longueuille, tantost l'armee conduitte par Monseigneur le Mareschal de Biron, au siege de Fescamp, tantost l'ennemy pour reprendre le chasteau de Bacqueuille, tantost l'armee de vostre Majesté, conduitte par Monseigneur le Mareschal de Biron, pour prendre Caudebec, tantost le siege de Rouen, tantost la venuë de l'ennemy, tantost l'armee du Prince de Parme: autresfois l'armee des capitaines Grillon et Fontaines-Martel, pour assieger le chasteau dudict Bacqueuille : lesquelles armees les ont tellement ruynés, qu'il ne leur reste plus que le seul moyen de se plaindre, comme font les Bailliages de Rouen, Gisors, Evreux, Alençon, Costentin, ou la misere est pareille, pour les armees qui y ont continuellement passé, rapassé, et sejourné: et à cause des tailles qu'ils ont payees en ces bailliages, à quatre et cinq endroicts. Qu'il plaise à sadicte Majesté, defendre à toutes personnes de quelque condition ou qualité qu'ils soyent, faire nouvelles levees de deniers, sans lettres patentes verifiees és Courts souveraines, sur peine d'estre convaincus de crime de lese Majesté : et defendre à tous Officiers de s'ingerer de faire faire lesdictes levees et contributions de quelque chose que ce soit, sur peine de la vie, et d'en respondre en leur propre et privé nom : et que les Receveurs des levees qui auront esté faictes cy devant, seront faicts venir rendre leurs comptes aux Estats : et qu'il soit informé de celles qui ont esté faictes cy devant.

AU ROY.

Et sont les Commissaires d'avis du contenu audict article.

Accordé, et qu'il ne soit faict aucune levee, si ce n'est par commission, ou lettres patentes.

CXIV.

ET parce qu'il y a plusieurs Gentilshommes et autres, qui se disent serviteurs de sa Majesté, lesquels neantmoins ont des intelligences, avec les ennemis de sadicte Majesté et les volleurs qui courent les chemins, ne servans d'autre chose parmy les gens de bien et serviteurs de sa Majesté, que de les espier et faire prendre prisonniers et voller leurs maisons, assistans eux-mesmes de leurs personnes, gens, armes, et chevaux, pour faire lesdicts emprisonnemens et volleries, prenant part au butin, et d'autres de qui les maisons ne servent que de retraicte pour lesdicts volleurs et de cachots pour retenir en des basses fosses ceux qui sont prins, et par eux et par leurs intelligences, font plus de ruyne au Pays, que les villes ennemies : Qu'il plaise à sa Majesté, ordonner que Commissaires seront deputés de la court de Parlement, pour informer et faire le procés desdicts volleurs, et leurs adherans : et que justice en soit faicte promptement.

Accordé : Et y sera tenu la main par Monseigneur le Gouverneur, et par les Courts souveraines.

Accordé, et mandé au Procureur general y tenir la main.

CXV.

REMONSTRENT aussi les Deputés du Bailliage de Caux, que les communes dudict Pays ont esté venduës, par Madame la Duchesse de Longueuille, à sa justice de Longueuille : chose grandement prejudiciable, pour le povre peuple du plat Pays, par ce que c'estoit toute la commodité de leur nourriture : et à ceste fin suplient sa Majesté, de

rentrer en leurs possessions desdictes communes, en payant
ce qu'ils auront esté loyallement venduës.

AU ROY.

Il leur sera pourveu sur leurs requestes particulieres.

CXVI.

Suplient aussi, à sadicte Majesté, les Deputés du Bailliage de Rouen, d'avoir esgard à la povreté, en quoy sont
de present les habitans dudict Bailliage à cause des ravages
et tirannies sur eux exercees, par les garnisons des villes
rebelles de Rouen, chasteau du Pont de Larche, Ponteaudemer, et Honfleur : lesquels les ont tellement pillés, et
spoliés de tous leurs moyens, mesmes par emprisonnemens
de leurs personnes : tellement qu'outre les tailles, imposts
et autres charges, et arrançonnement qu'ils leur font payer,
il ne se trouve de present aucun en tout ledict Bailliage,
qui ait le moyen de payer aucune chose : Supliant à sadicte
Majesté, les delivrer de telles miseres : et ce pendant les
vouloir descharger de partie des tailles et imposts, à quoy
ils sont cottisés.

AU ROY.

*Et se pourvoiront par remonstrances ou requestes particulieres, si
bon leur semble.*

*Se pourvoiront par requestes particulieres, si bon leur
semble.*

CXVII.

Suplient aussi, lesdicts Estats, sadicte Majesté, que
récompense soit adjugee à ceux qui ont esté arrançonnés,
et pillés par les Ligueurs, sur ceux qui tiennent le party de
ladicte Ligue, ou à tout le moins, sur ceux qui ont faict
lesdictes volleries : et que pour ce faire, il soit commandé

par sa Majesté à Messieurs de la Court de Parlement
d'adjuger lesdictes recompenses aux requerans, et y tenir la
main.

Les parties interessees, se pourvoiront par devers le Roy.

Sera suyvi l'avis des Commissaires.

CXVIII.

SUPLIENT aussi, lesdicts Estats, qu'il plaise à sa Majesté,
ordonner que ce qui avoit esté clos des landes et communes
par aucun des habitans d'icelles, sera desclos : et retour-
nera en la premiere nature.

AU ROY.

*Les juges des lieux y pourvoiront, parties appelees
ainsi qu'ils verront estre à faire par raison.*

POUR le regard de la demande faicte par vostre Majesté,
des sommes contenuës en vostre Commission : Lesdicts des
Estats, la larme à l'œil, les yeux au ciel, et les genoux en
terre : Suplient tres-humblement vostre Majesté, se resouvenir des incroyables, et insupportables sommes de deniers,
levees depuis ces guerres en ceste Province, des armees qui
ont perpetuellement vescu en liberté sur le plat Pays, des
prisons et ranconnemens faicts par ceux du party contraire,
de vos povres sujets qui ont esté prins jusques à deux, trois,
quatre, cinq et six fois : n'y ayant eu personne qui ait es-
chappé les mains et la cruauté de ces barbares : Si bien
qu'au jourd'huy, c'est chose monstrueuse de voir en ceste
Province, qu'en tels endroicts y ait un cheval, jument,
bœuf, mouton, ou autre beste : tellement que ce que
faisoyent faire vos povres sujets de ceste dicte Province,
par leurs vallets et serviteurs, avec une charruë bien attelee
de bœufs, chevaux, ou juments : C'est une chose lamentable
voir un pere de famille, sa femme et ses enfans, servir de

bestes, et la corde sur l'espaule, tirer à force de rains, une
petite charuette : voir les povres gens, en general, si defaicts,
si bazanés, si descouverts de toutes parts, qu'il ne leur reste
au jourd'huy, pour l'extreme povreté à laquelle ils sont
reduicts, desquels la moitié sont morts, que le plus petit
membre qui est encores sur eux, pour vous faire entendre
leur misere, leur calamité, leur povreté : Neantmoins bien
que tels, recognoissans qu'il faut que les membres aydent
au chef, Suplient tres-humblement vostre Majesté, avoir
pour agreable, qu'ils vous offrent la moitié de la somme
contenuë en vostre Commission.

Pour la necessité des affaires de ce Royaume, le Roy
n'y peut à present pourvoir.

Faict en la convention des Estats du Pays et Duché de
Normandie, tenant à Caen, le vingt-deuxiéme jour de Novembre, mil cinq cents quatre vingts treize.

        Ainsi signé,   ·   M. THOMAS.

LES COMMISSAIRES tenans la presente convention, ayant
veu la responce que les Delegués desdicts Estats ont faicte
à la proposition et demande qui leur a esté faicte de la part
du Roy, par laquelle suplient tres-humblement sa Majesté,
se vouloir contenter pour l'annee prochaine, mil cinq cents
quatre vingts quatorze, de la moitié des sommes à eux
demandees, et contenuës és Lettres patentes de Commission,
pour ce expediees, ainsi qu'il est mentionné au present
cahier de leurs doleances : Ont ordonné que par provision
toutes et chacunes les sommes de deniers demandees par
sadicte Majesté, et mentionnees ésdictes Lettres patentes de
commission, seront actuellement levees, assises, et imposees
en ladicte annee prochaine : Sauf ausdicts D elegués à se
retirer par devers sadicte Majesté, vers laquelle ils sont

renvoyés pour entendre sur ce sa volonté : Ce qui a esté prononcé publiquement ausdicts Delegués, en l'assemblee desdicts Estats.

Faict à Caen, par les Commissaires du Roy, tenans la convention des Estats du Pays de Normandie, le vingt-deuxiéme jour de Novembre, mil cinq cents quatre vingts treize.

Faict à Chartres, le vingt-sixiéme jour de Fevrier, mil cinq cents quatre vingts quatorze.

Signé,   HENRY.

Et au dessous,   POTIER [1].

[1] A Caen, De l'imprimerie de la veufue de Iaques le Bas, Imprimeur du Roy. M. D. XCIV. Avec privilege dudict Seigneur. — Réimprimé d'après l'exemplaire déposé à la Bibliothèque nationale.

ARTICLES

DE

REMONSTRANCES

Faictes en la Convention des Trois Estats

DE NORMANDIE

Tenue à Rouen le dix-neuviéme jour de Décembre, et
autres jours ensuyvans, mil cinq cens quatre vingts quinze.

*Avec la Responce et Ordonnance sur ce faicte
par le Roy estant en son Conseil,*

Tenu à Folembray, le douziéme jour de Fevrier, mil cinq
cens quatre vingts saize.

AU ROY.

Et a Monseigneur le Duc de Montpencier, *Pair de
France, Gouverneur et lieutenant général pour sa
Majesté, en ses pays et Duché de Normandie, et à
Nossieurs les Commissaires depputez par sadite
Majesté, pour tenir l'assemblée des Estats de ceste
Province, en ceste ville de Rouen, le dix neufiesme
jour de Décembre, mil cinq cens quatre vingts et
quinze.*

Supplient et remonstrent tres humblement les gens des

5

trois Estats, du pays et Duché de Normandie, qu'il
plaise à vostre Majesté leur pourveoir sur leurs tres
humbles remonstrances, contenuës en ce present cayer et
sur icelles leur accorder les provisions requises et
necessaires, au bien et soulagement de son peuple.

PREMIEREMENT.

I.

Les depputez des trois Estats de vostre Province et Duché
de Normandie, rendent graces immortelles à Dieu, de ce
qu'ayant pitié de l'estat general de France, il a suscité vostre
Majesté, et icelle conservée, non seulement pour empescher
la ruine qui sembloit presque inevitable, mais aussi pour
la remettre et relever en son honneur ancien, et d'autant
que de vostre seule personne depend le bonheur de vostre
Royaume, ils prient à Dieu conjoinctement de cœur et
d'affection vraye, qu'il luy plaise garentir votre Majesté des
continuels dangers ou elle s'expose, prolonger le cours de
vos ans, et accroistre sur vous ses sainctes benedictions.

II.

Povrce que la Religion est la plus asseurée et ferme
colomne des Estats et Royaumes, et qu'icelle nous induit à
rechercher l'union de foy en toute la Chrestienté, souz un
mesme chef, nostre Seigneur Iesus Christ, et son vicaire
nostre sainct Pere le Pape, lesdits Estats rendent aussi
graces à Dieu de ce que par sa misericorde il luy a pleu
coupper chemin aux chismes et divisions que le malin
esprit introduisoit en l'Eglise, et avoir inspiré nostredit
S. Pere à donner absolution à vostre Majesté, accompagnée
de benediction, vous recognoissant premier fils de l'Eglise,
et Successeur legitime des Roys tres Chrestiens, protecteurs

du Sainct Siege Apostolique. A ces causes lesdits Estats supplient tres-humblement vostre Majesté, faire lever toutes deffences par cy devant faites pour se pourveoir à Rome, et oster le desordre qui est en l'Eglise, destituée en plusieurs lieux de pasteurs legitimement ordonnez.

AU ROY.

Lesdites deffences sont levées par les patentes du Roy, envoyées par tous les parlemens du Royaume.

III.

MESMES qu'il plaise à vostre Majesté, ne permettre qu'en ladite Province soit fait exercice d'autre religion que de la Catholique, Apostolique et Romaine, et qu'aux lieux Saints et Cymetieres des Eglises ne soyent inhumez les corps de ceux qui ne seront decedez en la foy de ladite Eglise, comme en plusieurs lieux il y en a d'inhumez par force, n'estant raisonnable de contrevenir aux saints canons ordonnez pour cest effect, ny à l'authorité des Evesques et de leur justices. Mesmes de n'admettre en aucuns offices ou charges publiques, aucunes personnes qui ne facent profession de la dite Religion, et ou il s'en trouveroit de pourveuz, comme il y en a par commissions extraordinaires, les interdire jusques à ce qu'ils ayent fait profession de foy, et soyent receuz par les voyes ordinaires, et cependant deffences soyent faites aux receveurs de leur payer leur gages.

Au Roy. Et neantmoins sont les Commissaires d'advis que les juges des lieux ayent à pourveoir de place pour la Sepulture des corps de ceux de la Religion pretenduë reformée, et tenir la main qu'ils ne soyent inhumez ès Eglises et Cimetieres.

Le Roy entend qu'il ne se face rien au prejudice des Edicts, ains qu'ils soyent suyvis et observez.

IV.

Par tous les Cahiers precedens il a pleu à vostre Majesté
accorder que les Ecclesiastiques seront maintenus en leur
droits, prerogatives, privileges et exemptions, et neantmoins on ne laisse à les travailler, tant par les imposts,
cottisations particulieres, taxes d'emprunts, Fortifications
de villes et logemens de gens de guerre, que par les ravages
inhumains des soldats. Pour ceste cause il plaise à vostre
Majesté y apporter les remedes necessaires : et attendu
l'extresme necessité desdits Ecclesiastiques, les descharger
des decimes, tant du passé qu'à l'advenir, ausquelles ils ne
peuvent plus subvenir , estans mesmes contrains , en
plusieurs lieux, d'abandonner le peuple, sans exercice de
la Sainte Religion, et administration des Sacrements.

*Au Roy. Et sont lesdicts Commissaires d'advis, que deffences
soyent faites à tous gens de guerre de loger à l'advenir ès maisons
des gens d'Eglise.*

*Le Roy veut soustenir lesdits gens d'Eglise souz sa
protection, et en leur libertez et privileges, et les soulager
autant que ses affaires le pourront permettre.*

V.

Se plaignent justement lesdits Estats, que contre tout
droit divin et humain, les dignitez, charges et biens
Ecclesiastiques sont possedez en plusieurs lieux, non seulement par personnes incapables et indignes, mais aussi par
ceux qui font profession publique contraire à la Religion
Catholique, Apostolique et Romaine, au grand scandale
des gens de bien. Dont pour empescher le juste courroux
de Dieu, il plaise à vostre Majesté pourveoir à tel desordre,
à ce que directement ou indirectement il ne soit contrevenu
aux Saints Canons et decrets de l'Eglise, conformes aux

reiglemens de ce Royaume. Mesme faire conserver leurs biens et revenu temporel, justices et jurisdictions sans rien alterer, ou innover. Et neanmoins le Sieur Archevesque de Rouen, n'est conservé et maintenu en iceux, contre aucuns des habitans de la ville de Dieppe, qui pretendent faire transferer les juridictions Royalles du bourg et Chasteau d'Arques, en la dite ville de Dieppe, et reünir à icelle la jurisdiction du Bailliage dudit Dieppe, appartenant au dit sieur Archevesque. A ceste fin plaise à vostre Majesté revoquer certain Arrest donné en son privé Conseil du dixseptiesme jour de May dernier pour la translation desdites jurisdictions Royalles en ladite ville de Dieppe, comme obtenu par surprise desdits habitans de Dieppe, et dommageable à l'estat Ecclesiasticque et au public.

AU ROY.

Le Roy veut que ledit arrest ait lieu, et que suyvant iceluy, il soit procedé à la recompense et execution entiere du contenu en iceluy. Et cependant que les Officiers de sa Majesté soyent establis dans le Polet, pour y exercer les jurisdictions qui souloyent estre audit Arques, nonobstant oppositions ou appellations quelconques.

VI.

Vostre Majesté sera pareillement suppliée d'avoir pour agreable, qu'à ceste requeste soit joincte la treshumble supplication de tout le Clergé, de la Noblesse, et du tiers estat de vostre Bailliage de Caux, à ce qu'il luy plaise vouloir accorder la continuation de vos jurisdictions en vostre ville d'Arques, comme lieu ancien et trouvé le plus commode au public, et à ceste fin revoquer ledit arrest.

AU ROY.

Idem.

VII.

Qu'il soit enjoinct aux juges et Officiers laiz de n'empescher la jurisdiction Ecclesiastique, pour la reparation des lieux saincts, à la refection et entretien desquels les juges Ecclesiastiques pourront librement contraindre les personnes sujectes, par toutes voyes deues et raisonnables.

AU ROY.

Le Roy veut que chacun se contienne aux limites de sa jurisdiction, enjoignant à la cour de Parlement d'y tenir la main.

VIII.

Sera supliée vostre Majesté de se vouloir resouvenir des services que luy a fait sa Noblesse de Normandie, et principalement en ces guerres dernieres, qui n'a espargné ny sa vie, ny ses biens pour l'establissement et manutention de ceste couronne, et que deffenses soyent faites à tous gens de guerre de quelque qualité et condition qu'ils soyent, de ne loger aux maisons et manoirs desdits Gentilshommes.

Au Roy. Et sont les Commissaires d'advis du contenu en cest article.

Accordé. Et sera mandé aux Gouverneurs d'y tenir la main.

IX.

Qu'il plaise à vostre Majesté les vouloir maintenir en leur anciens previlleges et libertez, comme ont fait les feuz Rois vos predecesseurs, les vouloir descharger de tous imposts, et qu'ils puissent prendre du sel à la Gabelle au prix du marchand.

AU ROY.

Le Roy veut que lesdits supplians soient maintenus et conservez en leur privileges anciens, ainsi qu'ils en ont cy devant bien et deuëment jouy, et pour le regard des droits de Gabelle, que ceux vériffiez par edict soyent payez ainsi qu'ils sont ordonnez.

X.

LESDITS Estats supplient aussi vostre Majesté, commettre d'oresnavant à Gentils hommes du pays, d'honneur et de creance, la garde des villes, chasteaux et places fortes de la province, se pouvant asseurer vostre Majesté de leur tres fidelle service, lesquels pour le bien de la patrie et leur propre (qui en seront responsables) seront plus diligens à garder et conserver lesdites places que les autres, et ne voudroyent permettre qu'il en advint faute.

AU ROY.

Le Roy en telles occasions gratifie indifferemment ses Serviteurs, selon leurs merites et capacitez.

XI.

Qu'IL plaise à vostre Majesté, revocquer toutes chartres d'anoblissement à ceux qui les ont obtenuës par argent, d'autant qu'outre (que) la vraye Noblesse est pareillement interessée, sa Majesté reçoit un notable interest en la perception de ses tailles, estans les plus riches et aisez qui achaptent lesdites lettres d'anoblissement.

Au Roy. Et neantmoins sont lesdits Commissaires d'advis qu'il plaise à sa Majesté de n'accorder pour l'advenir à personnes assis à

la taille, aucuns anoblissemens, et revocquer ceux qui n'ont encores
esté verifiez.

Le Roy ayant par ceste voye anobly aucuns de ses
sujets, a par mesmes lettres pourveu à l'indemnité des
parroisses où ils sont demeurans, à laquelle indemnité
sa Majesté veut que lesdits anoblis soyent tenus et
contraints de satisfaire selon qu'il est porté par lesdites
lettres.

XII.

SUPPLIENT tres-humblement lesdits Estats vostre Majesté,
qu'il luy plaise confirmer les previleges de la chartre Normande, et ordonner d'oresnavant d'an en an que lesdits
Estats de la province se tiendront au premier jour
d'Octobre : afin que les diminutions qu'il plaira à vostre
Majesté leur accorder puissent estre rapportées à vos
tresoriers generaux de France, avant l'envoy de leurs departemens, et reduire au nombre de quatre lesdits Commissaires desdits Estats, suyvant l'arrest de vostre conseil,
du troisiesme jour de Fevrier, mil cinq cens quatre vingts
quatorze.

Au Roy. Et neantmoins sont lesdits Commissaires d'advis que le
reiglement donné en l'an mil cinq cens quatre vingts quatorze, soit
gardé.

Le Roy veut que ladite chartre ait lieu et soit
observée, pour en jouyr comme ils ont cy devant bien et
deuëment fait, et que les Estats tiennent au temps et
lieux qu'ils soulloyent, et pour le regard du nombre de
Commissaires, il n'y en aura que celuy porté par le
dernier arrest.

XIII.

REMONSTRENT à vostre Majesté lesdits Estats, qu'estant
le manquement de la foy publicque l'une des principalles
causes de la ruine des Estats, nous en avons senti les

effects en ce Royaume, et vostre Majesté en a l'incommodité principalle : Car au lieu que vos predecesseurs aux occurrences extraordinaires, estoyent promptement secourus de grosses sommes de deniers, qui se bailloyent volontairement en leurs bonnes villes, à cause des assignations des rentes qui se constituoyent sur les maisons de villes et receptes generalles, dont une infinité de familles estoyent nourries, depuis qu'on les a reculez, puis retranchez, et enfin du tout deniées, il ne se trouve plus personne qui vueille colloquer son bien à si mauvaises enseignes, et sur tout aux villes qui servoyent d'ancres sacrées aux necessitez les plus urgentes, ou pour toute recompence de leurs affections, ils voyent leurs citoyens au bissac, et les bonnes familles desolées. Malheur introduit par les Italiens et partisans qui remportent tout le profit, et vous entretiennent tousjours Sire, en telle misere : car si on espluche exactement le mal qui en provient, on trouvera que pour vingt ou trente mil escus d'argent comptant, ils font en une heure plus de profit qu'il ne faudroit pour payer les arrerages des rentes de ceste province. Et partant qu'il plaise à vostre Majesté, avoir pitié et compassion de tant de pauvres familles affligées et miserables, et pour euiter le juste courroux de Dieu, qui preste l'aureille et exauce les cœurs remplis d'amertume, rappeller le credit qui en est banny, et donner esperance de quelque doux traictement : Ordonner que fonds sera fait pour payer le courant des rentes constituées sur les maisons de villes, receptes generalles et particulieres. Et pour les arrerages du passé, commander à vos Tresoriers generaux, de vous donner advis sur quelle nature de deniers ils pourront estre payez, et que l'egalité soit gardée.

Au Roy. Et sont les Commissaires d'advis qu'il plaise à sa Majesté, de pourvoir sur le contenu en cest article.

Le Roy fera pourvoir au payement du courant des-

dites rentes et des arrerages, autant que la commodité de ses affaires le pourra permettre.

XIV.

Et d'autant que la recepte generalle de Rouen porte toutes les charges de la province, comme ayant esté une seule generalité, lors de la constitution desdites rentes, il plaise à vostre Majesté ordonner, veu l'establissement du bureau de la generalité de Caen, distraict de celuy de ladite generalité de Rouen, qu'à son equipollent ladite generalité de Caen, contribuera au payement de cent mil escus, et portera la contingente des gages des Cours souveraines de la province.

Au Roy. Et sont les Commissaires d'advis du contenu au present article.

Le Roy ne peut rien changer à l'ordre et establissement de ladite generalité de si longue main ordonnez.

XV.

Davantage vostre Majesté sera suppliée ordonner que les arrerages de la constitution de trente mil escus de rente de quatre vingts huit, seront payez avant toutes sortes de rentes deuës à personnes estans hors de la Province. Mesmes avant les quarante cinq mil escus de constitution de rente sur la recepte generalle de Rouen, et une partie de vingt cinq mil escus en autre. Estant plus raisonnable que les habitans de ladite Province soyent payez, que les autres estans hors d'icelle, et que du fonds qui sera fait pour le payement desdites rentes, il soit distribué esgallement au marc l'escu, sans exception de personnes, et de quartier en quartier, par les receveurs des lieux, sans que pour ce ils soyent tenus recourir à l'ordonnance desdits Tresoriers Generaux.

AU ROY.

Le payement desdites rentes se fera suyvant les edits et les contracts de constitution.

XVI.

Que les Officiers creez depuis les Constitutions des rentes ne soyent payez de leur gages, au prejudice et recullement des arrerages d'icelles.

Au Roy. Et neantmoins sont les Commissaires d'advis, du contenu au present article.

Attendant que le Roy ait pourveu à la reduction des-dits offices, il ne peut estre rien innové à l'ordre jà establi.

XVII.

Supplient vostre Majesté de retracter le regallement cy devant fait sur le sel, et en consequence la distraction de vingt sols pour le payement des gages de Messieurs de la court de Parlement, Chambre des Comptes, grand conseil, et court des Aydes de Paris : Mesmes la revocation de l'imposition de huit escus sur muid de sel.

Au Roy. Et neantmoins sont les Commissaires d'advis, qu'il plaise à sa Majesté affecter le payement desdits vingt sols sur le sel, pour le payement des arrerages des rentes assignées, tant sur la recepte generalle, que maison de ville.

Ladite imposition est generalle en l'estendue de ce Royaume, et celle de huit escus a esté establie pour le payement des debtes deuës au Feu sieur de Villars : et apres qu'elles auront esté acquittées, sadite Majesté les en pourra decharger.

XVIII.

Qu'il plaise à vostre Majesté, entrer en consideration,

que, la Normandie estant à la proportion beaucoup plus
chargée de tailles et levées extraordinaires, que les autres
Provinces de la France, dont elle porte presque de la quatrième, n'a cy devant peu y satisfaire que par le trafic, pour
estre maritime, et avoir moyen de vendre et departir aux
nations estrangeres ses denrées et son industrie. Ce qui cesse
maintenant, estant la liberté de la marchandise abolie
presque du tout par les exactions qui se commettent à
Henricarville, et autres places estans sur les rivieres et
ports de mers et pour les menaces et outrages dont l'on
use contre les mariniers, marchands et passagers. Pour ce
plaise à vostre Majesté, ordonner qu'il sera informé des
levées de deniers qui ont esté faites ausdites places sans
lettres : que pour celer et faire perdre la cognoissance des
grandes sommes qu'ils ont extorquez, ils ne baillent des
quittances en particulier : ains en general seullement.
Qu'ils seront tenus exiber par devant les Commissaires
leur registres pour estre confrontez contre ceux des villes
voisines. Informer pareillement de ce qu'en la pluspart du
temps les mesmes personnes sont. Receveurs et controolleurs de la grand distribution du sel, qui a esté faite à tres
vil prix, tant par ceux qui y commandent que les cappitaines en chef, ayans ouvert la porte à tous les faux
sanniers, et jetté dans la rivière le sel apporté par quelques
autres navires ; de la rigoureuse vente des marchandises,
qui se fait au son du tambour, pour payer les droits, lesquelles sont achaptées par les soldats à vil prix. Ce qui est
cause que les Anglois et Flamens ayans perdu des navires
devant aucunes desdites places arrestez par force, ont du
tout abandonné le trafficq, et finallement de l'interest
notable qu'il y a au payement des garnisons, et des cita-
delles qu'on y bastit, dont le fonds serviroit pour
subvenir aux affaires de vostre Majesté, ou à payer

les rentes de tant de pauvres vefues et pupilles qui meurent de faim.

AU ROY.

Sera expedié ordonnance portant deffence de faire aucunes levées sans commission du Roy, et sera informé des excez contenu au present article.

XIX.

Vostre Majesté sera aussi suppliée considerer, que Dieu l'ayant establie pour rendre la justice à son peuple, est tenuë et obligée de le faire gracieusement, et toutesfois tant par les Edicts pernicieux et dommageables, veriffiez ou presentez, que par les droits que les Officiers pretendent leur estre deuz pour leurs espices et vaccations qu'ils croissent à leur volonté tous les jours, et sont augmentez contre les ordonnances à la foulle et ruine des pauvres personnes, qui faute de moyens sont contraints quitter et abandonner leur justes poursuittes. Pour à quoy remedier, sera vostre dite Majesté suppliée vouloir revoquer non seulement les Edicts du parisis du droit des greffes, et doublement des presentations : Mais aussi les droits de Clerc establi cy devant, et executé par certains partisans et leurs ministres, et qu'il soit enjoinct aux compagnies souveraines de se comporter modestement aux taxes des espices, et icelles diminuer à la descharge de leur honneur et conscience : mesmement en leur expedition des causes à tour de roolle et jugement des causes appoinctées au conseil, et aux autres juges inferieurs de mieux garder les ordonnances.

Au Roy. Et seront pour le salaire des juges, les reiglemens portez par l'ordonnance du Roy, et arrets de la court observez.

Sera escrit au Parlement pour reigler la taxe des espices, et quant aux places de clercs, parisis, et autres

droits, l'establissement en a esté fait en la necessité des
affaires du Roy, qui ne se peut reparer que par un repos
general.

XX.

QUE pour coupper pied aux fraudes qui se commettent,
faciliter l'assiette des tailles, et empescher les gratifications
et monopoles qui se font aux departemens au prejudice des
autres pauvres parroisses, abandonnez et non supportées
par les Esleuz, qui deschargent les leur et celles de leurs
amis, qui provient de la multiplication d'iceux, il plaise à
vostre Majesté, revoquer l'establissement des nouvelles
eslections, et icelles reünir avec les anciennes, et que les
officiers seront reduits à deux Esleuz seulement, et un
controlleur, et les autres supprimez en remboursant, pour
à quoy parvenir, sera prins le fonds de leurs gaiges desquels
on en remboursera les uns ceste année, et les autres aux
années consecutives, endurant ceste douce peine au lieu de
chastiment qu'ils pourroyent meriter, si on leur faisoit
leur procez, dont vostre Majesté et le pauvre peuple tireront
beaucoup de profit.

Au Roy. Et neantmoins sont les Commissaires d'advis, de la
suppression desdits Officiers, en les remboursant.

Le Roy pourvoirra selon que dit est, à la suppression
desdits Officiers.

XXI.

QU'IL plaise à vostre Majesté, pour le restablissement de
vos forests, ordonner que d'icy en avant ne se fera que la
moitié des couppes ordinaires, qui est la deux centiesme
partie, sur peine aux grans Maistres, ou leurs Lieutenans,
de respondre en leur nom privé du surplus. Et outre
casser et supprimer tous les Officiers depuis la mort du Roy

François second, qui sont cause pour la plus part, de la depopulation desdites forests.

Au Roy. Et neantmoins sont les Commissaires d'advis, que le droit de chauffage qui a esté attribué aux nouveaux Officiers, soit converti à leur remboursement.

Sa Majesté fera regler les ventes qui se doyvent faire ésdites forest, et pour les Officiers d'icelles, sadite Majesté y a pourveu par édit.

XXII.

Que deffences tres-estroites soyent faites ausdits Gouverneurs et Cappitaines des places, d'exiger aucunes corvées, contributions en argent, ou denrées des parroisses de leur charges voisines, et approchantes d'icelles, sur peine de leze Majesté, et les declarer et leurs heritiers responsables envers lesdites parroisses desdites exactions et qu'à ceste fin il en sera informé. Et que à l'issuë de toutes les Messes parroissialles, seront par les habitans depputez deux personnes qui se transporteront au premier siege Royal, et la seront tenus declarer au juge ce qu'ils baillent, payent, et à qui, pour en estre dressez amples procez verbaux, et envoyez les uns vers vostre Majesté, et les autres vers vostre Cour de Parlement.

Au Roy. Et neantmoins sont les Commissaires d'advis, du contenu au present article.

Accordé, il en sera escrit à Monsieur de Montpensier, et au Parlement.

XXIII.

Vous remonstrent lesdits Estats, que les meschans depuis ces troubles, se sont tellement licentiez et habandonnez au vice, que oubliant et l'honneur de Dieu, et la crainte de la justice, ils n'ont doute de commettre toutes sortes de meschancetez et cruautez envers vos subjets indefendus, qui neantmoins à raison de leurs mauvais comportemens n'oseroyent se plaindre à la justice ordinaire. A ces causes il plaise à vostre Majesté, accorder ausdits Estats, la sceance des grands jours.

Au Roy. Et neantmoins sont les Commissaires d'advis, du contenu en cest article.

Accordé, et en sera la commission expédiée.

XXIV.

REMONSTRENT d'avantage à vostre Majesté, lesdits Estats, que combien qu'il soit expressément deffendu par vos Ordonnances d'executer commissions extraordinaires, si elles ne sont bien et deuement vérifiées en vos courts souveraines, si est ce pourtant qu'un sur-nommé Busnel, en vertu de quelques roolles ou commissions particulieres en papier et sans sceau, contraint sans respect desdites Courts souveraines, par toutes rigueurs inaccoustumées, les nouveaux anoblis depuis certain temps, les uns à trois, quatre et cinq cens Escus, souz pretexte de certaine interdiction et deffences aux Courts souveraines de prendre congnoissance de l'execution de sesdites commissions, qui est cause qu'il leve un denier incroyable en ladite province. Et ne se contentant du nombre contenu en sesdites commissions, prend et exige indifferemment sur tout le monde ce qu'il en peut avoir. Si supplient tres-humblement vostre Majesté, lesdits Estats, qu'il luy plaise revoquer ladite commission, et ordonner qu'il sera informé desdites exactions commises par ledit Bunel.

Au Roy. Et neantmoins sont les Commissaires d'advis, qu'il soit informé de ce que le dit Bunel a exigé, outre et par dessus les taxes contenuës en son roole, et que deffences soyent faites à toutes personnes d'executer à l'advenir aucunes commissions, si elles n'ont esté vérifiées à la Court.

Sera mandé aux Commissaires d'en informer, et se
faire representer l'estat de la recepte.

XXV.

Comme aussi vostre Majesté, sera pareillement suppliée
pour les mesmes raisons cy dessus, revoquer autre commission pour informer des usures executées par maistre
Robert Tourmente, Conseiller au grand Conseil.

Au Roy. Et neantmoins sont les Commissaires d'advis, du contenu
en cest article, et que la congnoissance soit renvoyée devant les juges
de la province.

Le Roy a ordonné à monsieur le chancelier estant à
Paris, d'en conferer avec ceux de son grand Conseil,
pour y apporter le reiglement qui y est requis, pour le
soulagement de ses subjets, et jusques à ce, veut et entend
sa Majesté, que ladite commission cesse, et que le dit
Tourmente différe l'execution d'icelle. Enjoignant ce
pendant aux Officiers de la province, chacun en son res-
sort, faire observer les Ordonnances, pour la cohertion
desdites usures.

XXVI.

Revoquer la commission pour la vente des communes et
forests, executez par messieurs du Guay et du Mesnil
Bazire, n'ayans vos pauvres subjets autre moyen de payer
vos tailles, que de la commodité desdites communes et
forests, et celle des petits sceaux.

AU ROY.

Il y a arrest donné contradictoirement, et parties oyes
au Conseil, lequel arrest sadite Majesté, veut estre observé
et exécuté.

6

XXVII.

Revoquer aussi les commissions non veriffiées pour le droit des confirmations, dont un nommé Canu fait payer les taxes, qui sont au quadruple de ce qu'on en a payé anciennement : Le faire condamner par corps et ses consors à la restitution des deniers par eux exigez, et faire deffences à toutes personnes d'executer telles commissions, sur les mesmes peines.

Au Roy. Et neantmoins sont les Commissaires d'advis, que le droit de confirmation soit payé à la raison de l'ancienne taxe, et par autres voyes que par emprisonnement de leurs personnes.

La taxe desdites confirmations sera reveuë au Conseil, pour la modérer si besoin est, et cependant demeureront surcises les contraintes pour le payement d'icelles.

XXVIII.

En fin, qu'il vous plaise revoquer toutes les commissions extraordinaires, qu'un sur-nommé du Val fait executer en ceste Province, tant pour le supplément des Officiers, que pour quelques assignations en faveur d'aucuns particuliers, sans en avoir lettres verifiées où il appartiendra.

AU ROY.

L'Edit de supplément a esté verifié : attendu qu'il ne regarde que les Officiers de finances, et pour le secours qu'en a tiré sa Majesté, en la grande necessité de ses affaires.

XXIX.

Qu'il plaise à vostredite Majesté, ordonner que tous ponts qui servoyent de passage avant ces troubles, seront ouverts, et libres pour commodité du pauvre peuple.

Au Roy. Et neanmoins sont les Commissaires d'advis, du contenu au premier article.

Accordé.

XXX.

Lesdits Estats supplient tres-humblement vostre Majesté, faire don et remise aux pauvres contribuables aux tailles, de tout le reste des tailles, cruës des garnisons et autres cruës à quoy ils ont esté imposez et taxez, et qui reste à payer des années quatre vingts neuf, dix, unze, douze, treize, quatorze et quinze, et jusque au premier jour de l'an prochain, à quelque somme que le tout se puisse monter. Et revoquer tous dons et assignations qui en pourroyent avoir esté faites à quelques personnes, et pour quelque occasion que ce soit, ou puisse estre, afin de donner moyen à vos pauvres subjets de se remettre sus, et labourer et cultiver les terres qui sont par plusieurs années demeurées en friche, ayant esgard à la pauvreté en quoy lesdits pauvres contribuables aux tailles, ont esté réduits à l'occasion des troubles et guerres, tellement que la pluspart d'entr'eux ont esté contraints quitter et abandonner leurs parroisses et maisons, pour aller mandier leur pain, et ne reste ausdites parroisses que quelques femmes vefves et enfants orphelins, ausquels les commissaires des tailles font une telle guerre, qu'en l'impuissance ou ils sont, ils ayment plustost mille fois la mort que la vie.

Au Roy. Et neantmoins sont les Commissaires d'advis, du contenu en cest article, pour ce qui est des années quatre vingt neuf, dix, unze, douze et treize, avec revocation de toutes assignations qui peuvent avoir esté données, à quelques personnes que ce soit, et sans qu'elles puissent estre executées.

Le Roy, veut que ses subjets jouyssent de la remise generale des tailles et subcides pour les années quatre vingts neuf, dix, onze et douze, et pour les trois subse-

quentes treize, quatorze et quinze, sera informé par les
Tresoriers generaux de France, appellés les Receveurs
generaux de leurs charges, de ce qui reste deu par le
peuple d'icelles, et des ruines et pertes, commoditez ou
incommoditez d'icelles, pour l'information veuë avec
leur advis, en ordonner ainsi que de raison.

XXXI.

Que d'oresnavant, les plus aisez des parroisses ne pourront estre prins pour la totalité des tailles de leurs parroisses, sinon apres la discution des biens des collecteurs
de ladite parroisse, et que deffences soyent faites de ne les
prendre et arrester prisonniers.

AU ROY.

Il y a reiglement sur ce fait, que sa Majesté veut estre
suyvi et observé.

XXXII.

Qu'il plaise à vostre Majesté, ordonner que les collecteurs
des tailles seront maintenus à prendre et recevoir les deux
sols pour livre, à eux ordonnez de tout temps, pour faire
la collection desdites tailles, sans que le Receveur leur
en puisse rien retrancher, attendu qu'ils portent et perdent
plusieurs deniers inutiles, avec grands cousts, pertes et
frais, tant envers les sergens et Commissaires, que pour
les acquits qu'il leur convient recueillir pour lesdits
deniers.

Au Roy. Neantmoins sont les Commissaires d'advis, du contenu au
present article.

Le Roy, pour certaines considerations a distrait un
sold pour livre, pour employer à ses affaires.

XXXIII.

Vostre Majesté ordonnera s'il luy plaist, que pour l'advenir il ne se face aucuns departemens aux Eslections, tant pour les deniers de la taille, cruës et autres deniers levez pour vostre Majesté, sans y appeller le delegué de chacune Eslection et Viconté, pour estre present au departement desdits deniers, et en avoir communication pour eviter aux abbus qui s'y commettent, et que les departemens seront nuls s'ils ne sont signez du depputé.

Au Roy. Et neantmoins sont les Commissaires d'advis, que les departemens soyent faits en la maniere accoustumée.

En sera usé selon la forme ancienne et accoustumée.

XXXIV.

Et pour ce qu'il s'est fait plusieurs maisons fortes aux despens et ruine du peuple, depuis l'an mil cinq cens quatre vingts huit, qui ne sont que retraites à voleurs et brigans, il plaise à vostre Majesté, ordonner que lesdites maisons et places fortes, mesme celles qu'on bastit encores de nouveau en plusieurs endroits de ceste Province, seront remis en leur premier estat. Et qu'il soit informé à l'encontre de ceux qui ont fait bastir et fortifier lesdites maisons de force et violence, et des cruautez qu'ils ont fait recevoir aux circonvoisins et habitans, pour avoir ruiné leurs maisons, pour bastir les leur, les avoir menez par force et violence, pour les construire, et avoir contraint lesdits pauvres habitans à nourrir les voleurs qu'ils ont retirez ausdites maisons fortes.

Au Roy. Et Monseigneur de Montpensier, gouverneur de ladite province, a promis de tenir la main à l'execution du contenu au present article.

Sera informé contre ceux qui en ont abusé, et toutes-

fois avant que proceder à la demolition, sera envoyé estat au Roy des maisons fortes, pour en ordonner selon son bon plaisir.

XXXV.

Vostre Majesté sera suppliée, comme elle a esté aux Estats derniers, ordonner que doresnavant il ne se face aucune levée extraordinaire, ny mesmes par les lieutenans et Gouverneurs en ce pays de Normandie, après la sceance des Estats suyvant le privilege d'iceux et lettres patentes du feu Roy, du cinquieme jour de May, mil cinq cens soixante et dixneuf, veriffiées en la court les chambres assemblées.

AU ROY.

Ne se fera aucune levée sans commission et lettres du Roy, expediées sous son grand sceau, et sera informé des levées faites sans lettres de sa Majesté.

XXXVI.

Qu'il plaise à vostre Majesté, ordonner que les comptes des deniers communs et d'octroy des villes de Normandie, le revenu desquels ne se monte qu'à deux cens escus et au dessouz, soyent rendus et affinez par devant les juges des lieux, presence des Advocat et Procureur de vostre Majesté, Maires et Eschevins des villes, comme il estoit accoustumé par cy devant, sans aller iceux rendre à la chambre des comptes, pour éviter aux grands frais et despences qui s'ensuyvent, et lesquels se montent presque autant que le revenu.

AU ROY.

Le reiglement sera ensuyvi.

XXXVII.

Qu'apres la responce et ordonnance, qu'il plaira à vostre Majesté, faire ausdites presentes requestes, supplications et remonstrances, faire commandement à vos Officiers estans en ceste Province, faire lire et publier icelles en leur sieges et jurisdictions deux fois par an, aux assises mercurialles, afin que vos Ordonnances puissent estre gardées.

Au Roy. Et neantmoins sont les Commissaires d'advis, du contenu en cest article.

Accordé.

XXXVIII.

Et d'autant que les aysez des Parroisses pour s'exempter de la contribution des tailles, se font mettre et pourveoir d'estats à la maison de vostre Majesté, à la foule des autres : Plaise à vostre Majesté, declarer que nul estant imposé au roolle de la taille, ne pourra au moyen desdits Estats, estre distrait du roolle, que premierement lesdits Officiers n'ayent indemnisé la parroisse de la somme qu'ils pourroyent porter, ou du moins de leur assis et impost à tailles et cruës, à l'equipolent, n'estans de meilleure condition que les annoblis.

Au Roy. Et neantmoins sont les Commissaires d'advis, du contenu en cest article.

Le Roy, entend que ses Officiers actuellement servans, jouyssent de l'exemption, et non autrement.

XXXIX.

Qu'il plaise aussi à. vostre Majesté, faire decider et vuider le differend d'entre messieurs de la chambre des Comptes, et de la court des Aydes, afin que vos pauvres subjets, soyent relevez des fraiz qu'il leur convient faire, pour l'adresse des lettres qui leur sont presentées pour verifier.

Au Roy. Et sont neantmoins les Commissaires d'advis, du contenn en cest article.

Le Roy y pourvoirra.

XL.

Et pource que c'est à la grande foule du peuple de Normandie, que l'on verifie les Edits aux Courts, et speciallement en celle des Aydes, ou l'on en a passé d'aucuns, comme la reapreciation du Domaine, ou il ne restoit plus à taxer que l'air, duquel on respire, et celuy du sel, il plaise à vostre Majesté, ordonner que le Procureur des Estats, et depputez de l'année, auront communication de tous Edits, afin d'aviser ensemble, ce qui sera necessaire pour le bien du pays.

AU ROY.

Le Roy adressera ses Edits à ses Officiers, ausquels la congnoissance en appartient.

XLI.

Vostre Majesté sera suppliée, qu'il soit enjoint aux asseeurs, collecteurs des tailles en chacune parroisse, garder esgalité et supporter les pauvres, ayant esgard à leurs moyens, incerer et mettre en ligne à la fin de leurs roolles les noms et surnoms de ceux qui se disent exépts desdites tailles, tant Nobles, que autres sans en exepter, à peine de vingt escus d'amende à chacun collecteur, jà iugez en cas de contravention, le tiers au denonciateur, pour eviter à l'abbus qui s'y commet, et charger à vos Procureurs generaux et leurs substituts y tenir la main, à peine de privation de leurs Estats.

Au Roy. Et sont neantmoins les Commissaires d'advis, que les reglemens conformes au contenu de cest article, soyent observez et gardez.

Accordé, suyvant l'advis des Commissaires.

XLII.

Remonstrent lesdits depputez tres-humblement à vostre Majesté, que depuis peu de jours l'on auroit levé en la generalité de Caen, le nombre de sept mil boisseaux de bled pour porter en l'armée de Picardie, qui ne coute que trente sols le boisseau, neantmoins il auroit esté adjugé à un escu pour boisseau. Si supplient vostre dite Majesté, ordonner que le peuple sera quitte, en payant ledit bled au prix de quarante sols le boisseau, tous fraitz faits, et à ce moyen que ladite adjudication soit cassée, et le surplus de l'argent baillé sera restitué à vos pauvres subjets.

AU ROY.

Sera informé du contenu en cest article, et neantmoins la levée ne sera retardée.

XLIII.

Qu'il plaise à vostre Majesté, enjoindre aux Trésoriers extraordinaires des guerres, payer les gardes de monseigneur de Montpensier au nombre de trente, à la raison de dix escus pour chacun mois, et de douze mois par an, à ce qu'ils n'ayent occasion de vacquer par les champs.

AU ROY.

Il y sera pourveu par l'estat.

XLIV.

Ordonner pareillement que Henricarville, les chasteaux et forts de Sainte Catherine du mont de Rouen, Pont de l'arche, chasteau Gaillard, Arques, chasteau de Bayeux, Pontdouve, Carrenten, Barfleur, Vallongnes, Tatihou, chasteau et tour d'Iesme, Essay, Beaumoulins, et autres fortifications faites depuis quatre vingts huit, seront desmolis pour estre tres-prejudiciables au public.

Au Roy. Et sera pourveu par monseigneur le gouverneur, à ce qui se trouvera estre le plus necessaire.

Le Roy, donnera cy apres l'ordre que le bien de son service, et le soulagement de ses subjets requerront, dont elle advertira monsieur de Montpensier.

XLV.

Qu'il plaise à vostre Majesté, revoquer toutes pensions cy devant accordées à vos Officiers sur les amendes, d'autant que telles pensions emportent quant et soy le plus souvent, la ruine entiere des pauvres condamnez.

AU ROY.

Le Roy y pourvoirra par un reiglement general.

XLVI.

Vostre dite Majesté ordonnera s'il luy plaist, qu'il sera informé contre ceux qui recelent en leurs maisons vos ennemis, volleurs et condamnez, par ce que encores que vostredite Majesté ait remis en son obeissance toute ceste Province, il n'y a neantmoins aucune sureté par les chemins, estans lesdits ennemis et voleurs espandus par la Province.

Au Roy. Et neantmoins sont les Commissaires d'advis, qu'il soit procédé par les juges ordinaires des lieux, et Visbailliz, allencontre desdits voleurs.

Accordé, et sera escrit à monsieur de Montpensier d'y faire pourvoir par les Officiers et juges ordinaires de son gouvernement, ausquels sera mandé quant et quant d'y tenir la main.

XLVII.

QUE toutes jurisdictions qui ont esté distraites durant ces troubles, seront remises aux lieux ou elles s'exerçoyent au paravant.

Sera pourveu sur cest article, par la court de Parlement.

Le Roy veut que par sa court de Parlement, soit satisfait sur le contenu en cest article.

XLVIII.

AUSSI que les lettres patentes obtenues par lesdits Estatz pour estre informé des deniers qui ont esté levez durant ses guerres, et des remises faites par sa Majesté, du tiers de la taille, outre et par dessus les commissions envoyées par vostre Majesté, seront executées, et les deniers restituez, et toute autre commission obtenuë pour cest effet revoquée.

Sera la commission ja decernée par le Roy, executée par les commissaires à ce par luy depputez.

Sera la commission susdite executée.

XLIX.

QU'IL plaise à vostre Majesté, reiterer les deffences aux receveurs des tailles, de bailler aux Cappitaines et soldats aucunes assignations sur les parroisses de leurs Eslections, conformement à son Ordonnance, apposée au bas de certain article, inceré au cayer de quatre vingts dix.

Au Roy. Et neantmoins sont les Commissaires d'advis, du contenu en cest article.

Accordé.

L.

REMONSTRENT lesdits Estatz, qu'il auroit pleu à vostre Majesté, ordonner son pain aux pauvres prisonniers pour les tailles, toutes fois il ne leur est distribué, à raison de quoy il perissent de faim, aux prisons de vostre Majesté. A ces causes ils la supplient tres-humblement reiterer son commandement.

A esté satisfait au contenu de cest article.

Le reiglement sera suivy, et le remboursement de l'avance levé, avec les deniers du dernier quartier, sur le village d'ou sont les prisonniers.

LI.

ORDONNER mesmes, que lesdits pauvres prisonniers pour les tailles, seront receuz au benefice de cession.

AU ROY,

Les ordonnances seront suyvies.

LII.

VOSTRE Majesté, est en toute humilité suppliée de revoquer l'impost, sur plusieurs sortes de marchandises, à raison que par la collection dudit impost, il ne se fait plus aucun trafficq en ladite Province, qui cause la ruine entière de vos pauvres subjets, estans les six vingts mil escus pour lesquels l'Edict a esté establi, ja acquittez. Et ou il en resteroit quelque chose, qu'il plaise à vostre Majesté, ordonner que ce qui a esté receu dudit impost emplusavant, sera repeté, tant sur les ordonnateurs que parties prenantes.

Aucuns desquels se sont monstrez si affectionnez pour leur interest particulier qu'ils y ont, qu'il s'en est ensuyvi verification de prolongation pendant la sceance des Estats.

Au Roy. Et neantmoins sont les Commissaires d'advis, que le dit droit ne soit baillé à ferme.

Le Roy revoquera ledit impost aussi tost que ses affaires le pourront permettre. Veut cependant que l'estat des assignations soit communiqué aux depputez des Estatz, ensemble ce qui a esté acquité.

LIII.

Qu'il plaise à vostre Majesté, que l'Edict des estappes soit entretenu, et fait executer par monseigneur le gouverneur en ceste Province.

Sera pourveu par monseigneur le gouverneur sur le contenu en cest article.

Sera escrit à monsieur de Montpensier d'y pourvoir, selon qu'il jugera estre utille pour le service du Roy, et le soulagement de ses subjets.

LIV.

Sera vostre Majesté, pareillement suppliée, supprimer tous les prevosts de Normandie, en ce comprins les Prevosts du sel, se contentant les dits Estatz des Visbaillifs.

AU ROY.

Le Roy, veut avoir sur ce l'advis de monsieur de Montpensier, et quant aux Prevosts du sel, le reiglement qui n'agueres a esté sur ce fait, sera suyvi et observé.

LV.

Requierent lesdits Estatz, la revocation de la Viconté de Saint Lo.

AU ROY.

Les arrets cy devant donnez pour ce regard, seront suyvis.

LVI.

SUPPLIENT aussi lesdits Estatz, qu'il plaise à vostre Majesté, accorder le changement d'octroy, en l'année prochaine.

AU ROY.

Seront les Tresoriers de France, et Officiers des Eslections, faisant leurs chevauchées, tenus pourvoir au contenu de cest article, ainsi qu'ils verront estre necessaire pour le service du Roy, et le soulagement de ses subjets.

LVII.

VOSTRE Majesté est pareillement suppliée, ne plus accorder lettres d'evocation, sous quelque pretexte que ce soit, pour oster la cognoissance des causes aux juges naturels, estant tres-certain que à cause de telles evocations, la justice des lieux en est mesprisée par les marchans, et les crimes par ce moyen impunis.

Au Roy. Et neantmoins sont les Commissaires d'advis, du contenu en cest article.

Le Roy, ne veut qu'il se depesche aucunes evocations, que suyvant les Edits et Ordonnances, et celles que sa Majesté pourra donner, de son propre mouvement, selon l'importance des faits qui se presenteront.

LVIII.

DAVANTAGE lesdits Estatz, supplient tres-humblement vostre Majesté, de supprimer tous les Officiers supernumeraïres, tant de judicature que de finance, creez depuis l'an mil cinq cens soixante et saize, à la charge que ils joüiront de leurs gages leur vie durant, sans aucun remboursement. Et pource que maistre Estienne du Val en son vivant, Receveur du taillon, et autres (qui) avoyent esté supprimez avant ledit temps de cinq cens soixante et saize, ont jusques à present jouy de leurs gages, encores que de long temps ils sont decedez, il plaise à vostre Majesté, en descharger le pays pour l'advenir, et notamment le lieutenant criminel du Perche, en remboursant par les Officiers des lieux.

AU ROY.

Sa Majesté y pourvoirra cy apres, lors qu'elle aura advisé des moyens du remboursement.

LIX.

Et outre qu'il plaise à vostre Majesté, pour eviter aux abbus commis par le passé, par les receveurs ou cueilleurs d'amendes, ordonner que doresnavant ils seront tenus soy faire payer desdites amendes dans trois ans, à compter du jour de la condamnation, pour tous delaiz, et le dit temps passé non recevables.

Au Roy. Et neantmoins sont les Commissaires d'advis, du contenu en cest article, et que les receveurs seront contraints de faire dans trois ans leurs diligences, pour le recouvrement des amendes.

Accordé, s'ils ne font apparoir de leurs diligences.

LX.

Qu'il plaise à vostre Majesté, ordonner qu'il sera informé contre les Gentils hommes qui ont prins cy devant à ferme et tiennent encores de présent, les dixmes et autres revenuz Ecclesiastiques.

Au Roy. Et neantmoins sont les Commissaires d'advis, que les Ordonnances et reiglements soyent gardez.

Accordé.

LXI.

Vostre Majesté sera suppliée, lever et oster la pernicieuse forme de bailler le sel par impost, en plusieurs endroits de ceste Province, estant l'une des principalles ruines du pauvre peuple, qui est contraint d'achapter en tels endroits trois escus le minot, et en prendre six fois autant qu'il ne luy en faut.

Au Roy. Et neantmoins sont les Commissaires d'advis, du contenu en cest article.

Le Roy commettra de Conseillers de la cour des Aydes, pour, les adjudicataires ouys, et les Officiers de sa Majesté, sur les lieux y pourvoir, ainsi qu'ils verront estre à faire par raison.

LXII.

Revoquer aussi les emprunts faits cy devant, et mis sur les communautez des villes, d'autant qu'outre qu'elles sont taillables, elles sont toutes pleines de ruines à raison des guerres.

AU ROY.

Lesdites taxes ont este moderées, et sera pourveu cy apres au soulagement des habitans desdites villes, autant que les affaires du Roy le pourront permettre.

LXIII.

Lesdits Estats, supplient tres-humblement vostre Majesté, qu'il vous plaise revoquer certain Edict ou declaration, contenant exemption aux Officiers des Eslections de toutes tailles, subcides et emprunts, et autre Edict contenant exemption desdites tailles, et subcides, aux Officiers de judicature.

Au Roy. Et sont neantmoins les Commissaires d'advis du contenu . au present article.

Les deniers desdites exemptions sont affectez pour les despences de la guerre de Picardie.

ET quant à ceux du tiers estat, ils ne sçavent que vous demander, Sire, ils n'ont plus de langue pour parler, de voix pour crier. Les larmes leur sont taries et asseichées. L'affliction leur a percé le cœur, il ne leur reste que les yeux qu'ils haussent devers le ciel implorant l'ayde et la misericorde de Dieu, puisque le secours des hommes leur est denié, et qu'on ne regarde plus à leur imaginaire repos, à ce que Dieu face espandre son indignation et les flesches de son courroux sur ceux qui les assassinent, qui viollent leurs filles et leurs femmes. Qui commettent des cruautez plaines de bestialité, qui les font mourir et languir aux prisons et cachots miserables. Qui leur brisent les os pour succer la moëlle. Et qu'ayant pitié de leur piteux estat, il vous face la grace de voir et de cognoistre les autheurs de leur mal pour les chastier, et les sangsues qui (sans que vous vous en sentiez) tirent toute leur substance pour les exterminer. Car aux demandes que vous faites ils ne sçauroyent respondre, elles sont si excessives qu'ils vous prient et supplient, Sire, prenans tous leurs biens laisser pour le moins leur pauvre corps en liberté, ne les exposer plus ny à la dureté des financiers et partisans, ny à la cruelle avarice des soldats et gens de guerre, et qu'il ne soit reproché qu'en la France (ou les Turcs, les Barbares et toutes sortes de nations sont en franchises), les habitans y soyent en servitude indigne du nom Chrestien, sous vous Sire, du naturel duquel nous nous sommes tousjours

7

promis de douceur et bon traictement, autant que nous sentons tous les jours croistre nostre mal par les pernicieux ministres, auxquels nous souhaittons autant de malheur, qu'à votre Majesté de prospérité, grandeur, contentement et longue vie. Toutesfois pour faire nos derniers efforts, comme les cygnes avant que de mourir, ils supplient tres humblement votre Majesté, se vouloir contenter des sommes de deniers qui ensuyvent, Assavoir.

Pour le principal de la taille trois cens vingt-cinq mil sept cens six escus deux tiers.

Pour les reparations et fortifications des Chasteaux et places fortes dudit pays, quatre mil soixante unze escus vingt sols. Supplians tres humblement vostre Majesté vouloir retrancher les excessives taxations et gages, montant chacun an à plus de huit cens escus, que prennent sur lesdits deniers les commis à la recepte et distribution d'iceux, attendu que les Estats ont cy devant remboursé les Tresoriers et controolleurs desdites reparations : afin que lesdites taxations et gages fussent employez ausdites reparatiohs.

Pour le taillon vingt-sept mil cinq cens quatorze escus vingt-quatre sols.

Pour les gages et augmentation des Visbaillys, leur Lieutenans, Greffiers et Archers, deduit les gages du deffunct Prevost Saint Leger, sept mil six cens cinquante cinq escus vingt cinq sols.

Pour les gages des postes dudit pays, mil escus.

Pour les taxations des sieurs Commissaires du Roy ordonnez pour tenir la convocation desdits Estats, unze cens soixante six escus quarante sols.

Pour les taxes des depputez, qui assistent à ladite convocation, et fraiz d'icelle, neuf cens quarante six escus.

Pour les fraiz et affaires communs dudit pays, trois mil
escus.

Revenans lesdites trois parties dernieres, à la somme de
cinq mil cent douze escus quarante sols, que lesdits Estats
supplient estre levée au premier quartier de l'année, pour
estre entierement payée durant ledit quartier, és mains de
leur Tresorier, ainsi qu'il est accoustumé.

Montans toutes lesdites parties à la somme de trois cens
soixante unze mil soixante escus neuf sols.

Et pour le regard du parisis des tailles, et taillon, terme
non usité au pays, cruës des cent et deux cens mil escus,
gaiges des Commissaires et Controolleurs ordonnez pour
faire la monstre desdits Visbailliz, cruës des unze cens
soixante six mil six cens soixante six escus deux tiers, cy
devant demandez par le sieur Primat de Lyon, Fraiz de la
levée desdites sommes, gages et taxations des Officiers dudit
pays, et autres sommes contenuës és lettres patentes de
vostre Majesté, iceux Estats la supplient tres-humblement
les en vouloir descharger, pour les causes cy devant
amplement desduites, et vouloir à l'advenir faire specifier
par articles aux commissions qu'il vous plaira faire expedier,
pour la tenuë desdits Estats, et levées des deniers des
tailles, les sommes que vostre Majesté desirera estre im-
posées et levées, Assavoir, le corps de la grande taille à part
le taillon, et les autres sommes chacune separement, ainsi
qu'il a esté fait au paravant les troubles, et non confusement
par une seule somme, comme il est porté par les commissions.

Au Roy. Et néantmoins sont les Commissaires d'advis, du contenu
au present article.

Et que (en) la levée desdits deniers offerts soyent contribuables, les parroisses de la Baronnie de Chasteauneuf en
Timeraye, comme elles ont esté de toute ancienneté, sans
qu'aucuns se puissent esjouir de la distraction que l'on
pretend avoir esté faite de ceste Province, ny de ce qui
s'en pourroit estre ensuyvi. Supplians lesdits Estats vostre
Majesté, le declarer nul et de nul effet, et au surplus avoir
le pays en bonne et singuliere recommandation.

AU ROY.

Le Roy, veut qu'un des Tresoriers de France és gene-
ralitez de Paris et Rouen, un conseiller de chacune
Cour des Aydes desdits lieux, et un substitud des Pro-
cureurs generaux de chacune d'icelles Courts, se
transportent sur les lieux (pour appellé le procureur des
Estats) informer de la qualité des paroisses mixtes et
autres, de la commodité et soulagement des habitants
d'icelles, et sur le tout donner advis à sa Majesté.

Fait en la convention des Estats de Normandie, tenant
à Rouen, le deuxiesme jour de janvier, mil cinq cens
quatre vingts et saize. Signé, THOMAS.

Les Commissaires tenant la presente convention ayans
veu la responce que les depputez des Estats ont faite, à la
proposition et demande à eux faite de la part du Roy, par
laquelle accordent seulement luy payer pour la presente
année, mil cinq cens quatre vingts saize, la somme de trois
cens vingt cinq mil sept cens six escus deux tiers, pour le
principal de la dite taille, avec le taillon et deniers ordinaires,

accoustumé d'estre levez chacun an sur le païs ainsi que le
tout est à plain mentionné au present cayer de leurs
doleances. Supplians sa Majesté, les vouloir descharger,
tant du parisis desdites tailles et taillon, que des cruës de
cens et deux cens mil escus et autres cruës à eux demandées
à cause de leur impuissance et extrême pauvreté. Après
que lesdits Commissaires ont sur ce fait ausdits deleguez
plusieurs remonstrances requises et necessaires pour le
service de sa Majesté, et que sur icelles s'estans rassemblez
pour en adviser, ils ont dit ne pouvoir faire plus grandes
Offres pour les causes susdites. Iceux Commissaires pour
ne laisser le service de sa Majesté en arriere, ont ordonné
que par provision departement et assiette sera actuellement
faite de toutes les sommes et deniers par elles demandées,
et mentionnées és lettres et commissions pour ce expediées,
par deux roolles distincts et separez. L'un pour le principal
de la taille, et l'autre pour la cruë que sa Majesté entend
estre levée au lieu de celle des garnisons, à la charge
qu'ausdites assiettes et departemens les habitans de la Baronnie de Chasteau neuf en Thimeraye seront comprins
pour y estre contribuables ainsi qu'ils ont esté de toute
ancienneté, suyvant qu'il a esté requis et demandé par
lesdits deleguez. Ce qui a esté prononcé publiquement à
iceux deleguez en l'assemblée desdits Estats.

Fait à Rouen, par les Commissaires du Roy tenant la
convention desdits Estats, le deuxiesme jour de janvier mil
cinq cens quatre vingts et saize.

Signé, Par lesdits sieurs Commissaires.

LIGEART.

Les presens articles ont esté veuz et respondus par le

Roy, estant à Folembray le douzieme jour de Fevrier mil cinq cens quatre vingts saize.

Signé,   HENRY

Et plus bas

POTIER [1].

---

[1] Imprimé à Rouen, chez Martin le Mesgissier, Imprimeur du Roy, tenant sa boutique au haut des degrez du Palais. M. D. X. C V I. Avec Privilege dudit Seigneur. — Réimprimé d'après l'exemplaire de la Bibliothèque nationale.

ARTICLES

DE

REMONSTRANCES

Faictes en la Convention des Trois Estats

DE NORMANDIE

Tenue à Rouen le second jour de Décembre, et autres
jours ensuyvans, mil cinq cens quatre vingts dix huit.

*Avec la Responce et Ordonnance sur ce faicte
par le Roy estant en son Conseil,*

Tenu à Paris, le vingt-troisiéme jour de janvier, mil
cinq cens quatre vingts dix neuf.

AU ROY.

ET A MONSEIGNEUR LE DUC DE MONTPENSIER, *Pair de
France, Gouverneur et Lieutenant general pour sa
Majesté, en ses pays et Duché de Normandie : Et à
Nosseigneurs les Commissaires depputez par sadite
Majesté, pour tenir l'assemblee des Estats de ceste
Province, en ceste ville de Rouen, le second jour de
Decembre mil cinq cens quatre vingts dix huit.*

LES gens des trois Estats du pays et Duché de Normandie, assemblez par la permission de sa Majesté, la

supplient en toute humilité, comme ses tres-obeyssans, et tres-fidelles subjets : Leur vouloir accorder l'effet de leurs requestes cy apres declarez : et les provisions sur ce necessaires au contentement universel de ladite Province.

PREMIEREMENT.

Lesdicts Estats, apres avoir rendu graces à Dieu, de l'inspiration qu'il a donnee à sa Majesté, d'estaindre le feu de la guerre, tant domestique qu'estrangere par la paix, doncq il nous a fait jouyr par le ministere de sadite Majesté, supplient en toute humilité ce mesme Dieu, par lequel les Roys regnent, et les Royaumes sont affermis, nous faire jouyr avec la prosperité de sadicte Majesté, longuement de cest agreable effect de sa divinité.

I.

Iceux Estats à ceste fin avec le respect de tres-humbles et tres-obeissans subjets : et neantmoins avec la hardiesse de personnes affectionnez à l'honneur et gloire de Dieu, representation et salut de leur Prince naturel, et bien commun de leur patrie, supplient sadicte Majesté joindre à tant de graces dont ce grand Dieu l'a enrichie, le zèle de son honneur et de sa gloire, ramenant le peuple François à l'union de l'Eglise Catholique, Apostolique, et Romaine, arrester le cours de l'erreur qui y regne, maintenir les Ecclesiastiques en leurs immunitez, et privileges, et ne permettre qu'ils soyent troublez en l'exercice du service divin. Que si sa Majesté avoit fait expedier quelque declaration ou Edit, par importunité ou autrement prejudiciable à la creance de nos devanciers, decrets et constitutions de nos peres, registres et conciles de ladite Eglise Catholique, Apostolique, et Romaine, lesdicts Estats supplient sadicte Majesté tres-humblement le revoquer, casser, et adnuller. C'est à quoy tendent principallement tous leurs vœux : c'est ce qu'ils esperent d'un Prince tres-chrestien, d'un Prince de foy, tel que sa Majesté a tousjours esté tenu et reputé.

AU ROY.

Le Roy a cy devant asseuré, comme encores sa Majesté asseure lesdicts estats de ne vouloir ceder en chose que ce soit, qui deppende de l'honneur et service divin, à ses predecesseurs, à l'exemple desquels, elle employera tousjours fort volontiers ce qui est de son pouvoir et auctorité pour la manutention et conservation de la Religion Catholique Apostolique et Romaine, et reünion entiere de ses subjets à l'observation d'icelle. Pour le repos desquels toutesfois : et la tranquilité publique de son Royaume, les Edits ayans esté faits par sa Majesté et sesdits predecesseurs, ne peut en faire la revocation, mais aura toujours soing singulier, que les Ecclesiastiques, ne soyent troublez ou empeschez au service divin, et autres functions de leurs charges, et qu'ils soyent conservez en la jouyssance de leurs biens, privileges, franchises et immunitez.

II.

SADITE Majesté sera suppliee maintenir sa Noblesse en ses privileges, exemptions et libertez, et luy commettre d'oresnavant les charges honorables de la Province vacation advenant, et les descharger des impositions que l'on prend sur eux : sur le vin, sel, et autres marchandises.

AU ROY.

Sa Majesté aura souvenance perpétuelle du merite des fidelles et recommandables services qu'elle a receuʒ de sa Noblesse, et ne souffrira qu'il soit rien entreprins, innové ou diminué de leurs franchises, pouvoirs, liberteʒ et prerogatives, et aura tousjours agreable de les gratifier des charges de la Province selon qu'elle verra que le bien de son service le requerra.

III.

Lesdicts Estats considerans les grands desordres qui en consequence des guerres, ont pris pied non seulement en ceste Province, mais au general du Royaume, et ausquels il est presque impossible apporter remede convenable sinon par la tenue et assemblée des Estats generaulx, supplient iceux Estats sadicte Majesté ordonner au plustost que faire ce pourra, de la sceance desdits Estats generaulx, en tel endroit de ce Royaulme, que sa claire voyance jugera plus propre et convenable pour le bien de ladite Province.

AU ROY.

La convocation desdits Estats generaux se fera quand par sa Majesté, sera jugee utille pour le bien de son Royaume et service.

IV.

Mais d'autant que les habitans de ceste province, sont affligez de plusieurs maladies, desquelles les remèdes ne se pourroyent differer sans un extresme danger : Lesdits Estats d'un commun accord et consentement, Supplient tres-humblement sadite Majesté, attendant l'assemblee desdits Estats generaux, qu'il luy plaise vouloir abbolir l'impost de nouveau estably, au grand prejudice des gens d'Eglise, surchargez et trop foullez des decymes tant ordinaires qu'extraordinaires, de la Noblesse appauvrie et necessiteuse de la longueur des guerres, qui estant de soy libre et franche, suivant leurs anciens droits d'exemption se voyent par ce moyen rendus taillables et tributaires, du tiers Estat, du tout accablé et ruiné, qui n'ayant de quoy payer les deniers de ses tailles sinon de quelques vins, sildres, et nourritures qu'ils font de soy ou de quelques fermages qu'ils tiennent, s'en voyent du tout privez, estans lesdites marchandises si chargez d'imposts, qu'ils ne tirent que peu ou point de commodité de la vente d'icelles, outre le grãd désordre qui se commet en la perception d'iceluy : Ou les fermiers couverts du voile de leur adjudication, commettent une infinité d'exactions et pilleries, faisant payer lesdits imposts cinq à six fois pour une mesme chose, encores qu'elle ne soit vendue, dont il semble que Dieu irrité, nous ait en ceste presente annee, privez de la recolte esperee des vins, et des sildres.

Au Roy. Et sont les Commissaires d'advis, qu'il plaise à sa Majesté donner reglement sur les marchandises qui s'exposent en vente aux marchez, et qui ne s'y vendent point : en ce qu'ils soyent deschargez du droit d'impost.

Ledit impost ayant esté si sollemnellemĕt resolu en l'assemblee generale tenue à Rouen, et trouvé estre le moyen le plus doux et tollerable pour soulager le pauvre peuple du plat pays, du fardeau qu'il portoit entierement des despences de cest estat, ne peut estre à present revocqué. Ayant esté d'ailleurs de beaucoup moderé par sa Majesté, il doit estre moins onereux aux supplians, à quoy aideront aussi les reglemens

*faits par elle sur l'advis donné en l'année derniere
par la Court des Aides, Tresoriers generaux de
France à Rouen, et Caen, assemblez avec les Commissaires des Estats de l'année precedente. Lesquels reglemens, seront suyvis et observez selon leur forme et
teneur.*

V.

R<small>EMONSTRENT</small> lesdits Estats que depuis quelques annees
le prix du sel se trouve avoir esté chargé de si grandes
et continuelles augmentations, que maintenant le minot
en couste quatorze livres, et à quelques endroits davantage selon le port et voicture d'iceluy, Suppliant sadite Majesté qu'il luy plaise le vouloir réduire à quelque
prix moderé, oster et abbatre du tout la pernicieuse
forme de le bailler par impost, en quelques endroits
de ceste province, estant chose pitoyable faire achapter
au peuple, ce dont il n'a besoin, et qui luy est du tout
inutille.

*Au Roy. Et neantmoins sont les Commissaires d'advis, que sa
Majesté soit suppliée de ne faire bailler le sel par impost, et faire
informer des abbus qui se commettent pour la condamnation des
amendes qui se levent à raison dudit sel, et dont ne se rend aucun
compte.*

*La forme de bailler ledit impost du sel, a esté ordonnee
par les predecesseurs de sa Majesté, en aucuns greniers
riverains de la mer, pour obvier aux abbus et malversations des faux-sauniers deffraudans les droits de
gabelle, dont le nombre estant par trop grand, Sadite
Majesté est contrainte de suivre l'ordre sur ce donné.
Elle a toutesfois donné charge aux Commissaires qu'elle
a envoyez pour le regallement des tailles en ladite province, de s'informer des deffaultz et abbus qui se font*

*en la perception dudit impost, et d'y pourvoir selon
qu'ils verront estre à propos, pour le soulagement de ses
subjects.*

VI.

Remonstrent davantage, que pour fournir aux frais
de l'armée navale destinee pour la reduction de son pays
et Duché de Bretaigne, Sa Majesté auroit ordonné qu'il
seroit levé un impost d'un escu pour tonneau, à prendre sur
chacune marchandise arrivant aux ports et havres de Normandie, et d'autant que la levée qui en a esté faite jusques
à present : auroit suffisamment fourny à ladite despence,
Supplient lesdits Estats, sadite Majesté, revocquer ledit
impost d'un escu pour tonneau.

*Au Roy. Et neantmoins sont les Commissaires d'advis, que le
Receveur dudit droit, sera tenu de presenter dans quinzaine son
estat, pour iceluy veu par le Procureur des Estats, estre pour-
veau sur le contenu du present article ainsi qu'il appartiendra.*

*Il est ordonné au Receveur dudit droit, de presenter
dans quinzaine au Conseil de sa Majesté, l'estat de la
recepte et despence qu'il a faite dudit droit, pour
iceluy veu, estre pouveu sur ce ainsi qu'il appartiendra.*

VII.

Qu'aux Ecclesiasticques soit permis faire bail de leurs
dixmes, à ceux qui desservent leurs bénéfices, sans que
pour ceste occasion ils puissent estre recherchez en aucune
maniere que ce soit.

*Au Roy. Et sont les Commissaires d'advis du contenu au present
article.*

*Le Roy veut et ordonne, que les Arrests donnez
sur ce par la Court des Aydes, soyent suyvis et
observez.*

VIII.

SA Majesté sera suppliée revocquer la commission des
francs-fiefs, et nouveaux acquests, comme estant contraire
aux privileges et chartres de la Province, et ou sa Majesté
voudroit une autre fois decerner commission, que le Procureur des Estats en aura communication pour y garder
l'interest du pays.

AU ROY.

*Sa Majesté mandera aux Commissaires depputez pour
lesdicts francs fiefs et nouveaux acquests, et à ses advocat
et procureur en sa Court de Parlement, de luy donner
advis du temps qu'il y a que lesdicts francs fiefs ont esté
levez, et la forme qui y estoit gardee cy devant, soit pour
le temps de la levee, soit pour les taxes : afin d'en ordonner ainsi que de raison, sans retardement toutesfois de
l'execution de la Commission.*

IX.

CE mal est suivy d'un second, qui est la multitude
effrenée des officiers, et speciallement és eslections de
ceste Province, tellement acreuë, que le nombre super-
numeraire se monte à plus de deux cens, desquels les
gages et taxations, excedans la somme de cent mille
livres, diminue autant les finances de sa Majesté, appau-
vrissent le peuple qui demeure chargé de tailles, ausquelles plusieurs seroyent imposez cessant les provisions
qu'ils ont obtenu desdites offices. C'est pourquoy les Estats
supplient sadite Majesté supprimer lesdits officiers, et les
reduire à l'ancien nombre : mesmes les Commissaires
des tailles, Sergeans nouvellement erigez, Controolleurs
des Visbaillifs, Clercs des greffes , Greffiers des presen-

tations, et autres telles sortes de gens, que le malheur du temps a fait naistre, à la ruine entiere de son pauvre peuple.

AU ROY.

Le Roy a resolu et ordonné la suppression par mort de tous offices, jusques à la reduction du nombre d'ancienne et premiere institution. Et pour le regard desdicts Sergens, sa Majesté les a supprimez, et en a envoyé l'Edict de suppression à la Court des Aydes.

X.

Qu'il plaise à sadite Majesté revocquer la commission executee par Messieurs de Caumartin et de Roissy pour le resgallement des tailles, d'autant qu'interieurement elle est à la ruine entiere de ses subjects.

AU ROY.

Sa Majesté a envoyé lesdicts Commissaires avec si bonnes instructions, que ses subjets en receveront grand soulagement, ce qu'elle se promet par l'execution de leur Commission, qu'elle veut pour ceste occasion estre continuée et effectuée.

XI.

Revocquer aussi la commission qu'un surnommé Jacquart, et Coignart executent pour la taxe des officiers de ceste Province, et un surnommé Roussel dit le Capitaine Maltaiz, pour la visitation des poids et mesures de ceste Province : Et que deffences soyent faites à l'advenir à toutes personnes de quelque qualité qu'ils soyent, d'executer aucunes commissions, quelles n'ayent esté verifiez aux Courts Souveraines.

AU ROY.

Les taxes qui se levent sur les Lieutenans et autres officiers des sieges Royaux, ensemble celles de la composition des financiers ne peuvét estre revocquez estans les deniers' d'icelles, destinez à l'acquit des despences faites au siege de la ville d'Amyens. Pour le regard de la Commission des poids et mesures, sera ouy sur ce le Procureur general de sa Majesté en la Court de Parlement, pour en ordonner par elle ce que de raison.

XII.

Sadite Majesté sera suppliée tres-humblement vouloir remettre à ses pauvres taillables ce qui reste à payer des tailles, et autres levées des années quatre vingts saize et dix-sept, et à ceste fin, que ceux qui se trouveront emprisonnez pour lesdits restes : seront eslargis, afin de leur donner courage pour l'advenir de revenir en leurs maisons et reprendre leurs labourages.

Au Roy. Et neantmoins sont les Commissaires d'advis, qu'ils soyent deschargez des restes de l'annee mil cinq cens quatre vingts saize, et quelque temps donné pour le payement des restes de l'an mil cinq cens quatre vingts dix-sept.

La remise desdits restes, ne se peut accorder, d'autant que les deniers d'iceux sont affectez au payement des assignations et charges ordinaires.

XIII.

Qu'il plaise à sadite Majesté, revocquer la clause contenue en sa commission derniere, pour la contrainte des plus aisez des parroisses pour les tailles, afin d'obvier aux concussions que soubs ceste liberté, ont accoustumé commettre les Huissiers desdites tailles : ains s'adresser aux Collecteurs, sinon en cas que és maisons d'iceux, il n'y eust biens exploictables.

AU ROY.

Sera usé desdictes contraintes comme par le passé, ne pouvant sa Majesté pour la seureté de ses deniers, permettre qu'il soit rien innové de ce qui est porté par ladite Commission.

XIV.

REMONSTRENT lesdits Estats que depuis la reduction de la ville de Rouen en l'obeissance du Roy, sa Majesté avoit promis donner ordre au payement des arrerages des rentes constituez sur les hostels communs des villes, receptes generalles, et particulieres, et qu'à ceste fin il seroit fait fonds pour payer lesdits arrerages, tant du passé que pour l'advenir, toutesfois jusques à present, les fondations des Eglises, Hospitaux, pauvres et necessiteux assignez sur lesdites receptes, speciallement sur ladite recepte generalle, n'en ont esté payez, ains seulement les plus aisez, ausquels par leur auctorité ou autrement : il n'est rien deub du passé, encores que le fond soit aussi fort, comme aux années precedentes, que lesdits arrerages estoyent payez. Si supplient lesdits Estats, ordonner qu'il sera fait fonds sur lesdites receptes, et que à la distribution des deniers esgallité sera gardee, tant au pauvre qu'au riche, sans acceptation de personne : et que deffences soyent faites aux gens de son Conseil privé, d'envoyer estats ny ordonnances particulieres aux Tresoriers de France d'en ordonner, et aux Receveurs generaux

8

d'en faire le payement, ny aux gens des Comptes d'y
passer, à peine d'en respondre en leur propre et privé
nom.

AU ROY.

*A esté pourveu par l'estat des finances de sa Majesté
au payement des rentes, qui se peut faire par le
Receveur general, et pour le regard de celles qui
sont payables en la recepte de la ville de Rouen, sera
suivy l'ordre accordé par sa Majesté, pour la moitié des
nouvelles impositions qu'elle a affectees au courant desdictes rentes.*

XV.

Et combien que par les Edicts et Ordonnances de sa
Majesté, il soit deffendu à toutes personnes de porter
armes à feu, si toutesfois s'en trouve-il plusieurs contrevenans ausdites ordonnances, desquels la Justice ne peut
estre faite, à raison qu'ils se retirent aux maisons et places
fortes de ce pays. A ces causes lesdits Estats conformément à la requisition qu'ils en auroyent faite cy devant
à sadite Majesté, par le cayer de leurs doleances, Supplient de rechef qu'il soit procedé à la ruine et desmolition des places cy apres declarez : Assavoir du Chasteau
de Pont-de-l'Arche, Chasteau Gaillard, et Tour d'Iesmes,
Essay, Beaumoulins, Tombelaine, Renieville, le Homme
dit l'isle Marie, Sainct Sauveur le Viconte, l'Islebonne,
Tour des Rugles et Dampfront, duquel ils supplient
sa Majesté faire continuer le desmantellement, et à ceste
fin que commission sera adressée à Monseigneur le Duc
de Montpencier, que s'il se trouvoit aucuns qui forti-
fiassent leurs maisons, deffences leur soyent faites de
parfaire lesdites fortifications, et à toutes personnes de
retenir en leurs maisons, ceux qui sont en mandement de

prise de corps apres la signification qui leur en aura
esté faite, à peine d'estre leurs maisons desmolies comme
rebelles.

AU ROY.

Le Roy ordonnera sa volonté sur la continuation des-
dites demolitions, et luy en sera la Commission neces-
saire délivree, veut ce pendant et ordône sa Majesté,
qu'il soit procedé extraordinairement côtre les proprie-
taires des maisons ou se retireront, et serôt favorisez
les rebelles et desobeyssans à Justice, qui en serôt
retirez par la force, s'ils n'obeyssent aux mandemens
et decrets d'icelle. Enjoignant à mondit Sieur de
Montpensier tenir soigneusement et exactement la main
à l'execution de cette sienne volonté et des ordon-
nances faites pour la cohertiô desdits rebelles.

XVI.

Qu'il soit deffendu à tous Huissiers et Sergens de
faire aucunes executions, sinon pour les causes crimi-
nelles aux jours de Dimanche et festes solemnelles, afin
que plus librement le peuple puisse assister au service
divin, et faire priere à Dieu pour la prosperité de sa
Majesté.

Au Roy. Et sont les Commissaires d'advis du contenu en ceste
article.

Sa Majesté veut et entend que ses ordonnances, regle-
mens et arrests de ses Courts sur ce faits soyent suy-
vis.

XVII.

Qu'il soit deffendu aux Baillifs et autres de la Connestablie de France, de transporter les personnes desquelles

ils auront fait capture ailleurs que dedans le distric des Bailliages ou ils sont resseans, et speciallement hors la province de Normandie, et à ceux de la Connestablie de France, de recevoir aucunes plaintes de quelques personnes que ce soyent, au prejudice des Juges ordinaires et Visbaillifs, ausquels sera commandé laisser coppie des procez par eux instruits en chacune Viconté, ou les procez auront esté jugez, ny estre receuz à aucune evocation, et revocquer la commission des Prevosts de Normandie, comme estans du tout inutils.

AU ROY.

Le Roy ne veut et n'entend, que lesdits supplians soyent tirez hors de leurs Jurisdictions, ou autremēt induëment travaillez, au prejudice de leurs privileges et de ses ordonnances. Et pour le regard de la suppression desdits Prevosts, sa Majesté a n'agueres par un reglement general, pourveu à la superfluité de toutes sortes d'offices, lequel elle veut estre sur ce effectué.

XVIII.

Supplient tres-humblement lesdits Estats, qu'il plaise à sa Majesté confirmer les Edicts, Ordonnances, et reglemens faits pour le fait des estappes par le feu Roy François premier que Dieu absoluë, et ordonner que les formes prescriptes par lesdites ordonnances, tant pour la levée que distribution desdites estappes, et de ce qui en deppend, seront suivis, ainsi et conformément à ce qui a esté fait et observé depuis l'establissement d'icelles estappes, sans y rien innover ny changer.

Au Roy. Et neantmoins sont les Commissaires d'advis du contenu au present article.

Accordé, et les reglemens et ordonnances faites sur lesdites estappes, auront lieu et seront soigneusement observez.

XIX.

Er d'autant que sa Majesté auroit accordé aux habitans de la ville de Caen, une foire pour estre tenue au commencement de Caresme, qui seroit prejudiciable à celle qui a accoustumé estre tenue à la Chandeleur en ceste ville de Rouen, Supplient lesdits Estats sa Majesté ordonner que la tenue d'icelle foire de Caen, sera remise apres le Dimanche de Quasimodo.

Au Roy. Et attendu le consentement des Depputez de chacune desdites villes, lesdits Commissaires sont d'advis, que declaration en soit expediée par sa Majesté.

Sa Majesté a agreable la remise de ladite foire conformement à ce qui en a esté convenu et requis par les depputez des deux villes, et que declaration en soit expediée.

XX.

Sera aussi suppliée sa Majesté revocquer l'Edict des Visiteurs et Marqueurs des cuyrs, creez et erigez en tiltre d'office en chacune ville, pour la perte et incommodité que cela apporte au public.

AU ROY.

Ledit Etat a esté meurement consideré et resolu en l'assemblée generalle susdite tenuë à Rouen, et des-lors les deniers qui en doibvent provenir, ont esté affectez à l'acquit de ce qui est deu aux Suysses, au prejudice desquels, sa Majesté ne peut accorder ladite revocation.

XXI.

Que deffences soyent faites aux Commissaires des tailles de prendre les bestes appartenans aux Ecclesiasticques, Nobles, et habitans des villes, à peine d'en respondre par lesdits Commissaires en leur propre et privé nom.

Au Roy. Et sont les Commissaires d'advis, que les Arrests de la Court des Aydes soyent suivis et observez.

Les ordonnances, ensemble les Arrests de la Court des Aydes donnez sur ce, seront gardez et observez.

XXII.

Qu'il plaise à sadite Majesté revocquer toutes les hautes Justices erigez depuis vingts ans et r'establies.

AU ROY.

Le Roy ordonne à son Procureur general en la Court de Parlement de Rouen, d'envoyer à sa Majesté, la liste de ceux qui ont obtenu lesdites hautes Justices, avec son advis sur la revocation d'icelles, pour apres y pourveoir, et lui sera escrit à cest effect.

XXIII.

Sadite Majesté sera suppliée ordonner qu'il ne se fera aucune levée de deniers, ny generalles, ny particulieres, outre celles mentionnez en la commission sans le consentement des Estats du pays.

AU ROY.

Sa Majesté ne veut et n'entend qu'il se face aucunes levees et impositions de deniers, qu'en vertu de ses lettres patentes, bien et deuëment expediées.

XXIV.

Qu'il plaise à sadite Majesté, affecter les deniers du passage des basteaux qui passent et repassent les hommes et chevaux par la rivière du Pont-de-l'Arche, et qui se prennent par le Lieutenāt du chasteau dudit Pont-de-l'Arche, montans deux cens escus pour ayder à la reffection dudit pont, comme estant chose qui en deppend, et par ce moyen au soulagement des finances du Roy.

AU ROY.

Le Sieur de Versigny, Conseiller du Roy et maistre des Requestes ordinaire de son hostel, est commis pour faire estat et verification de toutes les levees qui se font sur la riviere de Seine, et en faire rapport au Roy, veut et entend cependant sa Majesté, que la Recepte desdits deniers et levées se face par ses Receveurs, pour en ordonner apres, ainsi qu'il appartiendra.

XXV.

Lesdits Estats pour obvier aux incursions desquelles ont esté et sont travaillez les pauvres laboureurs, voisins des places ou il y a garnison entretenue, lesquelles les gouverneurs sur les plaintes qui leur en sont faites, ont accoustumé rejetter sur le non payement de leurs soldats, Supplient tres-humblement sadite Majesté, ordonner que lesdites garnisons seront payez, et la solde prinse sur les deniers des receptes generalles, à ce que son peuple ne soit plus tant travaillé de ce costé.

AU ROY.

Sera pourveu au payement desdites garnisons le plus

au soulagement des subjects de sa Majesté qu'elle pourra et ce pendant fait deffence aux soldats de sortir des places ny courir sur le pays à peine de la vie, et aux Cappitaines d'en respondre en leurs propres et privez noms.

XXVI.

Qu'il plaise à sadite Majesté, revocquer l'Edict contenant la levée des deniers qui se fait sur les maistres, fils des maistres, et apprentifs.

AU ROY.

La declaration des maistrises des mestiers, a esté aussi deliberée et ordonnee par le Roy, sur l'advis general des Depputez de l'assemblee de Rouen, et les deniers pareillement affectez aux Suisses, à raison de quoy elle ne peut estre revocquee.

XXVII.

Et d'autant qu'il se leve chacune année grande somme de deniers pour le remboursement des Officiers suprimez, lesquels neantmoins ne sont remboursez, il plaise à sadite Majesté, faire cesser ladite levée, ou que affectant lesdits deniers ausdits Estats, il soit procedé au remboursement d'iceux, ainsi qu'il a esté fait cy devant.

AU ROY.

N'a esté ordonné aucune levée pour remboursement d'officiers, et s'il s'en fait, sa Majesté ordonne aux supplians de l'en tenir advertie, pour y estre par elle pourveu, ainsi que de raison.

XXVIII.

Qu'il plaise à sa Majesté, faire cesser toutes evocatiõs, et

ne les conceder pour quelque cause que ce soit, d'autant
que par le moyen d'icelles les plus justes poursuittes sont
delaissees et les crimes demeurent impunis.

AU ROY.

*Sa Majesté n'accorde aucunes evocations, qu'aux cas
de l'ordonnance et suyvant ses Edicts.*

XXIX.

ET pour respondre à la demande que vous Monseigneur avez faite, de la somme de quatre cens quarãte
huit mille deux cens cinquante huit escus, quarãte sept
sols unze deniers : tant pour le principal de la taille,
cruë, taillon, que autres deniers à plain declarez par
les lettres patentes de sadite Majesté, lesdits Estats la
supplient tres-humblement se ressouvenir de tant de
sainctes promesses si souvent reitereez, qu'elle a faite à
ses pauvres subjects, de les descharger et soulager au
plustost qu'elle seroit deschargée de ses plus urgentes
affaires. Considerer l'extreme et incomparable pauvreté d'iceux, à l'occasion des guerres civiles, rançons,
par eux payez, pilleries et larcins sur eux commis,
passages et ravages des gens de guerre, des impositions
insupportables sur toutes sortes de marchandises, ensemble
les creuës et excessives levées de deniers qui se sont
faites és annees dernieres, et speciallement en la presente, ou les creuës se monstrent deux fois d'avantage
que le principal. Ce qui contraint les pauvres habitans
de ceste Province, n'ayans meubles pour satisfaire au
payement des excessives sommes, vendre et engager
leurs heritages, au moyen de quoy ils sont presque
réduits au desespoir, ne pouvant cõserver à leur postérité
la successiõ de leurs peres. Ce mal est engrandy par la

misere que souffrent plusieurs pauvres taillables, qui destituez de tous moyens, sont contraints mandier leur pain , et les autres mourir miserablemēt aux prisons, ayans meilleure conditiō d'estre fermiers de leurs propres heritages, que d'estre proprietaires, qui seroit cause que lesdits Estats auroyent juste occasion de supplier sa Majesté, les vouloir descharger des sommes et deniers par elle demandez. Toutesfois mettans en consideration les grands et urgens affaires qu'elle aura à supporter l'année prochaine, esperans qu'à l'advenir il les deschargera d'un si grand fardeau, et les traitera doucement comme un pere ses enfans, selon la bonne et saincte devotion qu'elle en a, luy accordent les parties et sommes des deniers qui ensuyvent.

Pour le corps principal de la taille, deux cēs cinquante quatre mil, six cens quarante six escus unze sols.

Pour les reparations et fortifications des Chasteaux, et fortes places du pays, quatre mil soixante unze escus vingt sols.

Pour le taillon, vingtsept mil cinq cens quatorze escus vingtquatre sols.

Pour les gages des Visbaillifs, sept mil six cens cinquante cinq escus vingtcinq sols.

Pour les gages des postes, mil escus.

Pour les taxations des Sieurs Commissaires des Estats, unze cens soixante six escus quarante sols.

Pour les taxations des Sieurs depputez desdits Estats, neuf cens quarante six escus sol.

Pour les fraiz et affaires communs du pays, trois mil escus.

MONTANS toutes lesdites parties à la somme de trois cens mil escus, de laquelle lesdits Estats suppliét tres-humblement sa Majesté se vouloir contéter. Et au surplus avoir les habitans du pays en bonne et singuliere recommandation.

Le Roy a envoyé le brevet et departement des sommes de deniers, que sa Majesté est contrainte pour ceste année lever sur ses subjects de son pays et Duché de Normandie, desquelles elle ne peut rien diminuer, à cause des grandes despences qui convient faire pour la manutention de l'Estat, estant l'intention de sadite Majesté de modérer à l'advenir lesdictes despences, et pourveoir au soulagement de sesdits subjects, autant que ses affaires le pourront permettre.

LES Remonstrances contenues au present cahier, ont esté veuës par le Roy, et a sa Majesté fait les responces apposees à chacun des Articles d'iceluy, estant en son Conseil à Paris, le vingtroisiéme jour de Janvier mil cinq cens quatre vingts dixneuf.

Signé,   HENRY.

Et plus bas,   POTIER [1].

---

[1] Imprimé à Rouen, chez Martin le Mesgissier, Imprimeur du Roy, tenant sa boutique au haut des degrez du Palais. M. D. XCIX. Avec privilege dudit Seigneur. — Réimprimé d'après l'exemplaire qui m'a été donné par M. E. Le Sens, membre de la Société Rouennaise de Bibliophiles.

ARTICLES

DE

REMONSTRANCES

Faictes en la Convention des Trois Estats

DE NORMANDIE

Tenue à Rouen, le vingt deuxiéme jour d'octobre et autres
jours ensuyvans, mil cinq cens quatre vingts dixneuf.

*Avec la Responce et Ordonnance sur ce faicte
par le Roy estant en son Conseil,*

Tenu à Paris, le dixiesme jour de decembre, mil cinq
cens quatre vingts dix neuf, ou dit an.

AU ROY.

Et a Monseigneur le Duc de Montpencier, *Pair de
France, Gouverneur et Lieutenant general pour sa
Majesté, en ses pays et Duché de Normandie.*

*Et à Nosseigneurs les Commissaires depputez par sa
dite Majesté, pour tenir les Estats de cette Province, le
vingt deuxiesme jour d'octobre, mil cinq cens quatre
vingts et dix neuf.*

Les gens des trois Estats du pays et Duché de Normandie, assistans en la presente convention : Supplient

tres-humblement sa Majesté vouloir avoir pour agreable
leurs tres-humbles supplications et requestes, et leur en
accorder l'effect : comme elle les recongnoistra justes et
equitables et venantes de la part de ceux qui luy sont tres-
humbles et tres–obeissans subjects, et zellez au bien de
son service.

Lesdicts Estats ont eu juste occasion de se plaindre
jusques icy, du peu de fruict que leur ont rapporté les
conventions des annees passees, n'ayans senty aucun effect
ny soulagement d'un million de plainctes qui ont esté
faites à sa dite Majesté des miseres et calamitez que souffre
chacun Estat de la Province de Normandie, et auroyent
encore peur de veoir pareilles responces à leurs doleances,
qu'aux autres plaintes precedentes : n'estoit l'esperance
qu'ils ont à la belle inclination de sa dite Majesté, qui
voirra d'un œil pitoyable lesdites plaintes, et y apportera
les remedes de sa naturelle bonté, deschargeant ladite province de tant d'impositions et subcydes, et le pauvre tiers
Estat des charges insupportables qu'il porte journellement :
Qui à ceste occasion priera Dieu avec les autres ordres pour
la santé et prosperité de ses jours, et augmentation de
l'Estat universel de la France.

I.

Les Ecclesiasticques remonstrent tres-humblement à sa
dite Majesté que le principal moyen de maintenir l'Eglise est
la discipline Ecclesiasticque, laquelle deppend de la bonté
des mœurs, suffisance, et vigilance des Pasteurs d'icelle.
A ceste occasió il plaise à sa dicte Majesté ne pourveoir à
l'advenir aux Prelatures, Abbayes, et autres benefices de
ladite nomination en la province de Normandie, que personnes ydoines et capables, et declarer tous benefices tenus
par Simoniacques, Confidenciers, et personnes laiz soubs

tiltre d'economat, et speciallement ceux qui sont d'autre Religion que de la Catholicque, vaccans et impetrables, n'estant raisonnable que les biens de l'Eglise soyent convertis à la ruine d'icelle, et ne permettre autre exercice de Religion que de la Catholicque, Apostolicque et Romaine.

AU ROY.

Le Roy a dés l'annee derniere declaré aux supplians qu'il apporteroit et employeroit tres-volontiers tout ce que Dieu luy a donné de pouvoir et d'authorité pour la reunion de tous ses subjects à l'observance de la seulle Religion Catholicque, Apostolicque et Romaine : Mais que pour le bien public et repos general de ce Royaume, ayant sadite Majesté fait quelques declarations. sur precedens Edicts de Pacification, et pour l'execution d'iceux, elle ne peut à present faire chose qui y prejudicie : A declaré et declare neantmoins qu'elle n'a oncques entendu, comme encores elle n'entend, qu'il soit admis aux Prelatures, Offices et dignitez Ecclesiasticques, ou autres benefices aucunes personnes qui ne soyent dignes et capables de les posseder et desservir, et s'il s'en trouve autrement pourveuz d'iceux, Sa Majesté veut qu'il soit agy et procedé contre eux par les voyes permises de droict par les ordonnances.

II.

Qu'il luy plaise conserver lesdits Ecclesiasticques en leurs privileges, et les exempter de tous imposts et subcydes, et ordonner qu'ils ne seront comprins en l'article des privilegez et non privilegez qui se trouve és Arrests desdits subcides.

AU ROY.

Sa Majesté veut et aura tousjours agreable de maintenir et conserver les Ecclesiasticques en leurs droicts, franchises, libertez, privileges et immunitez, comme ils en ont jouy et usé par le passé, et ne permettre qu'ils y soient ou puissent estre troublez ou empeschez.

III.

Qu'il soit deffendu aux Juges seculiers d'entreprendre sur la juridiction Ecclesiasticque, ny d'appeler lesdits Ecclesiasticques par devant eux sinon aux cas previlegez.

Seront les ordonnances gardees.

Sa Majesté mande et enjoint à ses officiers de se contenir dans les limites de leurs juridictions, et suyvre et observer ce qui leur est sur ce prescript par ses ordonnances.

IV.

Sadite Majesté sera suppliee faire deffences à toutes personnes de quelque qualité qu'ils soyent : mesmes qu'ils se pretendissent patrós d'inhumer les corps de ceux qui sont decedez hors l'Eglise Catholique, Apostolique et Romaine, aux Eglises ou Cimetieres, sur peine de les exhumer et faire reconcilier lesdits lieux saincts à leurs despens.

Deffences sont faictes d'inhumer lesdits corps aux Eglises et Cimetieres saincts, et sera pourveu de lieu par les Juges Royaux en chacune Viconté.

Le Roy fait inhibitions et defences tres-expresses à toutes personnes de quelque qualité et condition qu'elles soyent d'entreprédre d'inhumer lesdits corps, autrement ne ailleurs, qu'il est permis et prescript par les Edits et declarations.

V.

QU'IL plaise à sadite Majesté maintenir la Noblesse de ladite Province en ses privileges et immunitez, les descharger de tous imposts et subcides sur toutes sortes de marchandises, souffrant d'ailleurs grande diminution en leur revenu, tant pour l'excez des tailles sur leurs fermiers, que pour l'impost du sel et prix excessif d'iceluy.

AU ROY.

La volonté de sa Majesté est que la noblesse de son royaume demeure et soit conservee, comme elle la maintiendra tousjours fort volontiers en la libre et paisible jouyssance de ses franchises, pouvoirs, libertez et prerogatives.

VI.

LESDITS Estats joincts à mesmes plaintes remõstrẽt treshumblemẽt à sadite Majesté, qu'encores qu'ẽ Broüage et Isles d'Olleron il y ait telle abondãce de sel, que le petit muid ne couste que trois escus et demy : Si est ce que par le moyen de tãt de rentes crées sur ledit sel de ce Royaume, le prix est mõté à tel excez, qu'il ny a personne qui n'en apprehende l'achapt, vallant en ceste ville de Rouen treize livres tant de sols le minot, et en quelques endroits beaucoup plus selon le port et voicture d'iceluy. Et ce pendant voyant aucuns ou la plus grande partie la charté d'iceluy, sont contraints d'en moins user qu'ils ne souloient tant par bon mesnage que pour le mauvais sel qui se vend non gabellé, sec, ny esgoutté et dangereux au corps humein, n'ayant posé au grenier le temps porté par l'ordonnance : lequel mesnage tourne en condamnation de grosses amendes et restitution de gabelle qui ne tombent au

9.

profit du Roy : mais de l'adjudicataire qui tire profit de la non fourniture desdits greniers, et qui plus est, il se baille par impost en plusieurs endroits de ceste province, en faisant prendre au peuple dix fois plus qu'il ne lui en faut, et qui le plus souvent n'a que saller. A ces causes il plaise à sadite Majesté moderer le prix excessif d'iceluy, s'asseurant que par ceste moderation l'on en verra la vente beaucoup plus grande qu'elle n'est : Revocquer les commissions et les amendes cy devant faites sur ceux que l'on a pretendu n'avoir prins aux greniers autant de sel qu'il leur en falloit : Supprimer aussi la forme de le bailler par impost en plusieurs endroits de ceste Province, et en consequence le bail de Maistre Claude Josse, attendu l'insatiable profit qu'il y fait et le grand prejudice qu'il vient au prix contenu aux ordonnances par les clauses d'iceluy.

Au Roy. Et neantmoins sont les Commissaires d'advis qu'il plaise à sa Majesté de revocquer l'impost dudit sel, et qu'il ne soit exposé en vente aucun sel aux greniers qu'il n'ayt reposé le temps porté par les ordonnances, ny mesme faire aucune fourniture de sel qu'il ne soit du Royaume et non relavé.

Par le bail general de la ferme des greniers à sel de ce Royaume, le prix dudit sel est prefix et arresté, au prejudice duquel le Roy ne peut à présent permettre la diminution dudit pris. Pour le regard de la forme de delivrer le sel par l'impost, il a esté donné reglement le plus au soulagement du peuple qu'il s'est peu faire. Et quant à la recherche de ceux que l'on pretend ne prendre la quantité de sel qu'ils doyvent, sa Majesté l'a renvoyé et renvoye aux officiers de sa court des Aydes.

VII.

Et d'autant qu'il auroit pleu à sa Majesté accorder aux Lieutenans generaux et particuliers six sols pour minot de

· sel, et deux sols aux officiers des greniers à sel, jusques au remboursement du prest qu'ils avoient fait au Roy, il lui plaise en ordonner la revoquation, attendu que la somme est plus que remplie.

Au Roy. Et cependant sera dressé estat de la recepte par ceux qui en ont receu les deniers, jusques au dernier jour de Decembre prochain, pour estre verifié par les Tresoriers generaux de France, et cependant ledit temps passé surcis.

Sera verifié quels deniers sont provenus desdites levees pour icelle veuë estre pourveu aux supplians, ainsi que de raison.

VIII.

REVOCQUER aussi les huicts vingts mil escus ordonnez sur le sel, pour les compagnées de la Court de Parlement de Paris, Chambre des Comptes, Court des Aydes et grand Conseil.

AU ROY.

Sa Majesté a affecté les deniers qui proviendrõt desdits huit vingts mil escus au payement des gages desdits Officiers, au prejudice desquels l'on ne peut rien changer à present, à ce que sa Majesté en a desja ordonné.

IX.

COMME aussi sadite Majesté sera suppliée revocquer les quinze sols d'augmentation qu'elle auroit ordonné estre levez sur chacun minot de sel, qui se vendoit doresnavant aux greniers et chambres de Normandie, pendant le siege d'Amyens, et autres quinze sols contenus au bail de Maistre Claude Josse.

Au Roy. Et neantmoins sont les Commissaires d'advis du contenu au present article.

Le bail sera sur ce suivy.

X.

Qu'il plaise à sadite Majesté, regler l'abbus manifeste, que les officiers permettent aux revendeurs de sel à petites mesures au prejudice du public, permettant ausdits Revendeurs lever sur chacun minot de sel quarante sols, et aux autres d'avantage, qui est contre ce qui leur a esté accordé : Assavoir à ceux qui sont demeurans aux lieux ou sont assis lesdits greniers, douze sols pour minot : et à ceux qui demeurent aux champs vingt sols.

Au Roy. Et néantmoins sera informé par le procureur general du Roy de la Court des Aydes.

A esté sur ce pourveu par ledit bail, sera neantmoins exactement informé et fait recherche des abus, et la cohertion d'iceux faite selon les ordonnances.

XI.

Les gens de l'Eglise, de la noblesse, et du tiers Estat, d'un commun accord se plaignent à sadite Majesté pour se voir rendus miserables, à raison des decymes tant ordinaires qu'extraordinaires prises et extorquees sur eux en la saisie et pocession des biens de l'Eglise, par confidenciers, simoniaques, et autres telles sortes de gens depuis quelques années, contre leur ancienne et sainte institution : Ceux de la Noblesse pour se voir necessiteuse et appauvrie de la longueur de ses guerres, ou ils ont dependu ce qui estoit à eux, et de leurs amis, pour subvenir aux despences par eux faites prés sadite Majesté et aux armées : Le tiers Estat, pour se voir ruyné de tous biens, et neantmoins depuis quelque temps en çà, par la malheureuse et maudite invention de certains haineux du peuple, d'eux mesmes, et de leur posterité, après la vente du Domayne, et engagement des Aydes de sadite Majesté, a esté érigé cest impost esmerveillable qui se perçoit de l'escu pour poinson de vin, de quarante sols pour tonneau de sildre, et de vingt sols pour bœuf ou bouveau gras ou maigre, passant par les bureaux, qui sont en tel nombre par la Province, que de quelque costé que l'on se tourne, l'on ne voit que tableaux pour cueillir ledit impost, si bien qu'un petit bouvelet amené de Costentin en la ville de Rouen, couste neuf livres, et entrant en icelle vingt cinq sols, soit qu'il y soit vendu ou non vendu, chose dont les estrangers et Italiens ne se sont jamais advisez : Car il ne se trouve point qu'une marchandise ou denrée n'ayant esté vendue paye l'impost, et en la pancarte qui en a esté faite, telle marchandise y a qui ne paye pas l'impost une fois seulement, mais douze ou traize fois venant de Costentin en ceste dite ville de Rouen : et vingt fois venant de Bretagne sous un mesme marchand : C'est pourquoy ils supplient très-humblement sa Majesté revocquer ledit impost.

Au Roy. Et neantmoins sont les Commissaires d'advis qu'il ne soit prins aucune chose des bestiaux qui ne seront point vendus.

Le Roy a donné reglement sur la levée et perception desdits subsides et imposts : lequel sa Majesté veut estre suivy, et sera mandé aux Tresoriers de France d'y tenir la main, et donner advis des difficultez qui s'offriront sur ladite levée.

XII.

COMME aussi sadite Majesté sera suppliée revocquer l'impost qui se leve pour le pied fourché en la ville de Caen, et au profit d'icelle : Assavoir de cinq sols pour bœuf, deux sols six deniers pour vache, et sur tous autres bestiaux à l'esquipolent, pour la grande ruyne que telle levée apporte au public.

Au Roy. Et cependant deffences sont faites de lever ledit impost
hors la ville, et fauxbourgs dudit Caen.

Ledit octroy a esté accordé, pour grandes considerations aux habitans de la ville de Caen : et veut sadite
Majesté qu'ils en jouyssent, et neantmoins qu'ils repre-
sentent au plustost en son Conseil, l'estat de la recepte
et employ de çe qui est provenu dudit octroy.

XIII.

Qu'il plaise à sadite Majesté laisser fonds à ses receptes
generales, particulieres, aydes, gabelles, et traictes domanialles pour payer les rentes qui sont deuës sur icelles,
d'autant que la pluspart appartiennent à pauvres femmes,
enfans, orphelins et hospitaux, qui faute de payement d'i-
celles, sont contraints de mandier leur pain : et encore que
sadite Majesté eust ordonné payement de demie année par
ses derniers Estats, sur ses receptes generalles et particulieres, si est ce que lesdits Receveurs n'ont rien ou bien
peu de chose payé d'icelles, et encores à qui bon leur
semble. Qu'il plaise à vostre Majesté, que sans distinction
de personnes lesdites rentes seront payees esgallement, et
ou lesdits Receveurs ne le voudront faire y seront contraints
par toutes voyes deuës et raisonnables, mesme des arrerages.

AU ROY.

Le Roy a pourveu au payement desdites rentes, autant
que la necessité de ses affaires l'a peu permettre. Veut
que l'esgallité y soit suyvie, et les Estats observez, et
qu'il se face au sol la livre, et mandera aux Tresoriers
de France d'envoyer un estat des payemens faits des
annees passees, pour voir l'ordre qui y a esté observé.

XIV.

Et outre mander à ses Tresoriers generaux de la generallité de Caen, de faire payer les rentes de l'engagemēt des quatriesmes de ladite generallité qu'on pretend avoir esté arrestez pour quatre ans, combien que par les ordonnances les proprietaires se puissent faire payer par les mains des adjudicataires n'y ayant que la plus valleur qui entre en ses receptes, comme il a esté tousjours observé, et enjoindre ausdits Tresoriers remplacer lesdits arrerages du passé, et permettre ausdits proprietaires soy faire payer par les mains des adjudicataires.

Au Roy. Et neantmoins sont les Commissaires d'advis qu'il ne soit fait aucun recullement des rentes deuës ausdits propriétaires.

Sa Majesté donnera l'ordre nécessaire et requis pour l'acquit desdites rentes, et en fera dresser estat, et iceluy soigneusemēt garder et observer, et sera par elle escrit aux Tresoriers de France, d'envoyer l'estat desdites aides, et des charges estans sur icelles.

XV.

Que deffences soyent faites aux gens de la Chancellerie, de prendre pour les sceaux d'un Arrest autant de sceaux qu'il y a de demandeurs pour chacune fois que ledit arrest est levé, ains quand ledit Arrest sera levé par une des parties prendre seulement un sceau pour celuy qui le leve.

Il y a reglement estably de toute ancienneté pour la taxe des lettres qui sont scellees en ses chancelleries que sa Majesté ne veut estre excedees, et en sera le reglement envoyé en la Chancellerie de Rouen, si jà il n'y a esté porté pour y estre publié et observé.

XVI.

Pareillement pour les lettres d'appel, encores qu'il soit appellé de plusieurs sentences, ne prendre qu'un sceau.
Idem.

XVII.

Et aux lettres d'anticipation combien qu'il y ait compulsoire à bref jour, ne prendra qu'un sceau, et aux lettres de recision, encores que l'impetrant se releve de plusieurs contracts, ne prendra qu'un sceau.

Monsieur le Chancelier et les Commissaires sont d'advis que les reglemens et ordonnances faits sur le fait de la Chancellerie, seront suivis et envoyés à la Chancellerie de Rouen pour estre publiez.

Idem.

XVIII.

Que pour eviter aux concussions et exactions que font les Sergents Commissaires des tailles envoyez par les Receveurs courir par les parroisses aussi tost que le quartier est escheu en vertu de leurs Estats, il plaise à sadite Majesté faire deffences ausdits Receveurs de delivrer lesdits Estats qu'un mois après le quartier escheu, et ce pour la moitié seulement, et pour l'autre moitié pareil temps d'un mois apres, afin que les Collecteurs ayent plus de moyen et facilité de cueillir lesdits deniers par le menu, et faire tomber iceux en ses receptes.

AU ROY.

Le reglement fait pour la collecte et recouvrement des deniers de sa Majesté sera suivy et observé, et mandera à ses officiers faire exacte recherche et cohertion des abbus qui s'y commettent.

XIX.

Que lesdits Receveurs ne se pourrõt adresser aux parroissiens que pour le payement des tailles, sinon apres la discution faite des biens meubles des Collecteurs, autrement ce seroit donner occasion et couleur aux Receveurs et Sergens de travailler ses pauvres subjects, tant pour l'advance desdits deniers, que de l'emprisonnement de leurs personnes, qui par ce moyen serōt privez d'aller aux marchez et à leurs affaires, pour la crainte d'estre arrestez prisonniers, et en ce faisant revocquer la clause contenue en ladite commission.

AU ROY.

Il y a esté pourveu par les mesmes reglemens.

XX.

Remonstrent lesdits Estats à sadite Majesté, que outre l'excez desdites tailles ils sont beaucoup foullez et oppressez de ce que les plus riches et oppulens des parroisses s'exemptent de la contribution des tailles, les uns estant Archers des Visbaillifs et Prevosts, les autres des Cappitaines de la marine, autres de la Fauconnerie et Artillerie, outre le nombre ordonné, et les autres se faisant enroller aux compaignies d'ordonnance, qui font en tout la meilleure et plus saine partie du tiers Estat.

Au Roy. Et neantmoins sont les Commissaires d'advis que l'ordonnance soit gardee.

Le Roy a reiglé par ses lettres de declaration et les reglemens n'agueres faits les contribuables ausdites tailles, et declaré ceux que sa Majesté entend en estre exempts, à quoy elle ordonne que l'on ait esgard seullement.

XXI.

Et d'autant que sa Majesté auroit seulement ordonné la suppression par mort de tous offices, jusques à la reduction du nombre ancien et premiere institution, lesdits Estats vous remonstrent, que le ciel le plus irrité n'a fait naistre rien de plus pernicieux et dommageable au peuple, que la multitude effrenee d'Officiers pour faire justice et administrer ses finances, comme Lieutenans generaux des Baillifs de nouvelle creation, Assesseurs et Advocats de sa Majesté en chacune Viconté, adjoincts et d'Enquesteurs, Clercs des greffes, Greffiers des presentations, Procureurs communs, parisis d'espices, Presidens, Lieutenans, Esleuz de nouvelle creation et Huissiers aux eslectiõs, Assesseurs à la suitte desdits Visbaillifs, des Commissaires et Contre-rolleurs pour faire les monstres desdits Visbaillifs qui emportent trois cens escus de gages, lesquelles monstres avoient accoustumé d'estre faites, par ordonnance de Messieurs les Gouverneurs gratuitemẽt. A ces causes il plaise à sadite Majesté supprimer tels Estats et Offices, et les reduire au nombre ancien, n'y ayant rien qui rende plus aymee et recommandable sadite Majesté envers Dieu et les subjects, ce qu'elle pourra facillement en recevant le fonds de leurs gages, et en remboursant ceux qui auront moins financé, ou à tout le moins reduire les gages à l'esquipollent de ce qu'ils ont payé.

AU ROY.

Sa Majesté a agreable lesdites suppressions, et trouvera tousjours bonnes les ouvertures qui luy seront faites pour les effectuer.

XXII.

Qu'ɪʟ plaise à sadite Majesté revocquer ce qui reste à executer des taxes qui se levent en Normandie sur les Officiers de finances et de judicature, et ordonner qu'il sera informé des concussions et exactions commises par Coignard et Jacquart, executans ladite Commission.

Au Roy. Et neantmoins sont les Commissaires d'advis qu'il en soit informé.

Sa Majesté ayant fait estat des deniers qui doivent provenir desdites Commissions, veut qu'elles ayent lieu, et neantmoins que les abus qui se commettent en l'execution d'icelles, soyent reprimez et chastiez.

XXIII.

ET revocquer toutes les commissions ordinaires et extra-ordinaires qui s'executét en Normandie, s'en estant trouvé jusques à vingt deux sortes en un mesme temps executees en icelle.

Au Roy. Et sont neantmoins les Commissaires d'advis qu'il ne soit executé aucunes Commission qu'elles n'ayent esté verifiees és Courts souveraines.

Le Roy veut qu'on represente lesdites Commissions, et apres sa Majesté pourvoirra au soulagement de son peuple, autant que la commodité de ses affaires le pourra permettre.

XXIV.

QU'IL plaise à sadite Majesté lever et oster l'imposition de trois sols qui se leve sur chacun cuir tenné, d'autant que ledit impost emporte le profit que les pauvres Tenneurs peuvent faire à l'abillage de leurs cuirs, mesmes les quatre sols pour chacune douzaine de cuir de veau, et trois sols pour douzaine de bazanes.

AU ROY.

Sa Majesté y a pourveu par ses reglemens.

XXV.

LESDITS Estats remonstrent tres-humblement à sadite Majesté, qu'encores que par ses lettres patentes elle ayt fait deffences, inhibitions tres-expresses aux Cappitaines

des places, d'exiger d'aucunes corvees de harnois sur les
habitans des parroisses, neantmoins à leur simple mandement, s'ils ne se trouvent prests, les soldats aussitost
courent les parroisses, prennent les bestes desdits pauvres
defaillans qu'il leur convient rachapter à leur volonté. Qu'il
luy plaise faire deffences ausdits Cappitaines et Gouverneurs de prendre les harnois sur peine de la vie.

AU ROY.

*Accordé et ordõne sadite Majesté qu'il soit informé
par ses officiers de ce qui s'est fait au contraire desdites
deffences, enjoinct tres-expressemẽt pour cet effect à ses
Procureurs en chacun Bailliage et Viconté en faire les
diligences, et envoyer les informations par devers le
Procureur general de sadite Majesté au Parlement,
pour estre à la poursuitte procedé contre les coulpables
de telles malversations ainsi qu'il appartiendra.*

XXVI.

Sadite Majesté sera suppliée que les ponts de ladite province soyent reparez et redifiez aux despens de ceux qui
en perçoivent les coustumes et peages, d'autant que les
deniers qui proviennent desdites coustumes sont destinez
pour lesdites reparations, et aux autres ou il ne se prend
peage, ordonner fonds pour lesdites reparations.

AU ROY.

*Le Roy a fait expedier commission expresse, pour
voir et visiter les reparations qui y sont à faire, et ordonnera le fonds necessaire pour y pourvoir.*

XXVII.

Qu'il plaise à sadite Majesté ordonner que les six sols

pour escu attribuez aux Collecteurs pour leur droict de
collection demeurent à leur profit, à cause des grands fraiz
qu'il leur convient faire à cueillir les deniers sur les pauvres
taillables.

AU ROY.

*Le Roy a declaré par ses lettres patentes, ce que
doyvent prendre lesdits Collecteurs sur lesdits six sols,
ce que sa Majesté veut estre observé.*

XXVIII.

Remonstrent lesdits Estats à sadite Majesté qu'il luy
auroit pleu à la requisition d'iceux, ordonner le desmantellement et desmolition de plusieurs places mentiōnees en
l'article du cahier de leurs doleances de l'annee derniere :
toutesfois de celles qui estoiēt les plus importātes au public,
et pour lesquelles speciallement l'on avoit demādé la des-
molitiō, sadite Majesté depuis en auroit accordé la manutention, nommément du donjon du Chasteau Gaillard, et
autres, lequel pourroit apporter autant de ruyne au peuple,
que le Chasteau mesmes duquel la desmolition encom-
mencée seroit inutile. Qu'il plaise à sadite Majesté ordonner que desmolition sera faite dudit donjon, et les
fossez et deux puits d'iceluy remplis, ce que les habitans
des autres Bailliages demandent estre fait des places desquelles il a pleu à sadite Majesté ordonner le desmantellement, sans avoir esgard à quelques lettres obtenues par
surprinse, importunité, ou autrement.

*Au Roy. Et sur la remonstrance faite que les deniers levez pour
les reparations, n'estoyent employez à l'effect à quoy ils sont destinez,
lesdits Commissaires sont d'advis qu'il plaise à sadite Majesté ordonner qu'ils ne pourront estre convertis et employez ailleurs qu'ausdites reparations.*

Le Roy a dés l'annee derniere ordonné sa volonté sur

le desmantellement desdites places, et en a donné com-
mission expresse à Monsieur le Duc de Montpencier,
Gouverneur pour sa Majesté en la Province, auquel elle
escrira de faire sur ce effectuer sa volôté, selon le
pouvoir qui luy en a esté deslors expediée. Et pour le
regard de la plainte de la divertion des deniers affectez
aux reparations des places de la province, sa Majesté
veut et entend que lesdits deniers y soient entierement
despencez et employez et non ailleurs, sur peine d'estre
repetez sur ceux qui les auroyent autrement divertis.

XXIX.

Sᴀᴅɪᴛᴇ Majesté sera suppliée ordonner que les grands
fossez à fonds de cuve, qu'aucuns particuliers de la province ont fait commencer depuis trois ans en ça autour de
leurs maisons pour les fortifier, et font de present revestir,
seront remplis à rez de terre.

Au Roy. Et sera fait recherche desdites forteresses pour y estre
pourveu.

Sera escrit à Monsieur le Duc de Montpencier d'en
faire la recherche, sur laquelle et l'advis dudit sieur
Duc en sera ordonné ainsi qu'il appartiendra. Enjoinct
à cest effect à ses Procureurs en chacun des Bailliages
et Vicontez, d'envoyer à mondit Sieur de Montpencier
les noms des maisons fortifiées de nouveau dans un mois,
à peine de s'en prendre à eux en leurs propres et privez
noms.

XXX.

Cᴏᴍᴍᴇ aussi elle sera suppliée de n'octroyer doresnavant
aucunes lettres d'evocation aux Visbaillifs et Prevost,
d'autant que par le moyen d'icelles, les crimes, concussions,
et exactions par eux commises demeurent impunies : mais

qu'il sera procédé contre eux par les Juges des lieux, et par appel en ladite Court, et qu'il leur soit enjoinct laisser les procez par eux instruits aux greffes ordinaires des lieux, et ne transporter les autres prisonniers hors de la Viconté ou ils auront fait la capture.

Au Roy. Et neantmoins sont les Commissaires d'advis du contenu au present article.

Accordé.

XXXI.

SUPPLIENT tres-humblement sadite Majesté lesdits Estats, supprimer les Estats de Commissaires examinateurs erigez au Comté du Perche, attendu qu'ils sont à la foulle du peuple, et ont cent livres de gages, et sont exempts de payer tailles, à la charge qu'ils seront remboursez de la finance portee par leurs quittances de finance par ceux dudit pays qui ont interest en l'erection desdits Estats, comme aussi les adjoincts aux Enquestes aux mesmes charges.

Au Roy. Et sont neantmoins les Commissaires d'advis du contenu au present article.

Le Roy ayant affecté les deniers provenans desdites offices au payement de ce qui est deu aux Suisses, sa Majesté ne peut permettre la suppression susdite que lesdits Suisses ne soyent satisfaits de ce qu'ils ont à prendre sur lesdits deniers.

XXXII.

SA Majesté sera suppliée au nom des trois Estats du pays de Normandie, de revocquer la commission du resgallement des tailles, lesquels en lieu d'avoir apporté aucun soulagement au peuple, ont condamné indifferemment toutes personnes sans les ouyr, fondez sur des advis particuliers desquels les autheurs ne s'oseroyent nommer, pour auoir imposé plusieurs particuliers en diverses parroisses, aucuns desquels ils ont confisquez de corps et biẽs : Neantmoins imposé aux roolles tel qui est mort y a trois ans, et imposé à la taille autres qui ne sont icy congneuz, ny sçait on leur demeure, et toutesfois les ont mis aux roolles. Aussi qu'ils ont fait un departement des tailles et mois de Juillet dernier, pour retrograder au mois de Janvier precedent, à raison de quoy il a convenu casser tous les roolles soubs pretexte de petites sommes ésquelles ils ont haussé aucuns, et rabaissé les autres, seul subject et fondement de la totalle ruine de la province, qui sans avoir esgard audit departement fait par lesdits Commissaires, a ordonné que celuy des Esleuz sera suivy et executé, nonobstant leursdits regalemens par eux faits imprimer, et jà envoyez aux eslections de ladite generallité, comme estãs faits contre la liberté et statuts du pays, advancement des deniers de sa Majesté, et ordonnances du Roy. Qu'il soit enjoinct aux Esleuz suivre les ordonnances et reglemens faits par le Roy, en l'an mil cinq cens quatre vingts dix-sept, verifiez en la Court des Aydes, et non d'autres : Et qu'il soit enjoinct sommairement ausdits Esleuz congnoistre et vuider les differens, sans tenir les parties en longueur : et deffences aux Receveurs des tailles prendre congnoissance de faire aucunes diminutions ny surcharges, comme n'estant leur devoir ny leurs functions, neantmoins le pouvoir et commandement à eux fait par les Commissaires dudit resgallement de hausser ou rabaisser tels qu'ils jugeront à propos sur les Estats desdits Commissaires, et que toutes les oppositions desdits Commissaires, descords et procez qui proviendront des susdites ordonnances, soyent traictez par devant les Esleuz en premiere instance, et par appel en la Court des Aydes, comme Juges naturels de tels differens.

Au Roy. Et neantmoins sont les Commissaires d'advis que les oppositions soyent vuidees par les Esleuz en première instance, et par appel à la Court des Aydes.

Le Roy a fait reglement pour ce regard, lequel sa Majesté veut estre verifié, suivy et observé par les officiers de sa Court des Aydes en Normandie.

XXXIII.

Supplient tres-humblement lesdits Estats sadite Majesté, qu'il luy plaise supprimer les Estats de Prevosts exerçez par les sieurs de Suresne et Morel, attendu qu'ils n'apportent que ruyne au peuple.

AU ROY.

Le Roy ayant pour le bien de son service et le repos de la province, jugé l'establissement desdits Prevosts necessaire en icelle apres ses troubles, comme ils y ont utillement servy depuis et jusques à present, Sa Majesté veut et entend qu'ils continuent l'exercice de leurs charges, jusques à ce qu'autrement elle en ait ordonné.

XXXIV.

Que les pauvres taillables emprisonnez pour les tailles, voulans abandonner leurs biens au domaine de sadite Majesté, soient receuz au benefice de cession.

AU ROY.

Les ordonnances seront sur ce gardees.

XXXV.

Qu'il plaise à sadite Majesté ordonner que les contribuables ne seront prins que chacun pour sa cottepart et

10

portion, considéré que c'est la ruine de ceux à qui il est resté quelque peu de moyen.

AU ROY.

Idem.

XXXVI.

Sadite Majesté sera suppliée faire retirer les compagnies de gens de guerre estans à present sur les pays, vivans par forme de garnison, qui encores qu'ils soyent payez vivent neantmoins à discretion.

Au Roy. Et neantmoins sont les Commissaires d'advis du contenu au present article.

Accordé, et sera informé de ceux qui tiennent la campagne et des malversations et exactions qu'ils commettent, enjoinct tres-expressement sa Majesté aux Visbaillifs ou leurs Lieutenans y vacquer et juger les procez suivant les ordonnances.

XXXVII.

Qu'il plaise à sadite Majesté faire don des restes des tailles des annees mil cinq cens quatre vingts seize et dix-sept.

Au Roy. Et neantmoins sont les Commissaires d'advis du contenu au present article.

Le Roy accorde la descharge et remise des restes de l'annee mil cinq cens quatre vingts et saize, et autres annees precedentes. Et fait deffences à tous Receveurs et autres officiers de ses finances d'en exiger ou demander aucune chose à peine de concution, et outre pour plus ample soulagement de ses subjets, Sa Majesté leur accorde la surceance de ce qu'ils doyvent et reste à payer de l'annee mil cinq cens quatre vingts dix sept, jusques à ce qu'autrement elle en ait ordonné.

XXXVIII.

Sadite Majesté sera suppliée faire deffences aux Collecteurs des tailles, de prendre les portes et fenestres des maisons des pauvres taillables, et les faire vendre pour les deniers des tailles, ni mesmes quand lesdits pauvres taillables se sont absentez pour crainte d'estre emprisonnez, de desmollir les maisons, vendre les materiaux pour lesdits deniers des tailles, estant chose esmerveillable de voir ceste guerre en temps de paix.

AU ROY.

Accordé.

XXXIX.

Qu'il soit deffendu à tous fermiers d'imposts et subcides, leurs personniers, cautions et adherans, de faire aucun trafic ou autrement pour eux des marchãdises sur lesquelles ils ont droit de prendre l'imposition et subcide, pour les rigueurs qu'ils tiennent aux compositiõs qui causent la ruine et faillites de plusieurs marchans trafiquans.

AU ROY.

Ne se peut au prejudice de la liberté du trafic.

XL.

Qu'il luy plaise ordonner que pour le transport des marchandises de ville à autre par quelque voye que ce soit, les marchans de ceste Province seront reiglez à la façon des marchands de Lyon.

AU ROY.

Faisant apparoir dudit reiglement, sera pourveu aux supplians ainsi que de raison.

XLI.

REMONSTRENT tres-humblement à sadite Majesté lesdits
Estats, que les grands subcides et impositions qui se levent
en ceste Province sur les marchandises, causent la distraction entiere du trafic, et le transport d'icelles en autre
Province moins chargee d'impositions, qui apporte une
grande ruine à ladite Province. Outre que les officiers de
sadite Majesté, tant de ceste ville de Rouen, que de la foire
de Guibray, et autres lieux, exigent grands sallaires, et
beaucoup plus qu'ils n'avoyent accoustumé. Qu'il plaise
à sadite Majesté moderer lesdits imposts, et faire deffences
ausdits officiers d'exiger plus de salaire, que celuy porté
par les anciennes ordonnances.

Au Roy. Et neantmoins sont les Commissaires d'advis qu'il ne soit
levé en plusavant que les anciennes ordonnances.

Les Edits et ordonnances seront suyvis, et deffend sa
Majesté à ses officiers d'exiger plus grands sallaires
qu'il ne leur est permis par les ordonnances sur peine
de concution.

XLII.

SADITE Majesté sera suppliée ordonner qu'il sera informé des contraventions faites par les Capitaines et Gouverneurs de villes et places à l'arrest de son privé Conseil
du neufiéme jour de Septembre dernier, et à eux signifié.

AU ROY.

Le Roy a envoyé un Commissaire sur les lieux pour
en informer, le raport duquel ouy sa Majesté y pour-
voirra.

XLIII.

QU'IL plaise à sadite Majesté deffendre en ce Royaume

l'apport d'aucunes marchandises manufactures des pays estrangers : ensemble l'usage d'icelles ainsi qu'ausdits pays estrangers ils les interdisent, afin que le pauvre peuple puisse avoir de quoy s'occuper et gaigner sa vie.

AU ROY.

Accordé. Et sera l'Édict sur ce fait suivy et gardé.

XLIV.

SADITE Majesté sera tres-humblement suppliee ordõner que les parroisses de Fresnay le Gillemier, Tremblay le Viconte, et le Chesne Chesnu distraictes de la Baronnie de Chasteauneuf en Thimerays eslection de Vernueil, et incorporez en l'eslection de Chartres seront reünies en ladite Baronnie de Chasteauneuf : nonobstant la recompense baillee pour icelle en ladite eslection de Vernueil des parroisses de Dampierre soubs Bleuy, Bleuy et Baronnal, et S. Estienne de la Bourgondiere, que lesdits Estats supplient estre renvoyez en l'eslection de Chartres, d'autant que ladite recompense est contre la declaration du Roy, du douziesme Juin mil cinq cens quatre vingts saize , afin que les bornes de ladite province demeurent en l'estat qu'elles ont été jusques à l'eschange desdites trois parroisses.

Au Roy. Et neantmoins sont les Commissaires d'advis du contenu au present article.

XLV.

QU'IL plaise à sadite Majesté confirmer les lettres patentes du feu Roy Henry dernier decedé, du dixhuictiesme Avril mil cinq cens soixante dix neuf, deuëment verifiees et expediees à la requisition desdits Estats, par lesquelles sadite Majesté avoit ordonné qu'il ne se feroit aucune levee

de deniers audit pays, sans les faire premierement demander en l'assemblee d'iceux Estats, si ce n'estoit qu'il
survint quelque urgente necessité entre la tenue d'iceux
Estats, auquel cas sadite Majesté en pourroit faire faire la
demande en l'assemblee qui se feroit des depputez qui
auroient assisté en la precedente assemblee et convention
desdits Estats.

*Au Roy. Et sont neantmoins les Commissaires d'advis du contenu
au present article.*

*Le Roy suivra en cela l'ordre ancien et accoustumé
pour la levee de ses deniers.*

XLVI.

Que l'arriereban ne sera levé sinon en cas de necessité
par les taxes cy devant faites sur la valleur des fiefs, sans
que les Commissaires les puissent hausser à leur volonté,
et ou le service ne se feroit, et que l'argent seroit levé,
lesdits deniers seront doresnavant rendus aux Nobles et
tenans fiefs.

AU ROY.

Accordé pour l'advenir.

XLVII.

Par la responce de sadite Majesté, sur la revocation demandee par lesdits Estats de la commission des francs-fiefs
et nouveaux acquests, elle avoit mandé à Messieurs les
Commissaires pour l'execution de ladite Commission, luy
donner advis en quel temps le plus communément l'on
avoit de coustume lever ledit droit. A ceste cause il vous
plaise voir ledit advis, et ordonner que ledit droit sera seulement levé de quarante ans en quarante ans, suivant
l'ordonnance du Roy S. Loys.

Au Roy. Et neantmoins sont les Commissaires d'advis du contenu au present article, et qu'il plaise à sa Majesté en faire expedier lettres de declaration.

Sa Majesté veut que la levee et perception dudit droit de francs-fiefs et fiefs, et nouveaux acquests se face suivant les ordonnances qui seront desormais sur ce suivies et executees, ayant sa Majesté revocqué toutes commissions expediees au contraire.

XLVIII.

Remonstrent tres-humblement à sadite Majesté, lesdits Estats, qu'en la Viconté de Vallongnes Bailliage de Costentin, il se leve un grand nombre de deniers sur le peuple, par un soy disant picqueur ou courtier de chevaux qui prend de chacun cheval vendu aux foires et marchez douze deniers pour escu : A ceste fin il plaise à sadite Majesté faire deffences audit courtier d'exiger ledit droit, et ordonner que dans un mois il fera apparoir au Sieur Procureur general de sadite Majesté en sa court des Aydes, des lettres en vertu desquelles il dit pouvoir percevoir ledit droit.

Au Roy. Et cependant sera informé de l'exaction et contre luy procédé extraordinairement.

Celui qui se dit pourveu de l'office susdite de picqueur ou courtier de chevaux, apportera dans un mois ses lettres de provision au Conseil du Roy, et ce pendant sa Majesté luy fait deffences d'exercer ledit office.

Et pour conclusion et donner response par les gens des trois Estats de Normandie, à la demande à eux faite par vous, Monseigneur, de la somme de cinq cens quatre vingts dix mil deux cens cinquante escus quarante sols,

lesdits Estats supplient tres-humblement sadite Majesté
vouloir regarder d'un œil de pitié et favorable les pauvres
subjects de Normandie, faire qu'ils se ressentent et puissent
gouster les effects de ses saintes promesses à eux tant de
fois reiterees. Considerer l'estat de ce pauvre peuple, lequel
par les grandes et insupportables charges est accablé soubs
le fardeau par trop pesant et onereux à la proportion des
forces qui leur sont demeurees si petites et inutiles, que
les plus robustes ne peuvent secourir leur prochain d'aucun
aide ou soulagement. Ceste affliction et pauvreté de laquelle
ils sont accompagnez, les contraint à requerir l'ayde et
plorer aux pieds de sa Majesté, afin que leurs larmes
puissent au naif tesmoigner leur necessité, ne leur restant
plus que la langue, laquelle comme tremblante, prie sa
Majesté leur vouloir faire misericorde de laquelle (apres
Dieu) ils attendent tout confort : car ayans les yeux au
Ciel, ils sont tous transportez des demandes que vous
(Monseigneur) leur avez faites, ausquels ils ne peuvent
respondre, et que mieux leur seroit prendre leurs biens et
possessions si peu qui leur en reste, les annexer à son domaine, et leur laisser leurs pauvres corps en liberté, estimant ceste condition beaucoup plus heureuse que d'estre
perpetuellement prisonniers dans les cachots miserables,
ne pouvans satisfaire aux charges insupportables desquelles
ils sont journellement travaillez : Toutesfois pour montrer
l'obeissance qu'ils doyvent à leur Roy, esperant qu'à l'advenir il les deschargera d'une grande partie des tailles, ils
accordent à sa Majesté les sommes qui ensuivent : Apres
avoir ouy par la bouche de Monseigneur, comme sa Majesté ayant esgard aux tres-humbles remonstrances des
depputez desdits Estats, a retranché la hausse de cent cinquante mil escus, contenu en la commission pour la tenuë
des Estats.

ASSAVOIR,

Pour le principal de la taille deux cens cinquante quatre mil six cens quarante six escus unze sols.

Pour les reparations et fortifications des Chasteaux et places fortes dü pays, quatre mil soixante et unze escus vingt sols.

Pour le taillon vingt sept mil cinq cens quatorze escus vingt quatre sols.

Pour les gages des Visbaillifs, sept mil six cens cinquante cinq escus vingt cinq sols.

Pour les gages des Postes, mil escus.

Pour les taxations des Sieurs Commissaires des Estats, unze cens soixante six escus quarante sols.

Pour les taxations des sieurs depputez desdits Estats, neuf cens quarante six escus.

Pour les fraiz des affaires communs du pays, trois mil escus.

Montans toutes lesdites parties à la somme de trois cens mil escus.

De laquelle lesdits Estats supplient tres-humblement sa Majesté se vouloir contenter : Et au surplus avoir les habitans du pays en bonne et singuliere recommandation. Fait en la convention des Estats du pays de Normandie, tenü à Rouen le quatriesme jour de Novembre, mil cinq cens quatre vingts et dix neuf.

Signé,   THOMAS.

Le Roy a restrainct à la plus moderee somme que ses affaires ont peu permettre les despences qu'il convient

à sa Majesté faire en l'annee prochaine, et ne peut rien
diminuer de ce qu'elle a fait representer par les Com-
missaires en l'assemblee desdits Estats, luy estre neces-
saire de recouvrer sur les subjects de son pays et Duché
de Normandie : ausquels sa Majesté neantmoins fait
esperer tel et si favorable soulagement à l'advenir,
sesdites affaires continuans en la prosperité et tran-
quilité qu'il plaist à Dieu y donner, qu'ils auront tout
subject et occasion de se louër de l'affection et soin
continuel qu'elle a de leurdit soulagement.

Les Commissaires tenans la presente convention, ayant
veu la responce que les depputez des Estats ont faite à la
proposition et demande à eux faite de la part du Roy,
pour laquelle accordent seulement luy payer pour l'année
prochaine mil six cens, la somme de deux cens cinquante
quatre mil six cens quarante six escus unze sols, pour le
principal de la taille, avec le taillon et deniers ordinaires
accoustumés d'estre levez chacun an sur le pays, selon que
le tout est plus à plain mentionné au present cahier de
leurs doleances. Après avoir sur ce fait ausdits Deleguez
plusieurs remonstrances requises et necessaires pour le service de sa Majesté, et que sur icelles ils ont dit ne pouvoir
faire plus grandes offres, à cause de leur impuissance et
extresme pauvreté, Iceux Commissaires pour ne laisser
le service de sadite Majesté en arriere, Ont ordonné que
par provision departement et assiette sera actuellement
faite de toutes les sommes de deniers par elles demandees
et contenuës és lettres patentes de commission pour ce
expediées selon la forme accoustumee, reservé la somme
de cent cinquante mil escus que sadite Majesté, ayant eu
esgard aux tres-humbles remonstrances desdits Depputez,
a voulu pour ceste fois estre diminuee du corps principal
de ladite taille et creuës y joinctes, et icelle remplacee sur la

creuë extraordinaire des garnisons, ce qui a esté prononcé publiquement ausdits Deleguez en l'assemblee desdits Estats. Fait à Rouen par les Commissaires du Roy, tenans la convention des Estats du pays de Normandie, le quatriesme jour de Novembre, mil cinq cens quatre vingts dix neuf.

Signé,   Par lesdits Sieurs Commissaires.

LIGEART.

Les remonstrances susdites ont esté veuës et responduës par le Roy estant en son Conseil à Paris, le dixiesme jour de Decembre mil cinq cens quatre vingts dix neuf.

· Signé,   · HENRY,

Et plus bas,

POTIER [1].

---

[1] Imprimé à Rouen, chez Martin Le Mesgissier, imprimeur du Roy, tenant sa boutique au haut des degrez du Palais, 1600. — Réimprimé d'après l'exemplaire qui m'a été donné par M. E. Le Sens.

AU ROY.

Et à Nosseigneurs de son Conseil d'Estat.

SIRE,

Le Procureur des Estats de vostre province de Normandie : Vous remonstre tres-humblement que les Depputez desdits Estats, ayans esté ouys en vostre Conseil sur plusieurs articles de leurs doleances, entre autres sur celuy de l'impost, ils vous auroyent representé que ledit impost se prent en infinité de bureaux, que par force de violence les adjudicataires le perçoyvent non seulement dans les bourgs, mais dans les villages, ponts et passages ainsi et tant de fois qu'ils leur plaist : mesmes par les champs ou les conducteurs de bestial sont courus en ce temps de paix par lesdits adjudicataires ou leurs preposez, côme ils estoyent par les ligueurs en temps de guerre, ainsi qu'il appert par l'arrest de la Court des Aydes, donné contre les Adjudicataires de Louviers et Ellebœuf cy attaché, qu'il se prent autant de fois que les bestes sont menez aux foyres et marchez encor quelles n'y soyent vendues, chose inaudite prendre impost d'une marchandise qui n'a esté vendue, qu'il se leve aussi le lendemain au lieu ou elles seront massacrez, sans comprendre l'impost qui se perçoit sur le suid des dites bestes. Supplians à tels desordres et confusions estre donné quelque ordre et reglement par vostre Majesté : Neantmoins il se trouveroit en la responce de l'article dudit impost, que l'arrest donné à Nantes sur la perception d'iceluy seroit observé, lequel arrest contient seulement une moderation de la moitié des sommes contenues en la pancarte dudit impost pour la generallité de Caen seulement, qui consiste en deux bailliages, et non pour la generalité de Rouen, consistant en cinq bailliages, que lesdits Estats ont estimé devoir estre gratiffiee comme celle de Caen, estans les mesmes raisons de la conduite du bestiail des herbages d'Auge et de Brey à Paris, que de Costentin à Rouen : aussi que ledit arrest porte seulement une moderation, et non un ordre et reglement. A ces causes il plaise à vostre Majesté, ordonner que ledit impost sera perceu par les moyens contenus en l'advis et procez verbal des Commissaires de la Court des Aydes, Tresoriers generaux et Depputez des Estats, ou à tout le moins que ladite moderation donnee par ledit Arrest à Nantes pour ladicte generallité de Caen, aura lieu aussi pour celle de Rouen, et que les chemins seront libres à tous marchans, suivant les termes de l'Edict dudit impost veriffié en la Court des Aydes, et qu'à ceste fin la declaration cy attachée luy sera expediée, et le suppliāt continuera prier Dieu pour l'augmentation de vostre Estat.

Signé,   THOMAS.

Attendu que les baulx sont faits soubs les conditions publiées, par les affiches conformes aux reglements ordonnez par sa Majesté, ne se peut pour le present innover aucune chose en la forme de la perception qui se fait desdits subsides, ainsi qu'il a esté respondu au cahier des Estats de la province de Normandie. Fait au Conseil du Roy tenu à Paris le douziesme jour de Fevrier, mil cinq cens quatre vingts dix neuf.

Signé,   L'HUILLIER.

AU ROY.

Et à Nosseigneurs de son Conseil.

SIRE,

Vos tres-humbles et obeissans subjets et fidelles serviteurs, les trois Estats de vostre Province de Normandie vous ont treshumblement representé par le cayer de leurs tres-humbles remonstrances, que les gens d'Eglise, nonobstant les decimes qu'ils payent, et les contracts qu'ils ont avec vostre Majesté. Et la Noblesse nonobstant leurs privileges anciens qu'ils estiment tout de nouveau avoir assez merités, par les signalez services qu'ils vous ont fait en ceste derniere guerre, se sentoyent fort opprimez par l'impost que vostre Majesté a fait mettre sur toutes sortes de marchandises, et se plaignoyent encore avec le tiers Estat, de la façon de la levée qui s'en fait plusieurs fois en mesmes foires ou marchez, et pour mesme marchãdise, avant mesmes qu'elle soit vendue, mesmes que l'on faisoit payer ledit impost en plusieurs lieux, avec des contraintes violentes de quitter le droit et grand chemin pour estre trainé aux bureaux, ou il se paye, ce que recogneu par les Commissaires depputez par vostre Majesté pour leur proposer vos demandes, ils vous auroyent donné leur advis conforme à nos remonstrances. Ils vous ont aussi remonstré que le sel qui ne reçoit plus autre prix que celuy que veulent les marchans et partisans est monté à une charté si excessive qu'il n'y a plus moyen d'en approcher principallement à vostre pauvre peuple, d'ailleurs si accablé des grandes et enormes sommes de tailles, taillon, et cruës, que vostre Majesté fait sans cesse imposer sur eux, qu'il ne leur reste plus que la langue pour

vous demander du soulagement, en consideration de ce que
la continuë des guerres, la sterilité de deux années, et la
pestilence de l'Esté dernier, les a diminuées de plusque de
moitié de nombre et de moyens, et qui vous demandoyent
à ceste occasion relasche d'une partie des sommes que vostre
Majesté demandoit, plus excessives mesmes qu'elles
n'estoyët du temps de vos plus grandes necessitez, memes
qu'il ne se paye aucune chose des rentes côstituées sur vos
receptes, tant generalles que particulieres : mais par ce que
tous ces articles et autres ausquels vostre peuple estimoit
tresimportant d'être promptement pourveu, semblét avoir
esté trouvez injustes à vostre Conseil par ses responces, veu
le peu de profit qui se peut juger en icelles, et contre l'esperance desdits supplians.

*A ces causes, SIRE, Il plaise à vostre Majesté y
pourvoir, et lesdits supplians prieront Dieu pour vostre
Majesté et manutention de vostre Estat.*

> Signé,   DE VIEUPONT, DE LA PLACE,
> VINCENT BENARD, VAUQUELIN, DOYNEL,
> LE CONTE, THOMAS.

*Ledit impost ayant esté si sollemnellement resolu en l'assemblee
generalle tenue à Rouen, et trouvé estre le moyen plus doux et
tollerable pour soulager le pauvre peuple du plat pays, du fardeau
qu'il portoit entierement des despences de cest Estat, ne peut estre
à present revocqué. Ayant esté d'ailleurs de beaucoup modéré par sa
Majesté, il doit estre moins onereux aux supplians, à quoy aideront
aussi les reglemens fais par elle sur l'advis donné en l'année derniere
par la Court des Aides, Tresoriers generaux de France à Rouen et
Caen, assemblez avec les Commissaires des Estats de l'année precedente. Lesquels reglemens, seront suyvis et observez selon leur forme
et teneur.*

ARTICLES

DE

REMONSTRANCES

Faictes en la Convention des Trois Estats

DE NORMANDIE

Tenue à Rouen, le quatriesme jour d'Octobre, et autres jours ensuyvans, mil six cens.

Avec la Responce et Ordonnance sur ce faicte par le Roy estant en son Conseil,

Tenu à Lyon, le vingtroisiesme jour de decembre, mil six cens.

AU ROY.

Et a messire Claude Groulart, *Sieur de la Court, Chevavalier, Conseiller du Roy en son conseil d'Estat, et premier Président en sa Court de Parlement à Rouen.*

Et à Nosseigneurs les Commissaires deputez par sa Majesté pour tenir les Estats de ceste Province, le quatriesme jour d'Octobre mil six cens.

Les gens des trois Estats du pays et Duché de Normandie, assistans à la présente convention, rendent graces immortelles à Dieu, du soing qu'il luy a pleu toujours avoir de la

I I

conservation du Roy. Et la preservant de tant de sortes de
perils et dangers ou le malheur des guerres l'avoit poussé,
l'avoir inspiré à la recherche d'une si saincte alliance pour
laisser à la France des heritiers de sa vertu, et afin de veoir
de son œil de pitié les miseres et calamitez de son peuple en
general, de l'Eglise, de la Noblesse, et plus que pauvre tiers
Estat, C'est pourquoy lesdicts Estats presentent leurs justes
plaintes à sa Majesté. Sur lesquelles il luy plaira leur pourveoir et apporter le contentement qu'ils en esperent, comme
elle les verra raisonnables et plaines d'equité.

PREMIEREMENT.

I.

Supplient treshumblement les Ecclesiastiques, qu'ils
soient maintenus en leurs privileges, immunitez et exemptions à eux concedez par les feuz Rois. Et suivant iceux
qu'ils ne soient travaillez pour daces et imposts qui peuvent
ou pourront estre cy apres mis sur eux, attendu le contract
des decimes et promesse faite par sa Majesté en la derniere
assemblée du Clergé.

AU ROY.

*Sa Majesté veut et aura tousjours agreable de main-
tenir et conserver les Ecclesiastiques en leurs droicts,
franchises, libertez, privileges et immunitez, et les fera
jouyr d'iceux, comme ils ont bien et deuëment fait par le
passé, et ne permettra qu'ils y soient ou puissent estre
troublez ou empeschez.*

II.

Sadite Majesté sera suppliée maintenir la Noblesse dudit
pays en ses anciens privileges, dignitez, exemptions et libertez, et luy commettre vaccation advenant les charges hono-

rables de la Province, asseurant ladite Noblesse sâdite
Majesté, qu'elle en sera fidellement servie, et le peuple
en recevra bon traictement. Et au surplus les descharger
des impositions et subcides que l'on prēd sur eux, tant sur
le sel, vin, draps de soye, qu'autres marchandises.

AU ROY.

La volonté du Roy est que la Noblesse de son
Royaume demeure et soit conservée, comme elle la main-
tiendra toujours fort volontiers en la libre et paisible
jouissance de ses franchises, pouvoirs, libertez et prero-
gatives.

III.

Il plaise à sadite Majesté remettre le prix excessif du sel
à quelque modérée somme, ayant esgard à l'extresme pauvreté du peuple, lequel pour la grande cherté d'iceluy se
passe aux plus debiles allimens du pain le plus noir, attendu
qu'en Broüage, Marenes, et Isles d'Oleron, il n'y couste
que trois escus et demy le muid, qui est un gain excessif
pour les adjudicataires, ausquels s'il plaist à sadite Majesté,
seront faites deffences d'exposer leur sel en vente qu'il n'aye
posé au grenier le temps porté par l'ordonnance. Et revoquer la pernitieuse forme de le bailler par l'impost, estant
l'une des causes principalles du retardement des deniers de
sa Majesté, et non valleur d'iceux.

Au Roy. Et neantmoins sont les Commissaires d'advis que le sel ne
soit exposé en vente, qu'il n'aye reposé le temps de l'ordonnance.

Par le bail general des greniers à sel de ce Royaume,
le prix dudit sel est prefix et arresté au prejudice duquel
sa Majesté ne peut à present en faire aucune diminution.
Sera au surplus l'adjudicataire desdits greniers, ouy sur
ce qui est requis pour le temps que le sel doit reposer és
greniers, pour apres y donner un reglement tel qu'il sera

trouvé necessaire. Quand à la forme de bailler le sel par
impost, sadite Majesté en a fait le reglement, le plus
qu'il a esté possible au soulagement de ses sujets qui s'y
doyvent conformer.

IV.

Et d'autant que depuis quelques années le sel n'auroit
esté distribué aux greniers de la Province, en telle abondance, comme aux années precedentes des guerres ou le
peuple avoit encores quelque ressentiment de son premier
aise, lesdits adjudicataires naiz à la ruine et entiere desolation du peuple, auroient obtenu commission pour faire
condamner en amendes et restitution de gabelle, ceux qui
ne se trouveroient avoir prins du sel aux greniers, autāt
qu'il sembloit leur en falloir, qui est exercée avec telle vehemence, que tel pour sa pauvreté ne paye dix escus de taille,
qui est condamné par les executoires de ladite commissiō
en quinze ou saize escus, pour la restitution de gabelle,
avec l'amende arbitraire, et jugent ladite restitution pour
six ou sept années, contre l'ordonnance. A ces causes, il
plaise à sadite Majesté, revoquer ladite Commission, comme
tortionnaire, desraisonnable, et à la foulle et oppressiō du
pauvre peuple, et que les commis à la recepte desdites condamnations d'amendes et restitutions de gabelle, seront
tenus compter à la chambre des comptes de ladite Province.

AU ROY.

Le Roy ordonne que la recherche de ceux qui n'ont
prins du sel en ses greniers, comme ils devoient, cesse pour
le passé. Et qu'elle se face seulement pour l'advenir, à
commencer du jour du contract de l'adjudication desdits
greniers, selon les reglemens et ordonnances. Et seront
les comptes des amendes, adjudications, et restitutions,

provenans de la recherche rendus quant et ou il escherra
suivant ledit contract.

V.

Les mesmes complaintes et remonstrances qu'aux precedentes années et plus grandes (comme le mal est acreu) sont
faites à sa Majesté, par lesdits Estats du trouble, perte et
confusion qu'apporte à un chacun de l'Eglise, de la
Noblesse, et du pauvre tiers Estat, l'impost nouveau mis
sur plusieurs sortes de marchandises en la perception duquel ne s'est peu mettre ordre, regle ni moyen pour le
lever : mais a esté perçeu avec une telle vehemence qu'il
semble plustost une furieuse exaction commise par les
adjudicataires et preposez qu'un impost levé sous verification d'Edit, d'autant qu'il ne se prend seulemēt aux endroits
remarquez par la pancarte : mais à chasque coin de haye se
trouvent gens advoüez par les adjudicataires, qui prennent
indifferemment ce qu'ils peuvent tirer de toutes sortes de
gens conduisans bestiail. Lesquels pour les longueurs de la
Justice ayment plustost quitter ce qui a esté ainsi extorqué
d'eux, que de s'en pourveoir, et semble que la plus raze
campagne soit une forest pour telles gens, y ayant autant
de bureaux que l'on trouve de villages sur les chemins.
Tellement que par le moyen de telles exactions et des bureaux, par lesquels il convient passer pour aller aux villes
et marchez, joint que l'impost est payé, encores que les bestes
n'ayent esté vendues contre toute raison et equité, et plustost par une façon barbare, le plus souvent l'impost se
monte autant que la valeur d'aucunes bestes, lors qu'elles
sont conduites et rendues aux villes de Paris et Rouen. Et
pour le regard des beurres et suifs, encores que l'impost par
les pancartes ne puisse être levé qu'une fois, si est-ce que
les adjudicataires de l'impost de Rouen au prejudice des
premiers acquits le prennent une seconde fois, et ainsi des

autres marchãdises se voit la pareille confusion. A ces causes, attendu que ledit impost se leve sur les gens d'Eglise, ruynez des decimes ordinaires et extraordinaires, sur les Nobles appauvris de la longueur des guerres, qui estans de soy francs, sont par tel moyen rendus taillables et tributaires, et sur le pauvre tiers Estat surchargé d'innumerables sommes de deniers, veu mesmes le peu de fruit que sa Majesté en perçoit, et eu esgard aux grandes exactions qui se commettent en la perception d'iceluy, il plaise à sadite Majesté le revoquer et estaindre du tout.

AU ROY.

Le reglement donné sur la levée et perception dudit impost doit estre suivy enjoignant sa Majesté aux Tresoriers generaux de ses finances, d'informer soigneusement des abus, concutions, ou autres malversations qui s'y commettent. Pour estre les delinquans punis et chastiez exemplairement, à peine de s'en prendre ausdits Tresoriers en leur propre et privé nom.

VI.

Sadite Majesté sera suppliée maintenir son Edit de la suppression des offices vacans par mort, et revoquer toute declaration pour le restablissement d'iceux au contraire, avec une tres-humble supplication qui luy est aussi faite d'abolir et supprimer tous Estats supernumeraires, tant de judicature que de finance, avec les Estats des greffes des presentations, doubles sceaux, clercs Royaulx, daces, pistades, parisis et autres charges mises, tant sur les actes que contracts, que les pauvres gens n'ont moyen de payer, et à ceste cause demeurent outragez et privez du bien de la Justice, laquelle leur est deuë de droict divin et humain.

Au Roy. Et sont les Commissaires d'advis du contenu au present Article.

Sa Majesté trouvera toujours bonnes les ouvertures qui luy seront faites pour effectuer lesdites suppressions.

VII.

REMONSTRENT lesdits Estats, que par les Arrests de verification des Courts souveraines des lettres patentes de sa Majesté, pour la levée de l'escu pour tonneau de marchandises, et dix sols pour muid de vin, il est expressément porté qu'il ne se feroit aucun retranchement ou Arrest sur les rentes constituées sur les receptes generalles, aydes, domaine, gabelles et impositions foraines, si est-ce qu'il ne s'est payé en l'année derniere que demie année, sur ladite recepte generale, et pour ceste courante, ne s'en est payé aucune chose, encores qu'il en soit deu grand nombre du precedent. A CES CAUSES sera sadite Majesté suppliée ordonner que tous les arrerages desdites rentes, tant sur ladite année derniere, que de la presente seront payez entierement, sans aucun recullement ou retranchement.

AU ROY.

La volonté du Roy est que le payement desdites rentes se face selon les Estats qni en sont faits par chacun an.

VIII

REMONSTRENT les pauvres contribuables aux tailles, hommes et tenans de la Baronnie d'Esneval, que depuis que le sieur d'Esneval avoit obtenu une evocatiõ generalle de toutes ses causes feodalles au Parlement de Paris, il les avoit tellement travaillez en procez, que beaucoup auroient esté contrains quitter et abandóner leurs terres, pour n'avoir moyen de poursuyvre leurs affaires audit Parlement de Paris, distant de leurs demeures de quarante lieües, estans contrains d'estre appellãs de toutes les instances qu'ils ont

devant les Juges dudit Sieur, d'autant qu'ils n'ordonnent
que ce qu'il luy plaist. Autrement ils sont destituez de leurs
charges, changeāt à chasque jour de jurisdiction de Juges
pour les avoir à sa devotion.

AU ROY.

*Lesdites lettres d'evocation seront representées au Con-
seil, pour icelles veuës estre pourveu aux particuliers
qui y pretendent interest ainsi que de raison.*

IX.

Qu'il plaise au Roy ordonner la cassation de l'erection
de la Viconté de Sainct Lo, en remboursant par les Officiers
de Carentan, suyvant la charge qu'en a le depputé dudit
Carentan.

AU ROY.

*Le Roy veut avoir l'advis des Advocat et Procureur
generaulx de sa Majesté en sa Cour de Parlement de
Rouen sur cest article, pour en ordonner apres ce que
de raison.*

X.

Sadite Majesté sera suppliée revocquer la Commission
qu'elle a dónée à un surnommé Roussel dit Maltais, soy
disant Contrerolleur general des poids et mesures, pour le
grand et inestimable prejudice que ladite Commission
apporte à toutes sortes de marchās, et pour les abbus et
concussions commises par ledit de Maltais, il luy plaise
ordonner qu'il en sera informé.

*Au Roy. Et cependant sera informé des concussions par les Juges
ordinaires.*

*Sera informé par le Bailly de Rouen ou son Lieute-
nant, des abus commis en l'execution de ladite Commis-*

sion. Pour estre l'information rapportée au Conseil, et pourveu sur icelle.

XI.

Qu'il soit deffendu aux Receveurs des tailles faire prendre les bestiaux appartenant aux Ecclesiastiques, Nobles, Bourgeois des villes et autres exempts, ny faire vendre iceux pour les deniers de la taille, combien qu'ils soient fortuitement trouvez pasturãs sur les terres et heritages des contribuables.

AU ROY.

Les supplians se doivent pourveoir pour ce regard par devant les Juges ordinaires, ainsi qu'il est accoustumé.

XII.

Et d'autant que pour la perte qui advient souvent des quittances baillées par les Receveurs des aydes, tailles, et du domaine, et dont eux et leurs heritiers poursuyvent derechef le payement long temps apres sur les veufves ou heritiers qui ont perdu leurs quittances et qui le plus souvent ne sçavent lire ny escrire. Plaise à sadite Majesté faire deffences ausdits Receveurs des tailles et aydes, de demander aucune chose apres an et demy du jour du payement escheu et expiré. Et aux Receveurs du domaine, deux ou trois ans apres pour le plus, en cas que ils n'eussent fait diligences suffisantes.

Au Roy. Et neantmoins sont les Commissaires d'advis que les registres des Receveurs des aydes et tailles, soient paraphez par les Esleuz, et ceux des Receveurs du domaine par les Juges ordinaires.

Le Roy veut et entend que les ordonnances et reglemens sur ce faits soient suyvis et observez.

XIII.

Que les pauvres contribuables aux tailles soient reçeus au benefice de cession.

AU ROY.

Seront les ordonnances sur ce gardées.

XIV.

Remonstrent à sadite Majesté lesdits Estats, qu'à raison des confidences il ne se fait point ou peu d'aumosnes aux Abbayes et Prieurez, ou le temps passé les pauvres mendians et vallides trouvoient quelque secours, qui est occasion que les villes sont remplies d'innumerable nombre de pauvres, il luy plaise ordonner que les œconomes et pourveus ausdites Abbayes et Prieurez, seront contrains par la saisie de leur temporel, par les Juges des lieux à faire lesdites aumosnes, selon la qualité du revenu, nonobstant oppositions, appellations, et autres voyes quelconques.

Au Roy. Et neantmoins sont les Commissaires d'advis du contenu au present article, et qu'il soit enjoint aux Juges ordinaires d'y tenir la main.

Le Roy par Edit particulier a reglé ce qui concerne le fait des aumosnes, ce que sa Majesté veut estre observée.

XV.

Supplient humblement les depputez des Bailliages de Caen et Costentin, remonstrant qu'ayant esté le nouveau impost adjugé par chacune Viconté par les Tresoriers generaux de France, en la generalité de Caen, ce neantmoins les villes desdits Bailliages, outre le prix de l'enchere des adjudicataires ont esté taxez à sommes excessives pour la non valeur du prix de ladite adjudicatió laquelle auroit

esté rejettée sur lesdites villes. A ces causes il plaise à sadite
Majesté se contenter du prix à quoy ledit impost a esté en-
chery et mis à prix par les adjudicataires, en attendant qu'il
luy plaira le supprimer. Considéré mesmes qu'il n'y a aucunes connivences du party desdits habitans ausdites en-
cheres et rencheres.

AU ROY.

*Faisant cesser par les supplians les monopoles et abus
qui se pratiquent au bail dudit impost, en sorte que sa
Majesté ne soit frustrée de ce qui en doibt provenir, elle
s'en contentera, et n'aura besoin de suppléer d'ailleurs,
comme elle est contrainte aux non valleurs dudit impost.*

XVI.

Sadite Majesté sera suppliée faire deffences à tous fermiers de subsides, leurs personniers, cautions ou adherans,
faire aucun trafic ou negotiation de marchandises pour eux,
ou autres pour eux. Speciallement des marchãdises dont ils
ont droit de prendre l'imposition du subcide, à cause des
rigueurs que tels fermiers tiennent aux côpositions qu'il
est requis faire pour lesdits imposts et subcides, qui est au
tresgrand prejudice de la liberté du trafic, dont naist une
infinité de banqueroutes, pour estre les marchans contrains
achapter lesdites marchandises à la devotion desdits fermiers, pour avoir meilleure composition desdits subcides et
imposts.

AU ROY.

Ne se peut au prejudice de la liberté du trafic.

XVII.

Que les Sergens et Huissiers du pays du Mayne, du
Perche, et de France, ne pourront faire aucuns exploicts en

Normãdie, sans pareatis ou attache des Juges de Normandie,
à peine de punition corporelle.

AU ROY.

*Le Roy veut que les ordonnances sur ce faites ayent
lieu et soient effectuées.*

XVIII.

Qu'il soit deffendu à toutes personnes prédre transports
de recompense sur les parroisses, pour la ruyne que tels
transportuaires apportent au public.

*Au Roy. Et sont neantmoins les Commissaires d'advis du contenu
au present article.*

*Sera mandé aux Juges et officiers de sa Majesté, infor-
mer et faire rcherche des abus et malversations qui se
commettent au transport desdites recompenses, et faire
justice d'icelles.*

XIX.

Que les evocations accordées par sa Majesté à aucuns
particuliers au grãd Conseil, soient revocquées speciallement
pour le Sieur de Sardiny, et à ceux de sa maison, pour les
incommoditez que lesdites evocations apportent au pauvre
peuple, travaillé par les evocquans.

*Au Roy. Et neantmoins sont les Commissaires d'advis du contenu
en cest article.*

*Ledit Sardiny appellé et ouy au Conseil de sa Majesté,
sur le côtenu en cest article y sera pourveu.*

XX.

Que deffences soient faites à toutes personnes de quelque
qualité ou condition qu'ils soient, d'executer aucunes commissions en ladite Province, qu'elles n'ayét esté verifiées
par les Courts souveraines.

AU ROY.

Le Roy ordonne l'adresse et execution de ses Commissions, selon que son service le requiert.

XXI.

Qu'il plaise à sadite Majesté ordonner qu'il sera fait et forgé quelque petite monnoye. pour la commodité du public.

AU ROY.

Sera mandé aux Officiers des monnoyes de donner sur ce leur advis, pour apres en ordonner ainsi qu'il appartiendra.

XXII.

Sa Majesté sera suppliée supprimer les Estats de Receveurs, payeurs, et Controlleurs des Visbaillifs, d'autant qu'outre les grands gages qu'ils emportent, lesdits Visbaillifs entrent en grandes despences de voyages pour estre payez de leurs gages. Et estant ainsi destournez ils ne font le service tel qu'il est requis en l'exercice de leurs charges.

AU ROY.

Le Roy accorde ladite suppression en remboursant actuellement les pourveuz desdits offices.

Et pour donner par lesdits Estats response à la demande faite par sa Majesté de la somme de cinq cens quatre vingts dixhuit mil deux cens cinquante sept escus quarantehuit sols. Ils la supplient tres-humblement rendre pour la seconde fois la vie aux pauvres habitans de la Normandie, leur octroyant ce qu'elle a si liberallement donné à ses ennemis, l'aise, le repos, et la liberté, que son peuple ne soit fraudé de l'esperance qu'il s'est promise de respirer et prendre haleine de

ses malheurs soubs son regne. Que sa Majesté se souviéne
que toute la France est sa maison, et son peuple sa famille,
et qu'estant pere commun de ses sujets, il luy plaise les
traicter comme le pere ses enfans, que personne ne luy est
esgal, qu'il surpasse tout autre Prince du monde, et comme
ses vertus sont nompareilles, ses bien-faits aussi soient envers son peuple incroyables, lequel n'en eust jamais tant de
besoin qu'à present : car estant espuisé de tous moiens par
la longueur des guerres, pour la crainte des rigueurs de la
prison, il a vendu son immeuble, tellement qu'aujourd'huy
il ne luy reste plus (à la plus grande partie) que la force de
ses bras, par le moyen desquels en labourant la terre qu'il
tient à ferme, et de son industrie il paye les tailles. Outre
mesmes la petite recolte des grains de l'année derniere, qui
n'est quasi que pour subvenir à la semence de l'année prochaine, tels endroits y a-il. Qui est occasion, qu'ils supplie-
roient volontiers sadite Majesté, les vouloir descharger des
sommes par elle demandées. Toutesfois mettans en consideration les grands affaires qu'elle aura à supporter l'année
prochaine, esperāt quelque grande descharge à l'advenir, ils
luy accordent les sommes qui ensuivent.

ASSAVOIR,

Pour le principal de la taille deux cens cinquante quatre
mil six cens quarantesix escus unze sols.

Pour les reparations et fortificatiõs des Chasteaux et
places fortes du pays quatre mil soixante unze escus vingt
sols.

Pour le taillon vingtsept mil cinq cens quatorze escus
vingtquatre sols.

Pour les gages des Visbaillifs sept mil six cens cinquante-
cinq escus vingtcinq sols.

Pour les gages des postes mil escus.

POUR les taxations des Sieurs Commissaires des Estats, unze cens soixante six escus quarante sols.

POUR les taxations des Sieurs deputez desdits Estats neuf cens quarante six escus.

POUR les fraiz et affaires communs du pays trois mil escus.

MONTANS toutes lesdites parties à la somme de trois cens mil escus.

DE laquelle lesdits Estats supplient tres-humblement sa Majesté se vouloir contenter. Et au surplus avoir les habitans du pays en bóne et singuliere recommãdation.

FAIT en la convention des Estats du pays de Normandie, tenus à Rouen le septiéme jour d'Octobre mil six cens.

LES Commissaires tenans la presente convention, ayans veu la response que les depputez des Estats ont faite à la proposition et demande à eux faite de la part du Roy, par laquelle accordent seulement luy payer pour l'année prochaine mil six cens un, la somme de deux cés cinquantequatre mil six cens quarantesix escus unze sols pour le principal de la taille, avec le taillon et deniers ordinaires accoustumez d'estre levez chacun an sur ledit pays, ainsi que le tout est plus à plain mentionné au present cahier de leurs doleances, suppliant sa Majesté s'en vouloir contenter, apres que lesdits Commissaires ont sur ce fait ausdits deleguez plusieurs remonstrances requises et necessaires pour le service de sa Majesté, et que sur icelles s'estans rassemblez pour y adviser, ils ont dit ne pouvoir faire plus grandes offres à cause de leur impuissance et extreme pauvreté. Iceux Commissaires pour ne laisser le service de sa Majesté en arriere, ont ordonné que par provision departement et assiette sera actuellement faite de toutes les sommes de deniers par elle demandées et contenues és lettres patentes de Commission pour ce expediées selon la forme portée par icelles. Et que neātmoins la levée en sera surcise, jusques à un mois, pendant lequel temps se retireront lesdits deleguez par devers sadite Majesté, pour entendre sur ce sa volonté. Ce qui a esté prononcé publiquement à iceux deleguez en l'assemblée desdits Estats. Fait à Rouen par les Commissaires du Roy, tenans la convention desdits Estats, le septiéme jour d'Octobre, l'an mil six cens.

Signé,   Par lesdits Sieurs Commissaires.

LIGEART.

Les raisons et grandes considerations que le Roy a fait representer en l'assemblée desdits Estats, par les Commissaires qui y ont assisté de sa part, font assez cognoistre à ses bons sujets de ses pays et Duché de Normandie, quelles et combien importantes sont les despences que sa Majesté a à supporter en l'année prochaine, à l'occasion desquelles il luy est impossible de diminuer aucune chose des sommes de deniers qu'elle a fait proposer ausdits Estats estre necessaires de lever en l'estendue de ladite Province pour y contribuer. Et neantmoins se peuvent asseurer sesdits subjets de la bien-veillance de sadite Majesté, et du soulagement qu'elle leur a tousjours fait esperer cessans les occasions desdites despences.

Les remonstrances susdictes ont esté veües, et respondües par le Roy estant en son Conseil à Lyon, le vingt-troisiéme jour de Decembre, l'an mil six cens.

Signé,   HENRY.

Et plus bas,   POTIER [1].

---

[1] A Rouen, Chez Mesgissier, Imprimeur du Roy, tenant sa boutique au haut des degrez du Palais, 1601. Avec privilege dudit Seigneur. — Réimprimé d'après l'exemplaire appartenant à M. Ch. Lormier.

ARTICLES

DE

REMONSTRANCES

Faictes en la Convention des Trois Estats

DE NORMANDIE

Tenue à Rouen, l'unziéme jour d'octobre, et autres
jours ensuyvans, mil six cents un.

Avec la Responce et Ordonnance sur ce faicte
par le Roy estant en son Conseil,

Tenu à Paris, le saiziéme jour de décembre, mil
six cents un.

AU ROY.

Et a Monseigneur le duc de Montpencier, *Pair de*
France, Gouverneur et Lieutenant general pour sa
Majesté, en ses pays et Duché de Normandie.

Et à Nossieurs les Commissaires depputez par sadite
Majesté, pour tenir l'assemblée des Estats de ceste Province
en ceste ville de Rouen, le unziesme jour d'Octobre, mil
six cens un.

Les Estats de Normandie en general assemblez, Supplient tres-humblement sa Majesté recevoir la recognois-

12

sance et fidelité que son peuple luy offre, veoir ses plaintes et dolleances, et leur apporter ce qu'elle jugera par sa prudence leur estre necessaire.

PREMIEREMENT.

I.

Lesdits Estats rendent graces à Dieu, du soin que sa divine providéce a toujours euë de ceste Monarchie : Et particulieremét de la personne du Roy, auquel pour comble de toute felicité et bonheur : elle a donné un enfant successeur de cest Estat, qu'il luy plaise tenir le Pere, et le Fils si long temps en prosperité et lôgue vie, que les Ayeul et petit Fils se puissent entre-voir heureusement regnant en ceste Monarchie. Aussi en recognoissance de tant de graces, qu'il plaist à Dieu luy faire journellement : Elle daigne ouvrir ses yeux de pitié et compassion, descharger les Ecclesiastiques de tant de decimes ordinaires et extraordinaires, exempter les Nobles de tous imposts, daces, et subcides, et soulager son peuple de tailles innumerables dont il est journellement accablé.

AU ROY.

Le Roy a jusques à present mis toute la peine qui luy a esté possible, de restablir entre tous ses subjects le repos et la tranquilité, et les retirer du trouble auquel il les a trouvez à son advenement à la Couronne, ce qui ne s'est peu faire sans des despenses extresmes : desquelles sa Majesté sortant peu à peu, elle a commencé à descharger son peuple d'une bonne partie de ce qui se levoit pour les despences de la guerre, et continuera à pourvoir à son soulagement le plus qu'il luy sera possible. Et pour le regard des Ecclesiastiques, et Gentils-hommes, sadite Majesté n'entend qu'ils soyent induëment travaillez au prejudice de leurs immunitez et privileges.

II.

SUPPLIENT tres-humblement les Ecclesiastiques sadite Majesté, les faire jouyr du contenu aux Contracts qu'ils ont faits avec les feuz Roys ses predecesseurs et elle, et leur donner declaration qu'aux subventions particulierement envoyez par les Villes, ils n'y seront comprins, les faisant jouyr de leurs privileges et immunitez.

AU ROY.

Sa Majesté veut que les Contracts faits entre les feuz Roys predecesseurs de sa Majesté et elle avec ceux dudit Clergé, soient observez et qu'ils demeurent en leur entier. Et pour le regard des taxes de la subvention, la levée s'en fait, pour suppleer au deffaut du revenu de l'impost, auquel lesdits Ecclesiastiques, comme tous ses subjects en general sont contribuables, et les abus commis au bail à ferme dudit impost cessans, Sadite Majesté fera quant et quant cesser ladite subvention.

III.

LA Noblesse remonstre tres-humblement à sadite Majesté, que comme elle a esté toujours prompte à l'execution des commandements de ses predecesseurs : ils les ont aussi ornez de beaux et notables privileges, desquels ils se voient despouillez par les imposts qui se prennent sur eux : bien qu'ils aient recentement exposé leurs vies et moyens, pour la manutention de cest Estat. A CES CAUSES, il plaise à sadite Majesté ordonner qu'ils seront deschargez generalle-mēt de tous imposts, daces, et subsides : et les recevoir au grenier à prendre le sel au prix du Marchand, afin de leur donner moyen de se pouvoir quelque peu remettre, et courage de la servir plus que jamais.

AU ROY.

Il ne se leve autres impositions que celles qui sont de tout temps establies, et celles aussi qui ont esté resoluës en l'assemblee de Rouen, et trouvees necessaires pour la conservation de l'Estat. Ausquelles sa Majesté mesme contribuë ainsi que ses subjects, lesquels elle pourra cy apres soulager dudit impost, à mesure qu'elle sortira des despences qui luy sont demeurees sur les bras apres la guerre. A quoy elle pourvoit peu à peu.

IV.

Sadite Majesté sera tres-humblement suppliee, avoir esgard aux grãds deniers que couste maintenãt le minot de sel, qui est monté à tel excez, qu'il n'y a personne de quelque qualité qu'il soit, qui ne se sente merveilleusement gené en ses biens, voire mesme en tels endroicts y a-il que le peuple est aussi travaillé du sel que de la taille. C'est pourquoy lesdits Estats supplient tres-humblement sadite Majesté, vouloir moderer le prix excessif d'iceluy, attendu le grand gain que fait l'Adjudicataire, et le petit prix qu'il couste en Broüage, isles d'Oleron, et Marennes.

AU ROY.

Les deniers qui proviẽnent du sel sont employez tant au payement des rentes constituees sur les gabelles, que des gaiges d'Officiers et autres charges de l'Estat : en sorte qu'il n'en revient que bien peu à sa Majesté.

V.

Et encores que par les ordonnances il soit expressément deffendu de vẽdre et distribuer aucun sel, qu'il n'ait posé au grenier le temps porté par icelles. Si est-ce pourtant qu'au mespris desdites ordonnances, et au degast et perte des denrees qui en sont sallées : il se vend aujourd'huy en quelques endroicts aussi tost qu'il est deschargé : Mesmes le sel d'Espagne qui n'est salubre au corps, ny de la qualité du bon sel. A CES CAUSES, il plaise à sadite Majesté, faire deffences ausdits Adjudicataires d'exposer en vente aucun sel, qu'il n'ait posé le temps de l'ordonnance, et que le port du sel d'Espagne soit entierement interdit.

Au Roy. Et sont les Commissaires d'advis qu'il ne soit baillé aucune dispence aux Adjudicataires du temps que doit reposer le sel, ny mesmes permettre qu'aucun sel d'Espagne soit exposé en vente.

Le Roy veut que le depost du sel se face comme les marchans Adjudicataires y sont tenus et obligez par leur contract : Et pour le regard du sel d'Espagne, sadite Majesté en a du tout interdit l'usage, et veut que les ordonnances pour ce faites soient soigneusement observees.

VI.

LESDITS Estats remonstrent tres-humblement à sadite Majesté, qu'elle auroit deffendu l'année derniere toutes recherches contre ceux qui n'auroient pris du sel au grenier, autant que vray semblablement il leur en falloit : neantmoins, un surnômé le Sueur, et autres, font encores les mesmes recherches, taxent, et emprisonnent les pauvres taillables, de telle sorte qu'il n'y a personne qui ose demeurer en sa maison. Qu'il luy plaise leur faire deffences de faire lesdites recherches, mettre à executions les roolles qu'ils disent porter, et qu'il sera informé des concussions et exactions par eux commises, ou leurs preposez.

Au Roy. Et sont neantmoins les Commissaires d'advis du contenu au present article, et que surceance soit faite de ladite levée, jusques à ce que par le Roy autrement en soit ordonné : Et que les comptes en soient rendus à la Chambre des Comptes de Normandie, et qu'il soit informé des concussions et exactions mentionnez audit article.

Sa Majesté dés l'annee derniere, ordonna qu'il ne se feroit aucune recherche des gabélles, que pour le temps du dernier bail d'icelles, et cesseroit pour le passé, ce qu'elle veut estre effectué, et où il se seroit fait quelque chose au contraire, veut qu'il en soit diligemment informé : et ceux qui auront passé outre les deffences, estre chastiez selon leurs fautes et malversations.

VII.

Qu'il luy plaise aussi ordonner qu'il sera informé, et dressé estat de tous et chacun les deniers des condamnations d'amendes, et restitutions de gabelle, qui ont été levez, ou plustost extorquez sous umbre ˓de Commissions depuis six ans, afin de luy faire veoir en combien de sortes de ruines son pauvre peuple, est travaillé journellement, pour estre puis apres les deniers restituez au peuple.

AU ROY.

Par le bail general desdites gabelles, il est ordonné du lieu ou se doit compter du fait desdites recherches, ainsi que du surplus de l'effet et execution dudit bail, ce qui sera suyvi et observé.

VIII.

Et d'autant que depuis un an l'on auroit ordonné que le sel seroit baillé par impost en quelques endroicts de ceste Province, faisant prendre à un pauvre homme plus de sel six fois qu'il ne luy en faut, et qui le plus souvent n'a que saller : ses moyens estans totallement espuisez par la rigueur des guerres. Il plaise à sadite Majesté revoquer cette pernicieuse forme de le bailler par impost, veu l'extréme pauvreté du peuple, ou l'exempter de la contribution des tailles, luy estant impossible payer et l'un et l'autre ensemble. A ceste fin revoquer toutes Commissions qu'elle auroit expediees pour le bailler par impost.

Au Roy. Et neantmoins sont les Commissaires d'advis, qu'il plaise à sa Majesté revoquer toutes Commissions qui ont esté pour ce expediées. Et cependant l'execution d'icelles surcise jusques à ce que les depputez ouys en son Conseil, autrement en ait ésté ordonné.

Sera expediee Commission pour informer des greniers esquels aura cy devant eu lieu ledit impost, et ouyr ceux qui y ont interest, pour estre du tout fait ample procez verbal, lequel sera rapporté au Conseil de sa Majesté. Et cependant sera mandé au Commissaire qui a charge de l'establissement dudit impost, de ne l'establir qu'au lieu où il a esté par le passé, et suivant l'ordonnance : et outre ce, qu'en l'establissant il apporte le plus de soulagement au peuple que faire ce pourra, mesmes de moderer iceluy impost, suivant les reglemens sur ce donnez.

IX.

LES nouvelles impositions mises sur le Vin, Sildre, Poirey, Bestial, vendu, ou non vendu, et autres sortes de marchandises aportent une telle ruine aux trois Estats de ceste Province, que l'Ecclesiastique se veoit rendu miserable et necessiteux par le moyen d'icelles, chargé d'ailleurs de grands Decymes tant ordinaires qu'extraordinaires. Le Noble ruiné de la longueur des guerres, despouillé de toutes ses franchises et libertez et tributaire à l'egal des plus pauvres taillables : Et le languissant tiers Estat, privé de tous moyens, asservy à payer lesdites nouvelles impositions, outre les grandes tailles qu'il porte journellement, lesquelles le devroient exempter de toutes sortes d'imposts et tributz : n'y ayant pays au monde ou l'on paye et l'un et l'autre en un mesme temps. A CES CAUSES, il plaise à sadite Majesté (attendu le dernier contract fait avec elle par le

Clergé, la franchise de la Noblesse, et le payement journellement fait par lesdits taillables de leur assis à taille,
revocquer lesdites nouvelles impositions comme dommageables au public, discontinuation entiere du trafficq, et
desolation de ses subjects.

*Au Roy. Et neantmoins sont les Commissaires d'advis qu'il ne soit
payé aucune chose pour le bestial qui ne se vend point, et qu'il ne soit
payé qu'en un seul endroit.*

*Le Roy depputera aucuns de son Conseil, pour veoir
tous les reglemens donnez pour la perception dudit impost, et ouyr les diverses plaintes qui se font pour ce
subject, afin d'y apporter les remedes necessaires.*

X.

LESDICTS Estats supplient tres-humblement sadite
Majesté, qu'il soit deffendu prendre aucun droict sur les
bestes passantes par la riviere de Thibouville, et autres
endroicts de la Province : attendu qu'il n'y a Bureau pour
ce estably, en attendant qu'il ait pleu à sa Majesté les
revocquer.

*Au Roy. Et neantmoins sont les Commissaires d'advis du contenu
au present article.*

*Sera mandé aux Tresoriers generaux des Finances,
faire estroitement observer ce qui a esté ordonné pour la
perception dudit impost : Et s'il y eschet quelque nouveau reglement, en sera donné advis aux susdits Commissaires, pour y estre pourveu.*

XI.

LES habitans des villes de la generalité de Caen, reçoivent
une telle et insuportable surcharge, de la subvention qu'il
a pleu à sadite Majesté demander aux villes, outre le prix
des adjudications du nouvel impost, qui se monte plus

trois fois en quelques villes, que le prix desdites adjudications : encores qu'en plusieurs desdites villes, ne se face aucun trafficq de marchandise, si ce n'est pour l'usage des communs Habitans d'icelles. POURQUOY, il luy plaise du tout revocquer lesdites subventions, côme chose totallement impossible, et insupportable ausdits Habitans : et se contenter du prix desdites adjudications precedentes, d'autant que lesdites adjudications ont esté solennellement faites sans aucune connivence, ou monopolle desdits Habitans, se rapportans de ce à l'honneur de ses Tresoriers generaux des Finances à Caen.

Au Roy. Et neantmoins sont les Commissaires d'advis que les Gouverneurs et Cappitaines des places, ne puissent prendre par eux ou personnes interposees le bail desdits imposts, sur peine d'estre degradez du tiltre de Noblesse.

Ladite subvention a esté levee cy devant, pour les abus qui se sont commis au bail à ferme de l'impost. Lesquels cessans, et ledit bail estant fait à sa juste valleur, et le Fermier en jouyssant, sadite Majesté fera cesser ladite subvention. Et cependant sont faites deffences à tous Gentils-hommes, Gouverneurs, ou Cappitaines des places de prendre ou faire prendre à ferme par personnes interposees le bail dudit impost, à peine d'estre degradez du tiltre de Noblesse.

XII.

REMONSTRENT tres-humblement lesdits Estats, que les particuliers de ceste ville ayans rentes à prendre tant sur la Recepte generalle qu'autres Receptes ne sont payez, et principallement de celles qui sont assignees sur les Traictes foraines, que pour le payement d'icelles le bail fait à un appellé Leon Luquain desdites impositions Foraines où il fait de grands profits, auroit esté verifié par toutes les Courts souveraines : Mesmes l'imposition de l'escu pour

tonneau de mer, et dix sols sur chacun muid de vin, qui
se leve en ceste Province, à condition que lesdites rentes
ne seroient aucunement recullez ny retranchez : et encores
que lesdites impositions se levent, qui montent à beaucoup
plus grandes sommes que les charges qui sont constituez
dessus, si est ce que lesdites rentes ne sont payees, au
grand prejudice desdits rentiers. La plupart d'iceux n'ayant
autre moyen de vivre. A CES CAUSES, il plaise à sadite
Majesté, ordonner que lesdits rentiers seront payez de
quartier en quartier.

*Au Roy. Et sont les Commissaires d'advis du contenu en cest
article.*

*Le Roy par chacun an ordonne, et fait estat l'acquit
desdites rentes, dont ceux de Normandie ont esté mieux
payez que nuls autres, les quatre quartiers de l'annee
leur ayant esté asseurez et assignez en aucunes annees, et
trois aux autres.*

XIII.

LES Marchans de la ville de Rouen, supplient tres-
humblemét sadite Majesté, que suivant l'Edit donné à
Bloys au mois de Fevrier, mil cinq cens soixante dix sept,
ils soient deschargez et exempts du payement des droicts
des Traictes Domaniales et Foraines pour les marchandises
qu'ils font transporter d'une ville à autre dans son
Royaume, ainsi que les Marchands de la ville de Lyon,
qui faisans transporter leurs marchandises de leur ville en
autres, ne sont abstraincts au payement desdicts droicts.

AU ROY.

*Sa Majesté avant que d'ordonner du contenu en cest
article, veut ouyr sur iceluy le Fermier desdites
Traictes, et veoir les lettres obtenuës par ceux de Lyon,*

pour apres pourveoir aux supplians ainsi qu'il appar-
tiendra.

XIV.

Qu'il plaise à sadite Majesté revocquer les imposts d'un
escu pour tonneau de marchādises venant par mer, et
trente sols pour tonneau de vin apporté en ceste ville : à
cause que les deniers pour lesquels lesdits imposts ont esté
erigez sont receuz et levez, et d'avantage comme il est
recongneu et facile à justifier.

Au Roy. Et sont les Commissaires d'advis que verification soit
faite de la levee desdits deniers, par les Tresoriers generaux de
France.

Sa Majesté fera verifier ce qui a esté receu dudit im-
post, dont elle fera cesser la levee, aussitost que les trente
mil escus affectez aux Suisses auront esté acquittez.

XV.

Supplient tres-humblement lesdits Estats, qu'il luy plaise
revocquer certain Edit envoyé en la Court des aydes pour
estre verifié, contenant imposition d'un sol pour livre, de
toutes et chacunes les Toilles qui seroient enlevees hors le
Royaume, d'autant que ledit Edit auroit esté trouvé telle-
mét dommageable et pernicieux au publicq, que le Roy
deffunct l'auroit revocqué : mesmes rejecté seize mil escus
de rente qui avoient esté cōtinuez sur iceluy sur la Recepte
generalle. Et que lesdites Toilles de toutes sortes, sont
contenuës en la Pancarte du sol pour livre. Au lieu de
laquelle, la Normandie paye les nouvelles impositions,
tellement que si ledit Edit avoit lieu ladite Province de
Normandie payeroit deux fois l'impost d'une mesme chose:
aussi qu'il ne s'enleveroit plus aucunes Toilles de ceste
Province, qui seroit occasion d'en faire cesser la manufacture, et de divertir du tout le traffic d'icelle, et par ce

moyen rēdre ses subjects à une extresme pauvreté et necessité. Outre mesme que sadite Majesté, souffriroit une grande
diminution en ses autres droicts, beaucoup plus grande que
ne se pourroit monter le sol pour livre.

AU ROY.

*Le Roy pour aucunes bonnes considerations, veut que
ledit Edit ait lieu.*

XVI.

Qu'il plaise à sadite Majesté enjoindre aux Juges faire
observer les ordonnances de Moulins, pour les taux des
vivres des Hostelleries : Et que les Juges ordonnez pour la
police, seront tenus appeler les Eschevins et Bourgeois des
villes.

*Au Roy. Et sont les Commissaires d'advis du contenu au present
article.*

Accordé suivant les ordonnances.

XVII.

Sadite Majesté sera tres-humblement suppliee supprimer
par mort tous les Estats supernumeraires, tant de Judicature, que de Finances, creez depuis trente ans, comme
estans à la charge et oppression du peuple : et ordonner
qu'il n'y aura des à present que deux esleuz en chacune
Eslection, d'autant que la multiplicité d'iceux apporte la
ruine entiere au peuple et le retardement aux deniers de
ses tailles et non valleur d'icelles, pour les descharges que
chacun d'iceux fait d'un grand nombre de parroisses, en
foullant et oppressant extraordinairement les autres : et
que le remboursement de ceux qu'il plaira à sadite Majesté
supprimer, soit prins des deniers provenans de la levee qui
se fait annuellemēt, pour le remboursement des Officiers
supernumeraires.

Au Roy. Et neantmoins sont les Commissaires d'advis, que la levee de deniers qui se fait annuellement pour le remboursement des Officiers supprimez, soit convertie au remboursement desdits Esleuz.

Le Roy eust eu agreable que ce qu'il a remis en la presente annee de la grande crüe à ses subjects de ladite Province, eust esté en partie employé au remboursement des Esleuz, et autres Officiers supernumeraires d'icelle, au deffaut de ce, s'offrant d'autres moyens pour le remboursement desdits Officiers, elle trouvera bon que la suppression d'iceux se face, comme il est requis.

XVIII.

Et, d'autant qu'il s'execute une Cõmission extraordinaire en la forest de Lyons, et autres endroicts de ceste Province où le peuple est extrememét travaillé, par toutes sortes d'executions et contrainctes, que l'on fait pour le recouvrement de quelques deniers taxez sur ceux qui ont achapté et fieffé des terres, il y a trente ans, sous pretexte de quelque information qu'on dit avoir esté faite. Il plaise à sadite Majesté ordonner qu'il sera informé des concussions et exactions commises par les Receveurs, commis et preposez.

Au Roy. Et sont les Commissaires d'advis, qu'il soit informé des concussions et exactions tant contre le Receveur, qu'autres qui les pourroient avoir commises.

Sera mandé au sieur de la Court, premier President du Parlement de Rouen, de faire depputer ou envoyer par la Chambre establie pour la reformation des Forests audit Parlement, l'un des Commissaires d'icelle sur les lieux, pour recognoistre les plainctes des concussions et exactions mentionnees en cest article, et y pourvoir.

XIX.

Sera pareillemét suppliée sadite Majesté, qu'il soit

informé des concussions et exactions qu'ont faites aucuns
Huissiers en ceste Province, pour faire sortir le payement
de certaines taxes, portees par un surnommé Jacquart et
Coignard : et que aucunes Commissions ne seront doresnavant executees, qu'elles n'ayent esté verifiees aux Courts
souveraines, où l'adresse s'en devra faire, et enregistrez aux
Greffes des Bailliages, dans lesquels l'execution en sera
requise, pour éviter aux inconveniẽs qui en pourroient
arriver, à faute de cognoistre lesdits Commissaires et leurs
qualitez.

*Au Roy. Et sont les Commissaires d'advis du contenu en cest article,
et qu'il n'y ait interdiction aux Juges ausquels la cognoissance en appartient.*

*S'il y a aucunes plainctes desdites concussions, baillant
par escript le subject et merite d'icelles, y sera pourveu
par sadite Majesté.*

XX.

Que doresnavant les Receveurs de l'Arriereban seront
nommez alternativement de chacune Viconté du Baillage,
où la nomination s'en fera.

AU ROY.

Accordé.

XXI.

Reiterent lesdits Estats la mesme supplication qu'ils
firent à sadite Majesté, en l'annee quatre vingts et quinze,
pour le restablissemét des Juridictions Royalles en la ville
d'Arques, comme lieu plus ancien, et trouvé commode aux
Ecclesiastiques, Nobles, et pauvre tiers Estat, qui sont
contraincts du milieu des enclaves de la Juridiction dudit
Arques, recourir aux extremitez d'icelle : aux fauxbourgs
de la ville de Dieppe, où ils sont en necessité de coucher le
jour de leur assignation, pour la longitude du lieu qui

apporte de grands frais à un chacun, au lieu qu'auparavant leur cause estant expediee, le mesme jour ils s'en
retournoient en leurs maisons. A CES CAUSES, lesdits Estats
supplient tres-humblement sadite Majesté, en côsideration
des grands frais, peines et travaux qu'ils ont, d'aller et
venir audit lieu de Dieppe, et de la perte que sadite Majesté,
souffre annuellemét de ses quatriémes, hallages, et travers,
montans plus de huict cens escus, vouloir remettre lesdites
Juridictions audit lieu d'Arques.

AU ROY.

*Il y a procez pendant à present au Conseil, jugeant
lequel sera pourveu aux supplians, selon que le service
de sa Majesté et le soulagement de ses subjects le
requerront.*

XXII.

SADITE Majesté sera suppliée maintenir le pauvre tiers
Estat en l'usage des petits Cachets de la Court des Aydes,
pour les petites expeditions qui s'obtiennent en icelle, contre
la revocation que l'on a voulu faire d'iceux, pour la ruine
qu'il s'offriroit, s'il estoit contraint de recourir au seau de
la Chancellerie.

AU ROY.

Sera fait un reglement sur ce.

XXIII.

QU'IL plaise à sadite Majesté, revocquer le doublement
des petits sceaux du parisis, et les imposts et presentations
sur les Greffes, en consequence desquels, et autres droicts
perceptibles audits Greffes, le pauvre peuple ne peut
poursuivre la Justice, et pour ce demeure accablé d'affaires,

et le bien de la Justice indirectemét empesché, ou inutillement distribué.

AU ROY.

Lesdites charges et droicts ayans esté vendues hereditairement, sa Majesté ne les peut revocquer sans remboursement.

XXIV.

REMONSTRENT lesdits Estats, que les Cedulles et Mandemens du departement, tant du sort principal de la taille, que des cruës extraordinaires sont faites et dressez par les Greffiers de chacune Eslection, et baillez aux Sergens hereditaux, qui les portent chacun en leur Sergenteries sans frais, y estans tenus et obligez. Neantmoins sadite Majesté, par ses lettres patentes du septiéme jour d'Aoust, de l'annee mil six cens, auroit voulu levee estre faite sur chacune parroisse, de la somme de quarante sols parisis pour le port des Commissiõs du principal de la taille, et cruës y annexée, avec dix sols parisis pour le port des Commissions de chacune cruë, qu'elle auroit voulu estre cueillis aux quatre quartiers de l'annee : Et d'autant, comme dit est, que lesdits Sergens hereditaux à cause de leursdites Sergenteries, sont tenus et subjects aux ports desdits mandemens, IL PLAISE à sadite Majesté, suprimer et revocquer ledit Edit, comme estant à la ruine de son pauvre peuple.

Au Roy. Et neantmoins sont les Commissaires d'advis du contenu en cest article : et surceance evocquee à ce que les depputez ayent esté ouys par sa Majesté.

Il y a eu sur ce arrest, lequel doit avoir lieu : Et toutesfois faisant apparoir par les supplians, que lesdits Sergens fieffez doyvent faire lesdits ports et semonces à leurs frais et despens, sans qu'il en couste rien aux subjects de sa Majesté, leur sera pourveu ainsi que de raison.

XXV.

Lesdicts des trois Estats, Supplient tres-humblement sa Majesté, ne vouloir continuer la Commission qu'elle a cy-devant dōnee pour un an, de l'estat qu'avoit exercé le feu sieur de Suresne : en consequence de la suppressiō dudit estat, de nagueres faite à la supplication desdits Estats. Lesquels se contentent du nombre des Visbaillifs, estant ladite Commission innutille, et à la foulle et charge du peuple.

AU ROY.

Le Roy veut et ordonne que le sieur du Roollet conti-nue de faire la charge de Prevost en la prochaine annee, comme il a fait en la presente, conformément à la Com-mission qu'il en a eue de sadite Majesté.

XXVI.

Qu'il plaise à sadite Majesté considerer que les plus pauvres et indignes sont les Matelots et Mariniers des ports et havres de Normandie, vivans seullement d'un certain petit gaing qu'ils peuvent faire, au peril de leurs vies, chacun jour en la pesche des poissons sous les Maistres des basteaux : n'ayans autre moyen ny vaccation que ladite navigation, dont ils payent leurs tailles et autres subcides. Ce neantmoins un surnommé Joret dit le fin Homme, sous umbre de deux Batteaux qu'il dit avoir perdu en la recherche de certaines pierres rocqualeuses, pour l'embel-lissement des fontaines de sadite Majesté, auroit obtenu arrest au Cōseil d'une nouvelle erection d'Hoste et Vendeur de poisson aux ports, de port en Bessin, et saincte Morine, pour avoir droict de prendre un sol pour livre de tous et chacuns les Poissons, qui seront par luy vendus ou ses

13

commis, aux ports et havres desdits lieux, au grand
prejudice et ruine desdits pauvres Mathelots, qui se voyans
chargez dudit impost, se retireront en autres endroicts où
ledit droict ne se percevra. A CES CAUSES, afin que le pays
demeure habité, et que lesdites tailles soient payees comme
l'ordinaire, il plaise à sadite Majesté, casser et adnuller
ledit Arrest, comme contenant l'erection d'un estat si
ruineux et dommageable au public.

*Au Roy. Et neantmoins sont les Commissaires d'advis, de la revo-
cation dudit Joret.*

*Le sieur de Maupeou, Conseiller au Conseil d'Estat du
Roy, et intendant de ses Finances, est commis par sa
Majesté, pour liquider la recompense qui eschet audit
Joret pour la perte pretenduë de ses Basteaux. Laquelle
liquidation faite sera pourveu sur le present article,
ainsi que sadite Majesté verra estre de raison.*

XXVII.

QU'IL soit permis à un chacun prédre des chevaux de
loüage pour les rendre quittes à Paris, et autres endroicts,
sans qu'ils soient tenus en prendre au relais, si ce n'est de
leur volonté, pour les incommoditez que l'on y reçoit.

AU ROY.

*Il y a reiglement sur ce fait par sa Majesté, lequel
entend avoir lieu, et estre effectué.*

XXVIII.

QU'IL plaise à sadite Majesté, revocquer certain Edit
envoyé en la Court des Aides pour estre verifié, contenant
augmentation de douze deniers pour minot de sel : pour le
remboursemẽt des Lieutenans des greniers à sel, ou des
porteurs des quittances desdites Offices.

AU ROY.

Le Roy a desja fait entier estat desdits deniers, et les a affectez à son acquit et descharge envers les Suisses, et au remboursement desdits Lieutenans, pour le soulagement du peuple.

XXIX.

Qu'il plaise à sadite Majesté avoir esgard, qu'outre les ruynes qui ont esté cy devant faites au pont et passage du Pont de l'Arche, tout de nouveau la grande Arche dudit Pont proche du Chasteau, en laquelle passent les basteaux, allans de Rouen à Paris, menasse grande ruine. Mesme un grand pan de muraille despendant dudit Chasteau tombe à veuë d'œil, la ruine de laquelle bouchera la grand Arche : tellement que le passage de la riviere seroit aussi biē inutille que celuy dudit Pont. Et par consequent le traffic par eauë seroit empesché s'il n'estoit promptement, et en diligence remedié à ladite ruine. Pour à quoy parvenir, sadite Majesté sera suppliée d'accorder la levée de la somme de quatre mil escus sur les contribuables à la taille de la generalité de Rouen, en deux annees sans tirer à consequéce. Et outre qu'il plaise à sadite Majesté ordóner que les deniers provenãs du passage des batteaux qui passent les personnes au dessus dudit Pont (dont n'est fait aucun estat au profit de sadite Majesté) seront pris pour aider à la refection dudit Pont en diminution dé ladite levée : et que tous lesdits deniers seront mis és mains du Receveur des tailles de ladite Eslection de Rouen, pour estre employez suivant qu'il sera ordonné par les sieurs Commissaires, depputez par sadite Majesté, pour bailler au rabais la redification dudit Pont et passage.

AU ROY.

Le Roy veut qu'il soit prins quinze cens escus en l'annee

prochaine, des deniers affectez aux reparations et forti-
fications de Normandie, et autant en la subsequente pour
employer à la refection dudit Pont. Et outre ce, sera
fait estat des deniers qui se tirent des bacs et passages qui
servent sur la riviere au lieu dudit Pont, pour estre
employez à mesme effect, dont le maniement et des autres
susdits se fera ainsi qu'il sera ordonné par sadite Majesté:
Elle envoyra cependant sur les lieux pour visiter lesdites
reparations, et ce qui est de plus important et pressé pour
y faire travailler.

XXX.

Lesdicts Estats supplient de rechef sadite Majesté vouloir revocquer l'impost du pied Fourché, qui se perçoit en
la ville de Caen, de cinq sols pour Bœuf, deux sols six
deniers pour Vache, trois blancs pour Mouton. Attendu
le dommage et ruine que telle imposition apporte au
public.

AU ROY.

Sa Majesté a cy devant declaré ne pouvoir revoquer
ledit subcide pour avoir esté par elle accordé aux habi-
tans de la ville de Caen, pour beaucoup de grandes et
legitimes considerations : Veut neantmoins et entend que
dans trois mois, iceux habitans presentent au Conseil de
sadite Majesté, l'Estat de ce qui est provenu dudit
subcide, et l'employ qui en a esté fait, afin qu'il ne soit
diverty à autres effects qu'à ceux ausquels elle l'a
ordonné.

Pour le regard du tiers Estat, Sire : Il ne sçauroit plus
que vous offrir, vostre Majesté l'a refusé, prendre tous ses
biens pour les annexer à son Domaine, et laisser son
pauvre corps en liberté. Neantmoins de rechef, il recourt
devers elle, la prie, la supplie avec toutes les submissions et

humilitez qu'elle sçauroit desirer, accepter son offre, il se contentera vivre de son travail, de ses veilles et de sa peine: il ne sçauroit plus supporter les surcharges incroyables des tailles, des aides, des subcides, des impositions nouvelles, des gabelles, des daces de toutes sortes, des recherches d'une infinité de Commissions extraordinaires, et de mille et mille sortes dont il est journellement travaillé, son corps si long temps detenu en prison pour le payement d'icelles est par trop affoibly et languissant, il ne luy reste plus que le courage de la servir avec ses debiles forces, et l'esperance qu'il s'est tousjours promise de la bonté, de la bien-veillance, de l'amour paternelle envers luy : de laquelle si souvent sa Majesté l'a asseuré : il s'est efforcé jusques icy avec la culture de la terre, et des autres mannes que Dieu verse en Normandie, avec les nourritures de bestiaux, et manufactures de plusieurs sortes de marchandises, payer et satisfaire sa Majesté de ses tailles : Mais aujourd'huy tout luy defaut, et semble que les saisons réversees ayent seulles entierement destourné l'abondance que l'on voyoit estre toute certaine. Car ceste annee il y a eu si peu de bledz et de fruicts qu'ils ne suffiront pour passer la moitié de l'annee: Joinct que le peuple ne peut plus faire argent de ses thoilles cõme auparavãt, et les nouvelles impositions qui consomment tout le profit des bestiaux et nourritures qu'ils vendent pour payer leurs tailles, qui est occasion que le pauvre peuple auroit suject de supplier sa Majesté, les vouloir entierement descharger des grandes demandes qu'elle luy fait. Toutesfois mettant en cõsideration les charges qu'elle a à supporter l'annee prochaine, lesdits Estats luy font offre des sommes qui ensuivent.

ASSAVOIR.

Pour le principal de la taille, deux cens cinquante quatre mil six cens quarante six escus unze sols.

Pour les reparations et fortifications des Chasteaux et fortes places du pays, quatre mil soixante unze escus vingt sols.

Pour le taillon, vingt sept mil cinq cens quatorze escus vingt quatre sols.

Pour les gages des Visbalifs, sept mil six cens cinquante cinq escus vingt cinq sols.

Pour les gages des Postes, mil escus.

Pour les taxations des sieurs Commissaires des Estats, unze cens soixante six escus quarante sols.

Pour les taxations des sieurs depputez desdits Estats, neuf cens quarante six escus.

Pour les frais et affaires communs du pays, mil escus.

Montans toutes lesdites parties, à la somme de trois cens mil escus.

De laquelle lesdits Estats supplient tres-humblement sa Majesté, se vouloir contenter : et au surplus avoir les habitans dudit pays, en bonne et singuliere recommandation.

Faict en la convention generalle des Estats du pays de Normandie tenus à Rouen, l'unziéme jour d'Octobre, et autres jours ensuivans mil six cens et un.

Signé,   THOMAS.

Les Cõmissaires tenãs la presente convẽtion, ayans veu la responce que les depputez des Estats ont faite à la proposition et demande à eux faite de la part du Roy, par laquelle accordent seullemét luy payer pour l'annee prochaine mil six cens et deux, la somme de deux cens cinquante quatre mil six cens quarãte six escus unze sols, pour le principal de la taille avec le taillon, et deniers ordinaires accoustumés d'estre levez chacun an sur ledit pays. Apres que lesdits Commissaires ont sur ce fait ausdits depputez plusieurs remonstrances, requises et necessaires pour le service de sa Majesté : Et que sur icelles (s'estans rassemblez pour y adviser) ils ont dit ne pouvoir faire plus grandes offres à cause de leur impuissance et extréme pauvreté. Iceux Commissaires pour ne bailler le service de sadite Majesté en arriere, ont ordonné que par provision departement et assiette sera actuellemét faite de toutes les sommes de deniers par elle demãdees et contenuës es lettres patẽtes de Commission pour ce expediees selon la forme portee par icelles : et que neantmoins la levee en sera surcise jusques à six sepmaines, par lequel temps se retireront lesdits deleguez pardevers sadite Majesté, pour entendre sur ce sa volonté. Ce qui a esté prononcé publiquement ausdits deleguez en l'assemblee desdits Estats. Fait à Rouen par les Commissaires du Roy tenant la convention desdits Estats, le quinziesme jour d'Octobre mil six cens et un.

Signé,   Par lesdits sieurs Commissaires,

LIGEART.

Le Roy a fait representer par ses Commissaires en l'assemblee des supplians, les justes occasions quelle a de leur demander les sommes dont il a besoin qu'ils le secourent en la prochaine annee, de la levee entiere desquelles sa Majesté, ne se peut passer. Elle espere neantmoins que cy apres estant deschargee de tant de despences extraodinaires qu'il luy a fallu faire pour le bien de cest Estat, et la conservation d'iceluy, elle fera congnoistre ausdits supplians qu'elle n'a rien en plus grand desir et recommandation que leur repos et soulagement.

Les presentes remonstrances ont esté veuës et responduës par le Roy estant en son Conseil, à Paris, le saiziesme
jour de Decembre, mil six cens ung.

Signé,   HENRY.

Et plus bas,   Potier [1].

[1] A Rouen, de l'imprimerie de Martin le Mesgissier, Imprimeur
ordinaire du Roy, tenant sa boutique au haut des degrez du Palais,
1602. Avec privilège dudit Seigneur. Réimprimé d'après l'exemplaire
appartenant à M. Ch. Lormier.

DOCUMENTS

CONCERNANT

LES

ÉTATS DE NORMANDIE

———

Au début du règne de Henri IV, la Normandie se trouvait divisée en deux grands partis : les Royalistes et les Ligueurs, ayant l'un et l'autre à leur disposition des armées et des corps judiciaires. L'administration antérieure subsistait; mais elle s'était partagée en deux branches, dont chacune s'attribuait le pouvoir exclusivement à l'autre. Le parti royaliste dominait à Caen, où se trouvaient son principal siège et ses principaux appuis. La ville de Rouen appartenait aux Ligueurs qui s'étaient hâtés de s'en rendre maîtres et qui en conservèrent la possession, malgré tous les efforts de Henri IV. Ces deux partis faisaient appel à l'opinion publique, sans laquelle il n'y a point de force réelle. Il y eut, du côté de la Ligue, une convocation d'Etats provinciaux, laquelle vraisemblablement resta sans effet, et une participation directe aux Etats généraux de 1593. Il y eut, pour les Royalistes, deux convocations d'Etats provinciaux : l'une au mois d'avril de 1589 (le Cahier ne paraît pas en avoir été conservé), l'autre au mois de novembre 1593. C'est, comme on l'a vu, par le Cahier de cette dernière assemblée que commence ce volume.

Nous donnons ici quelques documents relatifs à ces réunions ou projets de réunion.

ÉTATS DE NOVEMBRE 1589.

I.

EXTRAIT DES REGISTRES DE L'HÔTEL-DE-VILLE DE ROUEN.

« Du 27e jour de nov., en l'Assemblée générale de ceste ville et bailliage de Rouen, tenue, en la forme accoustumée, en la grand salle de l'Hostel, par nous Richard Guérard, conseiller au siége présidial, exerceant la juridiction pour l'absence de monsieur le bailly de Rouen et de ses lieutenants (1), lecture faicte des lettres de Mgr le duc de Mayenne à nous addressantes, données à Paris le 8e de ce présent, pour la convocation des Estats de ceste province de Normandie, termés à tenir en ceste dicte ville au dernier jour de ce présent mois, les ecclésiastiques et nobles de ceste ville et bailliage, autres bourgeois d'icelle, avec les conseillers du Bureau et le conseil des 24, et néaulmoins la non-comparence des députés du tiers estat des quatre

(1) Guérard admis, par l'hôtel-de-ville, à la présidence, non comme conseiller présidial, mais comme exerçant la juridiction du bailliage pour l'absence de Me Jacques Cavelier, lieutenant général civil, conformément à un arrêt du parlement du 13 nov. 1589, rapporté au registre des délibérations de l'hôtel-de-ville.

vicomtés du bailliage, ont choisy, et nommé, c'est asçavoir :
pour l'estat ecclésiastique, noble et discrette personne
Me (Jehan) Dardrey, chanoyne et pénitencier en l'église
cathédral Notre Dame de Rouen ; pour l'estat de noblesse,
messire Guill. de Vipart, sᵣ et baron de Silly, et, pour conseillers de lad. ville, nobles hommes Guill. Colombel et
Michel Herembourg, ausquelz a esté donné pouvoir, puissance et authorité d'assister, avec les autres déléguez des
trois Estats des autres bailliages dud. pays, en la convention
assemblée générale d'iceulx, pour oyr et entendre ce qui
leur sera proposé, requis et demandé par MM. les Commissaires députés à tenir lesd. Estats et sur la demande
accorder, contredire, accepter, requérir, poursuivre et demander ce qu'ilz adviseront estre nécessaire, utile et proufitable aux habitans dud. pays, avec les autres déléguéz d'i-
cellui, et généralement de faire et négotier ce qu'ilz verront
bien estre pour la conservation des dicte ville et bailliage.
MM. Laillet, procureur de la Couronne en bailliage ;
Dupont, Colombel, Le Pigny, Herembourg, conseillers
modernes ; Me Michel de Mouchy, conseiller en la court,
chanoine en l'église Notre Dame, grand vicaire de Mgr le
cardinal, Me Françoys Guernier, chanoine et promoteur,
Me Le Fèvre, chanoine, députez du chapitre (1) ; Me Etienne
Sanson, chanoine, curé de S. Laurens, Monsᵣ de Cormeilles
Tendos, le cappitaine Valdory, le cappitaine Hermen, le
cappitaine Véron, etc. (2). »

(1) Les chanoines indiqués dans cet acte s'étaient présentés à l'hôtel-
de-ville, en vertu de cette délibération capitulaire, du 26 nov. : « Ordonné que, suivant qu'il est accoustumé, les Sᵣˢ *ad beneficia confe-
renda*, tant de la sepmaine passée que de cette présente, se trouveront
ce jourd'huy, deux heures aprez midy, à l'hostel commun de cette
ville, touchant les Estats, ainsy que le procureur d'icelle a faict entendre présentement. » Arch. de la S.-Inf., *Registres capitulaires*.
(2) Arch. de la ville de Rouen, *Reg. des délibérations*.

Nous pensons que l'assemblée des Etats pour laquelle se fit cette élection n'eut pas lieu. La non-comparence des députés des 4 vicomtés du bailliage de Rouen à l'hôtel-de-ville donne à penser qu'aucun député n'avait eu le moyen de venir à Rouen des autres vicomtés de la Normandie.

ÉTATS D'AVRIL 1590.

I.

NOTES DU PRÉSIDENT CLAUDE GROULART.

« Les Estas se devoyent tenir dans l'année 1589, et en fust dépesché la commission au camp à Arques pour les tenir, au 15 novembre audit an, en la ville de Caen, à cause de la rébellion et félonnie de Rouan, et en furent les lettres particulières envoyées en plusieurs endrois. Mais d'autant que la plus part des villes de Normandie estoient en la puissance de la Ligue et fausse Union, encor qu'on eust député des personnes pour s'i trouver, S. M. les différa par des lettres-patentes données au camp du Mans en novembre, et voulut qu'ils fussent assignés pour le 10 avril ensuivant, et qu'on procédast à Dieppe pour Caux, au Pontaudemer pour Rouan, à St-Lo pour Costentin, à Andeli pour Gisors, à l'élection d'un ecclésiastique et noble pour chacun bailliage, d'autant que les autres lieus, où l'on avoit de tout temps accoustumé de procéder à l'élection, estoient ou en la puissance des ennemis, ou n'estoient de seur accès à cause des troubles et des gens de guerre qui pilloyent de tous costés. Au patent estoient nommés pour

Commissaires Monsieur de Montpensier (1), gouverneur, Messieurs Groulart, premier président, La Vérune, lieutenant général au bailliage de Caen, St-Cyr, maître des Requestes, la Fonteine-Romé, second président en la chambre des Comptes, Languetot, conseiller au Grand Conseil, Plaimbos, La Barre, Montmor et Novince, thrésoriers généraus à Rouan et Caen, Vauquelin, advocat du Roy en la court de Parlement, Vauquelin, lieutenant général du bailly de Caen, Servian, Bernières et Morand, receveurs généraux à Rouan et Caen, et Lamoureus pour greffier (2).

Tous les dits commissaires se trouvèrent à Caen au jour assigné, excepté le sr de Plaimbos qui estoit décédé depuis l'expédition de la commission, La Barre et Servian, l'ung desquels estoit à Dieppe et l'autre à Calais, et Bernières, qui ne s'y voulust trouver.

Est à noter qu'aus années précédentes, parmi les Commissaires estoient les srs de Carrouges, Tillières, Lizore, second président en la court, Mauteville, premier président en la Chambre des Comptes, La Porte, procureur général de la dicte court, et Ligeart (3) pour greffier, desquels les srs de

(1) François de Bourbon, pair de France, duc de Montpensier, de Châtellerault et de S. Fargeau, nommé gouverneur de Normandie en remplacement du duc d'Epernon, 26 mai 1588.

(2) Ces noms sont ainsi complétés par M. le vicomte Rob. d'Estaintot : Gaspard de Pelet, sieur de la Vérune, gouverneur de Caen ; Jean-Jacques Romé, sieur de la Fontaine, président en la Chambre des Comptes ; Le Prevost, sieur de S. Cyr, maître des Requêtes ; Louis Bretel, sieur de Lanquetot, conseiller au Grand Conseil ; Antoine Regnault, sieur de Montmor, président au Bureau des finances ; Pierre Novince, sieur d'Aubigny, trésorier général ; Jérôme Vauquelin, sieur de Meheudin, avocat général au Parlement ; Jean Vauquelin, sieur de la Fresnaye, lieutenant général au bailliage de Caen ; Thomas Morant, receveur général des finances en la Généralité de Rouen. *La Ligue en Normandie*, p. 117.

(3) André Ligeart, greffier des Etats dès 1588, conserva cette

Tillières et La Porte tenoient le parti de la maudite Ligue :
le sʳ de Carouges n'estoit remis encor en sa charge, et Mauteville, lors de l'expédition des lettres, estoit retiré au Havre,
et Ligeart à Rouan; et au lieu des dits sʳˢ de Tillières estoit
La Verune; de Lizore, St-Cyr; de Mauteville, La Fonteine;
de La Porte, Vauquelin, advocat général, et de Ligeart, le
dit Lamoureus.

Il se trouva quelques difficultés, la journée de la Proposition, qui se fist le onziesme avril au couvent des Carmes,
pour le fait des députés, qui furent terminées à la façon
accoustumée. Le plus grand fust pour la séance de mons. de
Beuveron, député pour la noblesse du bailliage de Caen,
et de Campigny pour celuy de Rouan, d'autant que l'ung
maintenoit que, comme pour la rébellion de la ville de
Rouan, elle avoit perdu sa prérogative de tenir les Estas,
pareillement ils devoient perdre la préséance, l'autre, au
contraire, que si Rouan avoit forfait, tout le bailliage n'avoit
commis la faute, et spécialement la noblesse ; que ce seroit
apporter confusion générale à ce qui avoit esté réglé de tout
temps, qui s'observoit mesme aux Estas généraus de la
France. Et suivant ce fust jugé que chacun demeureroit à
sa séance ordinaire, attendu que ce n'est chose qui soit attachée à ung lieu que d'y tenir les Estas, et que, s'il plaisoit
au Roy, on les pourroit tenir à Evreus et autres lieus des
bailliages sans que cela fist changer les séances.

D'autant qu'il y avoit deffaut des députés de la noblesse
pour Caux et Gisors, les Commissaires autorisèrent les députés de nommer deus gentilshommes qui eussent biens au
païs, ce qu'ils firent. Il y eust autre difficulté entre les deus
ecclésiastiques de Cotentin ; mais celuy qui estoit esleu à St-
Lo fust rejeté, d'autant qu'il estoit moyne régulier, et qu'il

charge jusqu'en 1611. Il fut alors remplacé par J.-B. Langlois, qui
décéda en 1615.

n'estoit besoing qu'ils se meslassent des affaires séculières, encor que quelquefoys on en aye veu parmi les députés des Estas.

Monsieur de Montpensier vouloit, comme prince, avoir ung dès et ung siège fort haut eslevé et séparé d'avec nous; mais on luy remontra que ce n'estoit la coutume, et qu'encor qu'il y eust eu autrefoys des princes du sang gouverneurs de la province, qu'ils ne s'estoient séparez, d'autant que c'estoient tous Commissaires, qui ordonnoient également; toutes foys, que pour estre ung peu plus haut, qu'il le fust, ce qu'ainsi fut arresté.

Pour ce que de Bournes, thrésorier des Estas, estoit ligueur et rebelle (1), il se fist élection d'ung autre, et choisirent David Doublet, mon secrétaire. Le samedi quatorzième, fust faite la response par l'aumônier de mons. de Montpensier qui avoit esté député pour le clergé de Caen. »

II.

NOMS DES DÉPUTÉS AUX ÉTATS.

Les noms de ces députés, ainsi que les sommes qui leur furent allouées, sont indiqués dans un état de Doublet, receveur des Etats. Ce document, conservé aux archives du

(1) Michel De Bornes, trésorier des Etats dès avant 1582, adhéra au parti de la Ligue, et fit même partie, comme l'un des quatre du tiers Etat, du Conseil de l'Union établi à Rouen, le 4 mars 1589. — Il fut confirmé dans son emploi de trésorier des Etats par lettres de Henri IV du 25 fév. 1595, conformément à l'édit sur la réduction de la ville de Rouen et nonobstant l'opposition de David Doublet, nommé à cette charge par les Etats de Caen, le 11 avril 1590 (Arch. de la S.-Inf., *Bur. des finances*). Cependant, à la mort de De Bornes, arrivée en 1599, Doublet lui succéda; il obtint même commission du Bureau des finances dès le 24 nov. 1599, « en attendant la prochaine convention des Etats ».

Calvados, a été analysé par M. le Vte Rob. d'Estaintot dans
son volume intitulé *la Ligue en Normandie*.

Bailliage de Rouen. Pour le clergé, M. Emery Le
Nepveu, s^r de Fatouville, curé de S^e-Oportune, 15 écus,
40 s.; pour la noblesse, noble homme Ch. de Malortye,
s^r de Champigny, 30 écus ; pour le tiers Etat de la vicomté
de Rouen, honorable homme Jeh. Dupuys, 15 écus; pour
le t. e. de la vic. d'Auge, h. h. Robert Le Breton, 18 écus.

Baill. de Caux. Pour la noblesse, Jeh. de S. Germain,
s^r de Selles, 36 écus.

Baill. de Caen. Pour le clergé, M. Guill. Labbé, licencié
aux droits, doyen et curé de Falaise, 20 écus ; pour la no-
blesse, M. P. de Harcourt, chevalier de l'ordre, baron de
Beuvron, 28 écus ; pour le t. e. de la vic. de Caen, Guill.
Angot, 28 écus ; pour le t. e. de la vic. de Falaise, N^as Le
Sassier, 20 écus ; pour le t. e. de la vic. de Bayeux, Jean
Durant, 18 écus ; pour le t. e. de la vic. de Vire, Ant. Lau-
mosnier, 18 écus.

Baill. de Cotentin. Pour le clergé, M. Guill. Hardouin,
curé de S. Quentin, 25 écus ; pour la noblesse, n. h. Loys
de S^e Marie, s^r de Canchy, 27 écus ; n. h. Jean De la
Roque, s^r du Mesnillet ; pour le t. e. de la vic. de Mortain,
Jeh. Le Sot ; pour le t. e. de la vic. de Coutances, Thomas
Lorilliere ; pour le t. e. de la vic. de Carentan, n. h. P.
Sansson.

Baill. d'Evreux. Pour le clergé, n. h. Ch. de Clinchamp,
s^r du Fay ; pour le t. e. de la vic. d'Evreux, Pierre De la
Roche ; pour le t. e. de la vic. de Conches, Pierre Langloys;
pour le t. e. de la vic. d'Orbec, Loys de Telles.

Baill. de Gisors. Pour la noblesse, n. h. Guyon de S.
Pierre, baron de S. Julien.

Baill. d'Alençon. Pour le clergé, M. Christophe Le
Roulier, curé de Condé-sur-Sarthe ; pour la noblesse,
N^as de Champin, s^r de Givay ; pour le t. e. de la vic.

d'Alençon, h. h. Franç. Hardy ; pour le t. e. de la vic. d'Argentan, Nicodème Biart ; pour le t. e. de la vic. de Domfront, Jacques Jourdan.

On note que les vicomtés de Verneuil et d'Avranches ne s'étaient point fait représenter, parce qu'elles étoient occupées per les Ligueurs.

Guill. Labbé fut appelé à la présidence des Etats. Ce fut lui qui, en cette qualité, porta la parole au nom des délégués et fit la réponse aux Commissaires, « ainsi qu'il estoit accoustumé ». Il reçut pour sa peine, en plus de ses taxations de député, une somme de 8 écus 20 sous.

La commission qui fut chargée de porter au Roi le Cahier se composait de Labbé, pour le clergé ; du baron de Beuvron, pour la noblesse ; de Le Sassier et Langloys, pour le tiers État.

La ville de Caen, pour le cérémonial des Etats, suivit les usages de la ville de Rouen. Le 17 av. 1590, à l'hôtel commun, on agita la question de savoir si l'on donnerait « le dîner, le jour de la Proposition et le jour de la Réponse, à MM. les Commissaires et aux députés de l'église et de la noblesse, à MM. de la ville et aulcuns des députés du tiers Etat ; si l'on offriroit à dîner tous les jours à chascun des députés, tant de l'église que noblesse et à ceux du tiers Estat, le premier et dernier jour seullement, et si l'on enverroit à chascun un gallon de vin suivant la coutume. »

La session se tint au monastère de N.-D. des Carmes, auxquels on fit présent de 10 écus sol.

III.

ORDONNANCE DU BUREAU DES FINANCES AU SUJET DES TAXATIONS D'UN DÉPUTÉ DU TIERS ÉTAT.

10 août 1594. — « Sur la requeste présentée par Pierre

14

Langloys, bourgeois de Conches, cy-devant dellégué pour
le tiers Estat, tendant affin qu'exécutoire luy soyt accordé
sur Mᵉ Christofle Coynart, receveur des tailles de l'ellection
dudit Conches, pour la somme de 18 escus, en une partie,
et 52 escus 5 s. 6 d., d'autre, à luy taxée pour avoir assisté
aux Estats de lad. province en l'année 1590, de laquelle il
avoit esté assigné sur ledit Coynart, lequel, au lieu de luy
bailler argent comptant, luy auroit délivré des quictances
sur des parroisses de lad. ellection, dont il n'a peu toucher
aucune chose, à cause de la remise faicte par le Roy, et
néaulmoins luy a baillé quittance de Mᵉ Le Terrier, lors
receveur général, pour lesd. sommes qui ont tourné à son
acquit.

Veu la d. requeste, les coppies des quictances baillées par
ledit Coynart au suppliant, dabtées du 15ᵉ déc. 1591, la
sommation à luy faicte avec sa response, attendu que lesd.
quictances ont esté délivrées au suppliant en l'année 1592,
et que la remise faicte par le Roy n'a esté qu'en la présente
année 1594, ne peult estre pourveu sur lad. requeste (1). »

ÉTATS DE NOVEMBRE 1593.

I.

NOTES DU PREMIER PRÉSIDENT GROULART.

« Jusques en l'an 1593, le 16 novembre, n'i eust convocation d'Estas, d'autant qu'en guerres civilles on trouvoit
ces assemblées dangereuses pour les mauvaises propositions

(1) Archives de la S.-Inf., *Plumitif du Bureau des finances.*

qui se font quelquefoys par les députés. Toutes foys ils
furent tenus aux Carmes, et, pour mon absence, ayant esté
mandé par le Roy pour l'aler trouver à Diepe pendant ledit
temps, M. le président de Lizores y fist l'ouverture.

« M. de Fervaques, sans letres du Roy, à la requisition
de M. de Montpensier, y eust séance, comme lieutenant du
Roy en la province de Rouen, ce qui ne s'estoit encor fait,
et si M. le premier président de la cour des Aydes y assista
par commission particulière qu'il en obtint. Voilà, comme
au lieu de diminuer, le nombre des Commissaires, il ac-
creust. »

II.

LETTRES PATENTES EN FAVEUR DES CONTRIBUABLES, EN CONSÉ-
QUENCE DES PLAINTES DES ÉTATS DE LA PROVINCE.

« Henry, par la grâce de Dieu, roy de France et de Navarre, à noz amez et féaux conseillers les gens tenans notre
Court des Aides en Normandye transférée à Caen. Aians
advisé de pourveoir aux remonstrances à nous faictes par
les Estats de notre pays de Normandie, contenues au Cayer
d'icelles, à nous présenté par les depputez sur certains
poinctz desquels ilz désiroient estre donné réglement pour
le bien et commodité du pais, NOUS, A CES CAUSES
avons ordonné et ordonnons que les habitans dudit pais,
qui sont et seront cy-aprez emprisonnez pour le paiement
des deniers de nos tailles, auront pendant leur détention le
pain que nous avons ordonné aux prisonniers, affin qu'ilz
ne périssent de faim aux prisons, et, quand aux désordres
qui adviennent pour les condampnacions de despens sur
les paroissiens, en ce que celluy qui obtient l'effect en
cause exécute l'ung des parroissiens d'icelles, lequel, pour
dellivrance de ses biens, faict aprez convenir la parroisse,

comme estant exécuté pour le faict commun d'icelle, laquelle est tousjours condampnée à la dellivrance des biens
de l'exécuté, avec despens adjugez aux réquérans sur icelluy
exécuté, saouf la récompense en principal de despens, qui
luy est par mesme moien adjugée sur les dits parroissiens,
avec despens pour son chef, pour l'exécution de laquelle
sentence l'exécuté par aprez s'adresse à ung des autres parroissiens, qui prend la mesme voye du premier, de manière
qu'il n'y a fin à tel désordre, et advient que pour petite
somme de despens à quoy se monte une condampnacion,
s'ensuit ung grand coust à lad. parroisse. Pour à quoy
remédier, aiant esté advisé que lad. parroisse où tel cas arrive passast ung certificat, lors que la demande luy sera
faicte desd. despens par devant le curé, vicaire ou collecteur
par elle éleu affin de recueillir sur les parroissiens au marc
l'escu la somme à quoy se trouvera monter l'exécutoire des
despens, pour aprez le mettre à leur descharge ez mains du
porteur d'icelluy, et voullans que cela soit effectué avec l'authorité requise, avons ordonné et ordonnons que doresnavant le collecteur auquel le certifficat aura esté passé com-
municquera icelluy à notre procureur en l'élection d'où
despendra lad. parroisse pour, par aprez avoir veu par icelluy les sentences, condampnacions et exécutoires de despens, pour lesquels le certifficat aura esté passé, et trouvé
par ce moien n'y avoir aucun inthérest pour nous, estre
par les esleus, par devant lesquelz le négosse se traictera,
procédé à exécutorier lesd. certifficatz sur lad. parroisse suivant la vollonté et en conséquence desd. sentences et condampnacions. ET, D'AUTANT que nous sommes advertis que
les habitans sont tellement travaillez de fortifficacions qu'il
n'y a plus ville forte ny chasteau où ilz ne soient contrainctz
à les fortiffier, deux ou trois fois la sepmaine, chacun en
leur vicomté, autrement sont mis en amende, pour laquelle
ilz sont exécutez par les soldatz de la garnizon, voullans à

ce pourveoir, avons déclaré et déclarons que nous voullons
et entendons que les ordonnances par nous faictes pour les
fortifficacions des villes et places fortes, ausquelles est contenu que le peuple ne sera subject à vacquer aux fortiffications et pionnages que une fois le mois, seront gardées et
observées sans y estre contrevenu. AIANT AUSSY advisé nécessaire de régler ce qui sera pour le paiement des tailles et
faire distinction des personnes qui y seront contrainctes,
avons ordonné et ordonnons que les recepveurs, sergentz
et commissaires ne pourront contraindre parroissien pour
parroissien, ny prendre les biens des nobles, mesmes des
ecclésiastiques pour les débetz des tailles de leurs parroisses.
Et pareillement, désirant soullager nos subjectz, et voull-
lans qu'il ne soit faict aucune levée de deniers extraordinaires, si ce n'est pour quelque urgente nécessité et par nos
lettres patentes, faisons très expresses deffences d'avoir
esgard à toutes autres levées ou impositions, comme, à tous
gouverneurs, cappitaines des places, gens de guerre et
autres, faire ou faire faire aucune levée de deniers, foins,
grains, pailles, avoines, beurres, sildres, lardz, voitures de
harnois ny autre chose que ce soit sur le peuple, sans permission de nous et de notre très cher cousin le duc de
Montpensier, gouverneur et notre lieutenant général aud.
pays, sur peine de la vie, voullans qu'il soit informé contre
tous ceux, de quelque quallité qu'ilz soient, qui ont mis,
imposé, et imposent aucuns deniers sur le peuple, sans
nos lettres patentes, bien et deuement vériffiez, pour y
estre aprez pourveu selon la rigueur des ordonnances. Et
pour le regard des relfugiez et paouvres personnes, aians
quicté et abandonné leurs biens et moiens pour notre service, à ce qu'ilz ne soient contrainctz paier aucune chose
ny les comprendre aux roolles des tailles qui sont ez villes
où ilz sont résidens, attendu leur impuissance, mandons
et ordonnons aux esleus des ellections avoir tel esgard que

de raison, sur les requestes qui leur en sont presentéz. Et voullans pourveoir au deu et charge des recepveurs et soullagement des parties et collecteurs qui portent leurs deniers des tailles d'icelle recepte, voullons et ordonnons que lesd. recepveurs des tailles de chacune ellection feront parapher leurs registres et bordereaux qui se feront par chacune année par les officiers des ellections, affin que les collecteurs y puissent avoir recours, sy, par cas fortuit, leurs quittances se perdoient, et que lesd. recepveurs employeront tous les deniers qu'ilz recepveront comme sur la taille ou sur les creues, sy tant est deu, et qu'ilz ne feront point divers acquictz et enregistremens d'une mesme somme qui leur sera paiée en ung mesme jour et seul paiement, pour avoir l'esmollument de plusieurs quictances. Sy vous mandons, ordonnons et enjoingnons à chacun de vous, que le contenu en ces présentes, vous faites garder et observer inviolablement...... Car tel est notre plaisir. Donné à Chartres, le 7e jour de fév. 1594, et de notre règne le 5e. Signé : Henry ; et plus bas : Potier......... Registrées en la Cour des Aides en Normandie, ce jour d'huy 33e jour de juing 1594, suivant l'arrest d'icelle dudit jour et aux réservacions y contenues. Signé : Dufour. »

Suivent « les Articles accordez au Caier des Estatz pour le faict du soullagement des contributifs à tailles » (1).

III.

PIÈCES DIVERSES.

Ban et arrière-ban. — Le ban et arrière-ban semblent parfois n'avoir été convoqués que pour donner lieu d'exiger une contribution de ceux qui s'en faisaient dispenser. Le

(1) Arch. de la S.-Inf., *Mémoriaux de la Cour des Aides.*

12 mars 1597, le Roi donna 4,000 écus au sʳ du Raullet, sur les contributions du ban et arrière-ban du bailliage d'Evreux, convoqué en 1594 (1). D'autres lettres du Roi donnèrent à René Louveron, secrétaire du duc de Montpensier, 1297 l. écus à prendre sur les deniers restant dûs sur le compte du ban et arrière-ban des 7 bailliages de la Normandie à cause de la convocation de 1597 (2). Le 11 août 1600, la duchesse d'Aumale obtint une remise de 420 écus, somme à laquelle elle avait été taxée pour le ban et arrière-ban convoqués cette même année à cause de son duché d'Aumale (3).

Les compagnies de chacun des 7 bailliages de la province devaient être *fermes et complètes* de 100 salades. Mais le contingent n'était pas habituellement fourni. Le 23 sept. 1597, des lettres patentes ordonnèrent de payer au sʳ de Bréauté, colonel de l'arrière-ban de Normandie, la totalité de ses gages ordinaires, encore bien que le ban et arrière-ban n'eussent été par lui conduits en la forme ordinaire, et que les compagnies n'eussent point atteint le contingent réglementaire (4).

Il y eut souvent contestation au sujet de la juridiction qui devait connaître des comptes du ban et arrière-ban.

Une Déclaration du Roi, du 18 oct. 1600, en attribua la connaissance à la Chambre des Comptes de la province, nonobstant un arrêt du Parlement (5).

Démolition des forteresses. — On comprend sans peine l'importance que les États de Normandie attachaient à la

---

(1) Arch. de la S.-Inf., F. de la Cour des Aides, B. 21, fº 154. Ce don ne fut vérifié à la Chambre des Comptes que le 2 nov. 1602.

(2) *Ibid.*, B. 19, fº 55 vo.

(3) *Ibid.*, B. 21, fº 11.

(4) *Ibid.*, 23 sept. 1597, B. 17.

(5) *Ibid.*, B. 20, fº 155 15.

démolition des forteresses. Ceux qui en étaient maîtres en firent trop souvent des asiles pour les malfaiteurs, des fabriques de fausse monnaie et des niches de voleurs. « On ne saurait croire, dit M. Floquet (1), combien le Parlement rendit d'arrêts, tantôt pour ordonner le rasement de ces châteaux, tantôt pour empêcher d'en bâtir de nouveaux. Excités par ses instances, on voyait les gouverneurs et leurs lieutenants aller assiéger avec le canon ces dangereuses retraites, y faire attacher des pétards, les faire démolir, les raser de fond en comble. » Mais bien des années s'écoulèrent avant que cette œuvre pût être accomplie. En 1594, on fit une levée de deniers pour la démolition du fort de Fécamp (2). En 1597, on paya 500 écus au capitaine La Lande pour la démolition du fort du Pont-Douve, d'après l'ordre des deux commissaires du Roi, le maréchal de Matignon et le s^r de Jambeville (3). La même année, on commença la démolition du fort de Sainte-Catherine près Rouen (4). En 1602, on décida celle de Henricarville, autrement dit Quillebeuf. Les indemnités réclamées par les gouverneurs de ces places furent la principale cause des retards apportés à cette opération. Le s^r de Boniface avait réclamé 13,000 écus qu'il avait, disait-il, dépensés pour la fortification de Sainte-Catherine. Le grand écuyer demandait 15,000 écus d'in-

(1) M. Floquet, *Hist. du Parlement*, t. IV, p. 54.

(2) Arch. de la S.-Inf., *Plumitif du Bureau des finances*, 25 mai 1594.

(3) Arch. de la S.-Inf. *Mémoriaux de la Chambre des Comptes*, B. 17. Mandement du 15 déc. 1597.

(4) *Délib. de la ville de Rouen*, 24 janv. 1597. — Proposition faite par le s^r d'Incarville, de la part du Roi, pour la démolition du fort Ste-Catherine que S. M. a résolu faire faire. Il s'agissait de récompenser le s^r de Boniface, commandant pour le Roi audit fort, de 13,000 l. qu'il avait dépensées pour lad. fortification. On remerciera le Roi de sa résolution, et on le priera de décharger la ville du remboursement.

demnités avant de consentir à la démolition du château de Henricarville (1).

Gens de guerre employés au recouvrement des tailles. — Un arrêt du Parlement du 23 sept. 1594 fit défenses aux gens de guerre d'aller au recouvrement des tailles, et ordonna en même temps que des remontrances seraient faites au Roi, « à ce qu'il lui plût décharger et remettre aux contribuables ce qui était dû du taillon des années précédentes, ensemble les restes de la dernière année. »

Le Bureau des finances, après avoir exposé au premier président du Parlement l'incommodité que ces dispositions apporteraient au recouvrement des deniers du Roi, se décida à envoyer l'arrêt au Conseil (12 oct. 1594).

Peu de temps après, le 7 nov., le sʳ du Raullet, gouverneur de Pont-de-l'Arche et de Louviers, s'adressait au Bureau afin qu'il lui fût permis d'envoyer à ses dépens 4 soldats « pour accompagner les sergents et commissaires qui allaient au recouvrement des deniers à luy dûs pour ses garnisons par les contribuables aux tailles des élections de Rouen, Pont-de-l'Arche et Conches, de l'année présente et de la précédente, qui lui avaient été baillées en paiement, par les commis des trésoriers de l'extraordinaire des guerres, attendu la deffence en laquelle se

---

(1) *Délib. de la ville de Rouen.* Le premier président, à son retour de la cour, fait savoir à la ville « que S. M. désiroit faire raser la place et chasteau de Henricarville, en baillant quelque rescompense à M. le grand, qu'il estimoit à 15,000 escus, autrement l'on y metroit garnison, qui seroit paié aux despens des rentiers, et en vouloit avoir response... » — 13 août, assemblée présidée par M. de Sᵉ Marie, bailli de Rouen.... On décide de convoquer une assemblée générale pour délibérer sur cette proposition. — 22 août, cette assemblée étant réunie, « arresté que le Roy sera remercyé de l'affection qu'il a au bien de cette province, pour la démolition du fort de Henricarville, et sera S. M. très-humblement supliée descharger la ville de la rescompense demandée par M. le grand. »

mettoient lesd. redevables, comme il avoit esté fait apparoir par 2 procès-verbaux. » Le Bureau décida que les sergents envoyés pour les contraintes pourraient s'aider de 2 recors pour la sûreté de leurs personnes, en leur défendant toutefois d'user d'aucune violence sur les redevables, 7 nov. 1594. — Un an plus tard, on voit ces derniers, pour se dispenser de payer les restes de leurs tailles des années 1593 et 1594, sur lesquelles du Raullet avait été assigné, invoquer la trêve générale faite par le Roi avec le duc de Mayenne. Mais du Raullet leur opposa un arrêt de la Cour des Aides, du 30 oct. 1595, portant que les contribuables lui paieraient ce qu'ils lui devaient des tailles des années 1593, 1594, et qu'à ce faire ils seraient contraints comme pour les deniers du Roi.

27 oct. 1595, arrêt de la même cour, entre 9 paroissiens de la paroisse d'Ecos, élection de Gisors, et Pierre Le Gros, écuyer, sieur de Retet, tenant garnison au fort Ste-Catherine près Rouen. Celui-ci avait reçu, du receveur des tailles de l'élection de Gisors, en assignat, la taille de la paroisse d'Ecos pour l'année 1594, et pour s'en faire payer il avait fait prendre et vendre, par un sergent de sa compagnie, les vaches des paysans. Ces derniers invoquèrent l'arrêt du Conseil, du 5 sept. précédent, qui donnait surséance pour le paiement des restes des tailles. La cour déclara illégale l'exécution faite par des soldats et gens de guerre contrairement aux arrêts, et ordonna que les contribuables seraient ressaisis par provision (1).

Un autre arrêt de la même cour rapporte une requête qui donne une idée de l'arbitraire avec lequel procédèrent pendant un certain temps les capitaines et gouverneurs des places. Il y est question des rigueurs et des recherches

(1) Arch. de la S.-Inf. *Plumitif de la Cour des Aides.*

faites sur les habitans de la ville d'Eu par le sʳ de Fontaines Martel, dans le temps où il était gouverneur de Neuf-
chatel ; il avait fait « prendre et ravager, chacun jour, les
bestiaux et marchandises appartenant ausd. habitans, soubz
prétexte des deniers de la taille, qu'il demandoit à toute la
communauté d'icelle ville, mesmes avoit faict prendre prisonniers plusieurs habitans allans à leurs négoces particuliers pour ce mesme subject. Sur les poursuites que faisoient
lesd. particuliers pour estre retirez des prisons, mesmes de
rédimer leurs bestiaux, comme iceulx ayans esté pris pour
les affaires de la communaulté, le maire et les eschevins
avoient assemblé, à son de cloche, tous les habitans les
3 avril et 3 mai 1594, auxquelles assemblées avoit esté
avisé que, pour le bien et repos de la ville, il seroit appointé
aud. sʳ de Fontaines Martel et fourny à iceluy jusques à la
somme de 300 écus. » Cette somme fut recouvrée quelques
années après au moyen d'une taxe sur les habitants, taxe
qui fut approuvée par la Cour des Aides, le 4 mars
1596 (1).

Prisonniers pour les tailles. — 6 mai 1594. — « Sur la
requeste présentée par plusieurs pauvres contribuables
aux tailles de l'ellection de Ponteau-de-mer, prisonniers
aud. lieu jusques au nombre de 90 ou environ, tendant
affin d'estre eslargis en payant ce qu'ilz doivent du quartier
de janv. dernier des tailles et creues, sans qu'ils puissent
estre retenuz pour ce qui leur seroit demandé des muni-
cions et fortiffications de la présente année... — En payant
par les supplians ce qu'ils doivent du quartier de janvier
dernier, est ordonné qu'ilz seront eslargiz. »

Même date. « Sur la requeste présentée par les eschevins, scindicqs et habitans de la ville de Gournay, tendant
affin que les personnes et les bestiaulx saisis par les gens

(1) Arch. de la S.-Inf., *Reg. du Conseil de la Cour des Aides.*

de guerre pour la taille du quartier de janv. dernier, en
vertu des contraintes et exécutoires, etc., leur soient rendues et restituées, attendu la surséance accordée par le Roy,
aussy qu'ilz paient aud. Gournay, — est ordonné qu'en
payant par les supplians ce qu'ils doibvent dud. quartier de
janv., que les prisonniers seront eslargiz et lesd. bestiaulx
rendus. »

6 nov. 1595. — « Sur la requeste présentée par aucuns
habitans de plusieurs par. de l'élection de Bernay, prisonniers ès prisons dud. lieu, pour le paiement des tailles
de l'année 1594, tendant affin d'estre eslargis en conséquence des articles de la trève générale accordée par le Roy
avec le sr duc de Mayenne, qui surseoit le paiement desd.
restes, — attendu l'arrest de la Cour des Aydes de Normandie, du 30 oct. dernier, ne peult estre pourveu ausd.
supplians sur le contenu en lad. requeste (1). » V. l'art.
c. vii du Cahier des États de 1595.

Interruption des États en l'année 1594.

Il n'y eut point, en 1594, de convocation d'États, comme
on le voit par les notes du premier président Groulart,
rapportées plus loin, p. 225. La pièce suivante prouve que
le Bureau des finances de Rouen se croyait obligé de sou-
mettre au procureur-syndic de la province les mandements
du Roi pour la levée des impositions, lorsque les États,
n'ayant point été assemblés, n'avaient pu donner leur consentement.

(1) Arch. de la S.-Inf., *Plumitif du Bureau des finances.*

1er déc. 1594. — « Ont esté rapportées les lettres patentes du Roi, du 20 oct., pour la levée des tailles de l'année prochaine 1595. Ordonné qu'elles seront signifiées, avec autres lettres patentes pour la creue des garnisons, montant 290,000 écus, au procureur des Estats, à domicile, pour y garder l'intérest des Estats, ainsy qu'il verra estre à faire pour le deu de sa charge, à laquelle fin lui en sera laissé copie, attendu qu'il n'a faict responce à celles qui luy ont esté escriptes de la part du Bureau à cest effect et à lui données en main propre à la suite du Conseil, par Loys Prevost, messager de ce Bureau, qui reportoit lesd. lettres patentes aud. Conseil, et cependant qu'il sera procédé au département des tailles pour éviter à retardement, et en attendant l'expédition que pourra obtenir led. procureur des Estatz (1). »

ÉTATS DE NOVEMBRE 1595.

1.

EXTRAITS DES REGISTRES DE L'HOTEL-DE-VILLE DE ROUEN.

16 octobre 1595. — « Pour la séance des Estatz, en sera escript au Roy, lorsque le procureur des Estatz yra en court. »

24 nov. 1595. — « En l'assemblée génératle de ceste ville et bailliage de Rouen, tenue en la forme accoustumée, en la grand salle de l'Hostel commun, le 24e nov. 1595, par nous Jacques Cavelier, escuyer, lieutenant général au

(1) Arch. de la S.-Inf., *Plumitif du Bureau des finances.*

bailliage dud. Rouen, lecture faicte des lettres du Roy à
nous addressantes, données à Amiens, le 23e jour d'oct.
dernier, et de Mgr de Montpensier, pair de France, gouverneur et lieutenant général pour S. M. en ce pais et duché
de Normandie, des 3 et 16e du présent, pour la convocation des Estats de lad. province, termez à tenir en ceste dicte
ville, au 27e du présent, et depuis différez au 15e déc. prochain, les ecclésiastiques et nobles de ceste dicte ville et
bailliage, autres bourgeois d'icelle, et députez des vicontez
de Rouen, Pont-Audemer et Auge, avec les conseillers du
Bureau et Conseil des 24, et néaulmoins la non-comparence de celluy de Pont-de-l'Arche, ont choisy et nommé,
c'est à sçavoir : pour l'estat ecclésiastique, pour tout le bailliage, noble et discrette personne Me Marin Le Pigny,
presbtre, chanoyne en l'église cathédral N. D. de Rouen
et grand vicaire de Monsieur l'archevesque ; — pour l'estat
de noblesse, noble homme (Robert) de Balsac, sr d'Ambourville et Montegu ; — et pour conseillers de lad. ville, nobles
hommes Octovian Bigot, sr d'Esteville, et Jeh. Asselin, ou,
pour l'absence, maladie ou excuse légitime d'iceulx eschevins on l'ung d'eulx, telz des autres qu'il sera advisé en leur
Bureau, ausquels a esté donné pouvoir, puissance et
authorité d'assister, avec les autres déléguez des trois estats
des autres bailliages dud. pais, en la convention et assemblée généralle d'iceulx, pour oyr et entendre ce qui leur
sera proposé, requis et demandé au nom du Roy, par
MM. les Commissaires de S. M., députez à tenir lesdits
Estats, et sur lad. demande accorder, contredire, accepter,
requérir, poursuivre et demander ce qu'ilz adviseront estre
nécessaire, utille et proufitable aux habitans dudit pais,
avec les autres déléguez d'icellui, et générallement de faire
et négocyer ce qu'ilz verront bien estre pour la conservation
desd. ville et bailliage, et enjoinct aux députez desd.
vicontez de prendre et recevoir mémoires et instructions

des plainctes et doléances de chacun desd. Estatz, pour par
aprez les bailler et mectre ès mains des députez de ce dit
bailliage qui assisteront à la tenue et convention desd.
Estatz. — Faict audit Hostel commun, les an et jour dessus dits. Messieurs Boulays, procureur du Roi en bailliage; Bigot, Colombel, Asselin, Boulays, De la Place,
Guenet, conseillers modernes; Me Marin Le Pigny, chanoine et grand vicaire, Mes Estienne Sanson, De la Place,
chanoynes, députez pour le chapitre; — Roque, Voisin,
Puchot, Daclainville, Hanyvel, Gosselin, Favery, anciens
conseillers; — Longuerue, St-Victor, pensionnaires; —
Me François De la Place, procureur; — Danten, Pavyot,
Bigot, Baudry, quarteniers. — Ecclésiastiques, les curés
de Salerne, de Condé, de Bonnebosq, du Theil, de St-Victor, d'Aclon, de Carsis, de St-Jean-de-la-Noe, de St-Georges,
d'Appeville, de Clère, de Roumare, de St-Aubin-la-Cam-
pagne, de St-Martin-de-Pont, de St-Vigor, de St-Agnen, du
Mesnil, de Beaumont, de St-Benoist-des-Ombres, de St-
Evroult, de Foumauville, de la Noe, de Corneville, de
Fréville, de Barentin, de Posville, et plusieurs autres en
grand nombre, et estoient préparez formes entre le banc
du Bureau et les anciens, où estoient assis lesd. ecclésiastiques, qui pouvoit, et opinèrent après lesd. 24.

« Nobles : le sr de Sarilly, le sr de la Haye-Auber, le sr de
Bedasne, le sr de Botillan, et autres ont opiné aprez lesd.
ecclésiastiques, et estoient assis aux formes entre le Bureau
et les pensionnaires. Led. sr de Sarilly a faict instance que
les nobles présens avoient nommé le sr d'Enneval, et que
ce n'est au tiers estat à nommer le noble, sur quoy luy a
esté respondu qu'il estoit passé à la pluralité au sr de
Montegu et Ambourville, et qu'ils n'estoient que 7 ou 8,
*joinct que les bourgeois de la ville ne prétendent estre du
tiers estat, ains sont censez et reputez comme nobles.*

« Honorable homme Pierre Vexin, de la par. de Boz,

_député du tiers estat de la viconté de Rouen, par procuration passée devant ledit s^r lieutenant général, le 22e nov. 1595. Défault et amende sur le député du tiers estat de la viconté du Pont-de-l'Arche. Martin Laignel, député du tiers estat de la viconté de Ponteaudemer, par procuration passée devant Me Robert Le Gras, lieutenant audit lieu, le 20e desdits mois et an. Robert Le Breton, député du tiers estat de la viconté d'Auge, par procuration passée le....

« Et feust arresté de passer outre, sans appeler par sergenteryes, actendu qu'il y avoit nombre suffisant de personnes.

« De par le Roy. — Notre amé et féal, nous avons advisé, pour le bien de notre service et l'utillité de notre pais et duché de Normandie, de faire tenir les Estats ordinaires de lad. province en notre ville de Rouen au 27e jour du mois de nov. prochain, pour leur faire proposer plusieurs choses concernans notre dit service et le bien dud. pais. A ceste cause, nous vous mandons que, incontinent la présente receue, vous faciez publier, par tous les lieux de votre bailliage accoustumez, que les gens du clergé, de la noblesse et du tiers estat de chacune viconté ayent à s'assembler pour eslire quelques notables et apparens personnages d'entre eulx, sçavoir le clergé ung, la noblesse ung autre, et le tiers estat deux, pour se trouver et comparoir de leur part à la tenue des dits Estatz au sus dit jour, avec ample pouvoir pour consentir et accorder ce qui sera conclu et arresté; et à ce ne faictes faulte. Car tel est notre plaisir. Donné à Amiens, le 23e jour d'oct. 1595. Signé : Henry; et plus bas : Potier, avec ung paraphe; et sur la suscription : A notre amé et féal le bailly de Rouen ou son lieutenant, et sellé en cachet de cire rouge.

« Monsieur le bailly, je vous ay cy-devant escript sur la tenue des Estatz, conformément aux lettres que je vous ay envoyées du Roy mon seigneur; mais par ce que depuys

j'ay considéré que en icelles il y avoit quelques termes
différents des formes anciennes, je vous ay bien voulu faire
ce mot pour vous prier suivre néaulmoins exactement
l'ancienne coustume, et sur ce je prie Dieu vous donner,
Monsieur le bailly, ce que désirez. De Rouen, ce 3e de
nov. 1595. Plus bas : Votre très affectionné amy, Henry de
Bourbon. Et sur la superscription : A Monsieur le bailly
de Rouen ou son lieutenant aud. lieu ; et seellées en cachet
de cire rouge ; et plus bas : Leues, publiées en jugement
devant nous Jacques Cavelier, escuier, conseiller du Roy,
lieutenant général au bailliage de Rouen, le lundy 6e jour
de nov. 1595, et ordonné, ce requérant le procureur du
Roy, parlant par Tyremoys, advocat de S. M. aud. bailliage, qu'elles seront enregistrées ès registres du greffe de
ce bailliage, et les vidimus envoyés ès vicontez de ce ressort
pour y estre publiées et exécutées. Seront les mandemens
délivrés aux sergents royaulx de ceste viconté pour les
signifier, les exécuter et faire les assignations aux jours qui
seront ordonnez. Faict comme dessus. Collacion faicte.
Signé : Cavelier et Bertoult, chacun ung paraphe.

« Messieurs, nous avons reçeu les lettres du Roy données
à Amyens, le 23e jour d'oct. derrenier, (et celles de) Mgr. le
duc de Montpensier, du 3e du présent, pour la convocation
des Estatz ordinaires de ceste province, termez à tenir en
ceste ville de Rouen, au 27e de ce mois, comme vous verrez
par les copies des dictes lettres que nous vous envoyons
afin que vous ayez à faire assembler, en l'hostel commun
de ceste dicte ville, le vendredi 1 heure de relevée, 24 de ce
mois, pour procéder à l'eslection et nomination d'un ecclésiastique, ung noble et deux de votre corps de ville, pour
assister et estre présent, à la tenue desd. Estatz aud. 27 de
ce mois, ainsi qu'il est accoustumé, et que cy-devant il a
esté observé. Et n'estant la présente à autre fin, nous prierons Dieu, Messieurs, vous tenir en sa sainte garde. Faict

à Rouen, ce 9ᵉ jour de nov. 1595. Voz affectionnez et bons
amys, les lieutenant général, advocat et procureur du Roy
au bailliage de Rouen. Signé : Cavelier ; et sur le dos :
Messieurs Messieurs les conseillers et eschevins de la ville
de Rouen.

« Monsieur le bailly, vous aurez veu, par les lettres du
Roy mon seigneur et ce que vous ay escript conformément
à icelles, les jour et lieu de la convocation des Estatz de
ceste province; mais parce que depuys S. M. m'a expressément commandé de l'aller trouver pour chose sy pressée et
importante qu'elle ne se peult différer et pour ceste occasion
prolonger la tenue desd. Estatz, j'ay advisé les assigner le
15ᵉ jour de déc. prochain, dans lequel temps je seray icy
de retour. C'est pourquoy je vous ay voulu donner advis
et prier y prévoir *(sic)* et faire observer les formes anciennes et accoustumées, afin qu'il n'y ait aucun manquement ou obmission aud. jour et lieu, selon la confiance
que sa dicte Majesté en a en votre affection au bien de son
service et du pays, sur laquelle m'en remectant donc je
vais prier Dieu vous donner, Monsieur le bailly, ce que
plus désirez. De Rouen, ce 13ᵉ de nov. 1595. Et au bas :
Votre affectionné amy Henry de Bourbon ; et sur la
superscription : A Monsieur le bailly de Rouen ou son
lieutenant aud. lieu ; et sellé en cachet de cire rouge ; et
plus bas : Leues, publiées en jugement devant nous
Jacques Cavelier, escuier, conseiller du Roy, lieutenant
général au bailliage de Rouen, le jeudi 16ᵉ jour de nov.
1595, et ordonné, ce requérant le procureur du Roy, parlant par Tiremoys, advocat de sadite Majesté aud. bailliage,
qu'elles seront registrées ès registres du greffe de ce lieu
et les vidimus envoyez tant en l'hostel commun de ceste
ville de Rouen que des vicontez de ce ressort pour y estre
publiéez et exécutéez. Seront aussi les copies et vidimus
délivrez aux sergents royaulx de ceste viconté pour les

signifier et publier aux marchez de leurs sergenteries, sans toutesfois préjudicier aux ellections des députez, si aucunes ont esté faictes ; et celles qui sont encore à faire se feront aux jours et lieux qui ont esté par nous cy-devant ordonnez. Faict comme dessus. Signé : Cavelier et Bertout, chacun ung paraphe. Collation faicte, signé : Cavelier.

« Messieurs, nous vous envoyons le vidimus des lettres closes de Mgr. le duc de Montpensier, dabtées du 13ᵉ de ce mois de nov. pour la prolongation de la tenue des Estats de ce païs de Normandie, au 15ᵉ de déc. prochain ; et n'estant ceste présente à autre fin, nous prierons Dieu, Messieurs, vous tenir en sa sainte et digne garde. De Rouen, ce 19ᵉ jour de nov. 1595. Voz affectionnez et meilleurs amys les lieutenant général, advocat et procureur du Roy au bailliage de Rouen. Signé : Cavelier. Et à la superscription : A Messieurs Messieurs les conseillers et eschevins de l'hostel commun de la ville de Rouen ; et sellé en cachet. »

Extrait du rapport de Bigot d'Esteville, 1ᵉʳ échevin de Rouen, sur les travaux de l'administration sortante, 14 juillet 1596. — « Le procez est prest de vuyder entre la ville et le sʳ de la Vacherie en la séance des Estats. On a voullu convertir les libérallitez de la ville en nécessitez, jusques à y avoir voullu Messieurs les Commissaires, à la plaincte d'aucuns députez, emploier la policitation de droict. Nous l'avons empesché et seullement faict ce qui estoit accoustumé le jour de la Demande pour le bailliage de Rouen et le jour de la Response pour les ecclésiastiques et nobles des autres bailliages. Invente qui vouldra et soulz quelque coulleur que ce soit : tout ce qui se faict céans tire à conséquence (1).

(1) Cet exposé fait vraisemblablement allusion aux deux banquets offerts par la ville : l'un à tous les députés du bailliage de Rouen, le

« Sembloit que pour différer la séance des Estatz on voulloit en faire perdre la mémoire. Nous y avons usé de dilligence. Jà y avoit lettres adressantes à MM. les Trésoriers pour faire paier aucuns Commissaires naturelz neantmoins que lesd. Estatz ne tinssent, et dont nous avions demandé communication. La séance a rompu ceste brisée. La Chambre des Comptes a retenu les lettres patentes qui luy ont esté portez, par lesquelles luy est defendu contraindre Cavelier.

« Nous avons soustenu et obtenu pour ceulx de la banlieue le privillège d'exemption du baon et arrière-baon et dispense d'assister à l'élection du député du tiers estat. »

II.

NOTES DU PREMIER PRÉSIDENT GROULART.

« La Normandie ayant esté réduite en l'obeissance du Roy dès l'an 1594, on ne tint toutes foys audit an les Estats à cause que M. l'admiral deVillars ne vouloit recongnoistre dans Rouan M. de Montpensier (1) en qualité de gouverneur, suivant son pouvoir et la capitulation faite avec le Roy; et il eust esté dangereux de les tenir à Caen, d'autant qu'estant le dit sieur ung peu capricieus, cela eust peu renouveller quelque vieille querelle préjudiciable au service de S. M. Du depuis ayant esté ledit sr de Villars tué à Doulans (2) et les choses en tout remises en leur premier

second aux ecclésiastiques et aux nobles députés de la province. Les députés du tiers état avaient soutenu que c'était une obligation pour la ville et qu'ils avaient droit d'y être invités.

(1) Henri de Bourbon, duc de Montpensier, nommé gouverneur et lieutenant-général du pays et duché de Normandie en remplacement de son père décédé, par lettres de Henri IV. Gisors, 17 juin 1592.

(2) André-Baptiste de Brancas, fils d'Ennemond de Brancas et de

estat, le Roy voulut que les Estats fussent tenus à Rouan,
ce qui fust exécuté le 19 d'octobre 1595. La Proposition
(fut) faite par M. de Montpensier et par moi, et y estoient
Commissaires MM. de Montpensier, moi, le s^r de Fervaques
(par letres patentes vérifiées le dit jour), de Lizore, de Mauteville, des Hameaus, de Jambeville, de Cussé, de Lanquetot,
Le Prestre, de Blais et Dambray ; outre, le procureur général y prist séance sans letres, encor qu'il ne fust compris en
la commission ; tous s'y trouvèrent excepté les dits sieurs
de Jambeville, de Cussé et de Lanquetot.

Nª que je fus estonné qu'on avoit baillé ung dès à M. de
Montpensier et des marches, quatre en haut, contre ce qui
avoit esté observé par feu son père et qu'il est cy-devant
remarqué. Mais tout estoit desjà fait, et y eust eu du scandale : c'est le trait des flateurs des princes de leur persuader
aisément ce qu'ils veulent pour les chatouiller.

Il y eust quelque difficulté entre les depûtés de la noblesse
de Caux ; mais d'autant que le lieutenant général avoit
mandé qu'il avoit fait recommencer l'élection tout de nouveau, on conserva le député de l'église de Caudebec et le
noble d'Arques. Et vont les vicomtés au rang qui ensuit :
Caudebec eslit l'ecclésiastique, Arques le noble ; la seconde
année, Neufchastel l'ecclésiastique, Caudebec le noble ; la
troisième, Montivillier l'ecclésiastique, Neufchastel le noble,
et la quatrième, Arques l'ecclésiastique, Montivillier le
noble, et ainsi à recommencer par Caudebec, en notant que

Catherine de Joyeuse, seigneur de Villars, amiral de France, lieutenant-général pour le Roi aux bailliages de Rouen et de Caux et au
Pont-de-l'Arche, gouverneur du Havre-de-Grâce, se distingua en sou-
tenant le siége de Rouen contre Henri IV. Battu par les Espagnols
près de Doullens, il fut tué de sang-froid par ordre de Contreras, leur
commissaire général, le 24 juillet 1595. Anselme, *Hist. généal.*, t. VII,
p. 287. Son corps fut apporté à Rouen, où on lui fit des obsèques
magnifiques. *Hist. de Rouen*, éd. de 1731.

celle des vicomtés qui a esleu l'ecclésiastique une année; la suivante, il eslit le noble.

Il y eust grande contestation entre MM. de Mauteville et des Hameaux, chacun prétendant devoir marcher le premier. Fust ottroyé acte de leurs protestations et ordonné qu'ils marcheroient audit acte, suivant qu'ils estoient nommés en la commission.

Le jour de devant, le procureur des Estas avoit présenté requeste à la court pour avoir communication de quelques éditz qu'il y avoit à vérifier. Fust arresté que cela estoit de pernicieux exemple ; qu'il n'estoit ni éphore ni tribun ; qu'en l'estat monarchique on ne recongnoissoit que le seul procureur général qui peust parler pour autruy en la court, et fut ordonné qu'il luy seroit dit qu'il n'i retournast plus (1).

A cause du démembrement que l'on vouloit faire de Châteauneuf-en-Thimerais, on fust sans respondre jusques au 2e jour de l'an 1596. Toutes foys voyans que le Roy ne rendoit response aux desputez qu'on luy avoit envoyez, on leur persuada de respondre, ce qu'ils firent ledit jour avec beaucoup de protestations contre M. le chancelier qu'ils tenoient estre comme auteur dudit démembrement (2). »

(1) On doit remarquer, à propos de ce passage, que la Chambre des Comptes, la Cour des Aides et le Bureau des finances se montrèrent toujours beaucoup plus favorables que ne le fut le Parlement aux Etats de Normandie.

(2) Les Commissaires décidèrent que les Etats paieraient la somme demandée par le Roi, mais que les habitants de la baronnie de Châteauneuf seraient compris dans la levée, « ce qui fut prononcé publiquement aux délégués, » 2 janvier 1596. V. le Cahier des Etats. On verra qu'en 1599, par le 44e art. de leur Cahier, les Etats insistèrent « pour la réunion à la baronnie de Châteauneuf des paroisses de Fresnay-le-Gillemert, Tremblay-le-Vicomte, le Chêne-Chenu, qui avaient été incorporées à l'élection de Chartres contre la Déclaration du Roi, du 12 juin 1596, afin que les bornes de la province demeurassent en

III.

« Du mercredi avant midi, 3 janv. 1596, en la maison
de l'archevesché de Rouen, audit Rouen.

Furent présents noble et discrète personne Me Marin Le
Pigny, chanoine en l'eglise cathédrale N. D. de Rouen,
délégué par les gens d'église du bailliage de Rouen ; n. h.
Robert de Balsac, s^r d'Ambourville et de Montaigu, pour
la noblesse dud. baill. ; n. h. Octovian Bigot, s^r d'Este
ville, et Jeh. Asselin, conseillers eschevins de la ville de
Rouen, délégués par lad. ville et vicomté de Rouen ; Pierre
Veuxin, délégué du tiers estat de la vic. de Rouen ; Loys
Ducler. d. du t. e. de la vic. de Pont-de-l'Arche ; Michel
Laignel, d. du t. e. de la vic. de Pont-Autou et Pont-Audemer ; Robert Le Breton, d. du t. e. de la vic. d'Aulge ; —
discrète personne Me Estienne Vion, prebstre, curé d'Au-
sebosc, délégué pour l'église du bailliage de Caux ; n. h.
Jeh. de Dampierre, s^r de Montlandrin, d. pour la noblesse
dud. baill. ; Nicol. Fossard, d. du t. e. de la vic. de Caudebec ; Pierre Michel, d. du t. e. de la vic. de Montivilliers ;
Vincent Lamy, d. du t. e. de la vic. d'Arques ; Ch. Bodin,
d. du t. e. de la vic. de Neufchastel ; Pierre Brument, d. du
t. e. de la vic. de Gournay ; — Pierre Brunel, prestre, curé
de la Feuillie, d. pour l'église du baill. de Gisors ; haut et
puissant seigneur messire Ch. de Fouilleuse, chevalier de
l'ordre du Roi, s^r de Flancourt, bailli et capitaine de Gisors,
d. pour la noblesse dud. baill.; Jeh. Guersent, d. du t. e. de

l'état qu'elles avoient esté jusqu'à l'échange des dites trois paroisses
contre trois autres. »

la vic. de Gisors ; Jeh. Le Cauchoix, d. du t. e. de la vic. de
Vernon ; Martin Heaulme, d. du t. e. de la vic. d'Andely ;
Nic. Mallet; d. du t. e. de la vic. de Lyons ; — Anthoyne
Bouchard, prestre, chanoine prébendé de Villers, délégué
pour l'église du baill. d'Evreux ; n. h. Jeh. de Grimouville,
s‍ʳ de Larchant, d. pour les nobles dud. baill. ; Mathieu Le
Moyne, d. du t. e. de la vic. d'Evreux ; Nic. Beroult, d. du
t. e. de la vic. de Beaumont ; Etienne Le Hoult, d. du t. e.
de la vic. de Conches et Breteuil ; Jeh. Aupoys, d. du t. e.
de la vic. d'Orbec ; — Philippe Le Vavasseur, official au siège
de Caen, d. pour l'église du baill. de Caen ; Robert de
Launoy, s‍ʳ de Criqueville, chevalier de l'ordre du Roy, d.
pour la noblesse dud. baill. ; Ma..... Des..... l'un des
eschevins de lad. ville ; Laurent Lieust, d. du t. e. de la
vic. de Caen ; Jeh. Berthellot, d. du t. e. de la vic. de
Bayeux ; Noel Enguerrand, d. du t. e. de la vic. de Falaise ;
..... Lambert, d. du t. e. de la vic. de Vire et Condé ; —
Denys Guillot, chanoine théologal de Coutances, d. pour
l'église du baill. ; Pierre de La Luserne, s‍ʳ de Brevaux, d.
pour la noblesse dud. baill. ; Jeh. Jourdan, d. du t. e. de
la vic. de Coutances ; Thomas Tesson, d. du t. e. de la
vic. de Carentan ; Geuffroy de Blechefeust, d. du t. e. de la
vic. de Vallongnes ; Hector Langlois, s‍ʳ de la Prévostière,
d. du t. e. de la vic. d'Avranches ; Jacques Fortin, s‍ʳ de la
Restaudière, d. du t. e. de la vic. de Mortain ; — Jeh. de
S‍ᵗ Denys, d. pour l'église du baill. d'Allençon ; n. h. Julien de la Broyze, s‍ʳ patron de Reffuveille, de Touchet et
de Rozey, d. pour la noblesse dud. baill. ; Jullien Boulleau,
l'un des eschevins de la ville d'Allençon, d. pour le t. e. de
la vic. d'Allençon ; Emar Le Grix, d. du t. e. de la vic.
d'Argentan ; Jeh. Jourdan, d. du t. e. de la vic. de Donfront ; Pierre Vion, d. du t. e. de la vic. de Verneuil ;
Franç. Toustain, d. du t. e. du comté du Perche, chastellenie de Nogent-le-Rotrou. Tous les dessus dits déléguez,

représentant les gens des trois Estatz en la ville de Rouen
en l'année dernière 1595, suyvant la convention faicte par
le voulloir du Roy notre dit seigneur, lesquels, ès dictes
qualitez et suivant le pouvoir porté par les procurations
que chacun d'eulx porte respectivement, ont depputé, nommé, esleu et estably leurs procureurs généraulx et espéciaulx
c'est assavoir lesd. s^rs Le Pigny, Guillot, pour l'estat ecclésiastique ; lesd. s^rs de Launoy et de Fouilleuse, pour la
noblesse ; lesdits Le Brument et Berthelot, pour le tiers
estat, et n. h. Me Jeh. Thomas, s^r de la Fontaine, procureur général scindicq desd. Estats, ausquels et à chacun ou
l'un d'eulx, portans la présente, lesd. s^rs desléguez, ès d. noms
et qualitez, ont donné et donnent plain pouvoir..... de
poursuivre, vers la Majesté du Roy et nos seigneurs de son
Conseil, la responce et expédition des articles du Cahier, le
jour d'hier arresté et signé desd. s^rs députez, sans aucune
chose augmenter ny diminuer, etc..... » Suivent les
signatures.

Les mêmes, le même jour nomment, une commission
pour assister à l'audition des comptes des frais communs,
au remboursement d'officiers et autres affaires dudit pays
qui seront présentées à MM. les Trésoriers généraux suivant la commission du Roi ; pour procéder à la taxe des
députés, arrêter les frais et voyages du procureur syndic et
autres personnes qui, dans l'année qui venait de finir, s'é-
taient employées pour le service du pays. Cette commission
fut ainsi composée : Vion et Le Vavasseur, pour l'église ; —
de la Luzerne et de la Broyse, pour la noblesse ; — Bodin
pour le tiers Estat ; — Jeh. Thomas, procureur syndic.

IV.

Conformément aux lettres du Roi (Camp de Travecy près la Fère, 20 nov. 1595), un *Te Deum* fut chanté en la cathédrale de Rouen, le dimanche 3 déc., et une procession eut lieu, dans la même ville, le mercredi 6 du même mois, « pour remercier Dieu de l'absolution que le Roi avoit receue de Notre S. P. le pape. » A cette occasion, le parlement de Normandie avait reçu du Roi une lettre dont voici un extrait :

« Depuys qu'il a pleu à Dieu nous inspirer heureusement à la Religion Catholique Apostolique et Romaine, nous n'avons poinct eu de plus grand désir que de voir notre conversion suivie de la bénédiction de notre très saint père le pape, laquelle nous avons recherchée d'autant plus ardamment que nous avons creu qu'elle estoit nécessaire pour notre salut, bien de notre Estat et la tranquilité des consciences de noz subjectz qui n'estoient encores suffisantes. » (V. l'art. II du Cahier de 1595.) (1)

Extraits des Registres de la Cour des Aides. — Décharge des arrérages des tailles; dispositions en faveur des taillables. — «Extrait des registres du Conseil d'Etat. Sur la remontrance faite au Roy par les habitans des villes, bourgs et villages de ce royaulme. qu'aprez tant de ruines par eux souffertes depuis le commencement des troubles,.. ils sont encore travaillez de nouveau et contrainctz au paiement des tailles et creues des garnisons

(1) Arch. de la ville de Rouen, *Reg. des délibérations.*

pour les restes des années 1589, 90, 91 et 92 et la dernière 93.

Le Roi accorde décharge de toutes tailles et creues des
garnisons, pour les années 1589, 1590, 1591, 1592, fors et
excepté du taillon et creues des prévostz des maréchaux ;
et, pour le regard de ce qu'ils doibvent de l'année 1593,
leur accorde surcéance de ce qu'ilz peuvent debvoir de reste
de lad: année escheue aux jours et festes de la Magdaleine
et S. Martin prochaine, auxquels termes elle entend que
ilz soient contrains de ce que ilz debvront de lad. année
par moitié esgalement, et cependant que tous prisonniers
arrestez pour raison de ce que dessus soient eslargis et mis
en toute liberté. Et, sur la plaincte que Sa dicte Majesté a
eue qu'aucuns gens de guerre, aians des quittances en mains,
qui leur ont esté baillées en paiement sur lesd. tailles et
creues, mesmes qu'aucuns receveurs particuliers empeschent
la liberté de commerce par l'arrest et emprisonnement
qu'ils font faire d'aucuns paisans et autres contribuables
ausd. tailles, emploiés sur les rivières à la conduite des
bateaux et portans vivres par terre dedans les villes et
bourgs, Sa dicte Majesté veult et ordonne inhibitions et
deffences estre faictes très expresses, à peine de la vie, à
toutes personnes qu'elles puissent estre, d'arrester aucuns
marchandz, paisans ou autres, occupez sur les rivières à la
conduite desd. bateaux et portans vivres et marchandises par
terre aux marchez desd. villes et bourgs, déclarant toutes
fois Sa d. Majesté descheus de toute grâce et descharge à
cause des tailles et creues pour les années susdites les habitans des villes, bourgs et villages qui se sont opposez par
armes au paiement des tailles et creues et qui ont porté ouvertement le party contraire à Sad. Majesté, » dernier
avril 1594. (V. l'art. 30 du Cahier de 1595.) (1)

(1) Arch. de la S. Inf. Cour des Aides, Reg. 10, f° 481. — Commission

Commission touchant la distraction de Châteauneuf en Thimerais. — « Henry, par la grâce de Dieu, roy de France et de Navarre, à nos amez et féaulx conseillers les gens tenans noz Courtz des Aydes de Paris et de Rouen, présidents et Trésoriers généraulx de France au Bureau de noz finances ès dicts lieux, salut. Les députez des Estatz de notre province de Normandie, estans à present prez de nous, nous ont, entre autres plainctes, portées par le Cahier de leurs très humbles remonstrances, faict instance de la révocation de la distraction faicte, de la générallité de Rouen, des parroisses de la baronnye de Chasteau-neuf, pour les rendre contribuables, comme elles ont esté de toute ancienneté, aux tailles et autres deniers par nous levez en icelle générallité. Sur quoy, auparavant qu'il soit par vous pourveu, comme ilz requièrent, nous voulons, vous mandons, et ordonnons depputer chacun l'un d'entre vous pour, avec l'un des substitutz de noz procureurs généraulx en nosd. Courtz des Aides, vous transporter en lad. baronnie, et là, appelé le procureur des Estats de notre pais, informer de la distraction et de la qualité et quantité des parroisses mixtes et de la commodité et soulagement d'icelles, pour, l'informacion faicte, rapportée et veue en notre Conseil, y estre par nous pourveu ainsy que verrons estre à faire par raison. De ce faire vous donnons povoir et mandement spécial. Car tel est notre plaisir. Donné à Folembray, le 12e jour de febv. l'an de grâce 1596, et de notre règne le 7e. Signé : Henry ; et plus bas : Par le Roy, Potier. Na que pour l'exécution de lad. commission cy-dessus est député Me Jeh. de

fut donnée par le Roi à Jean Dyel, premier président en la Cour des Aides, à Guill. Le Presbtre, président des Trésoriers généraux de France à Rouen, pour informer des abus et malversations commis pour le fait des deniers des tailles durant les troubles. Paris, 3 mars 1595. Enregistré à la cour, 24 oct. 1595. *Ibid.*, fo 479.

la Porte, conseiller en lad. court, par arrest du 21 mars audit an 1596 (1).

A la suite de l'information ordonnée par ces lettres patentes un arrêt du Conseil tenu à Rouen, le 19 oct. 1596, incorpora à l'élection de Chartres, les paroisses de Fresnay, le Gillemert, Tremblay-le-Vicomte et le Chêne-Chenu, qui dépendaient de toute ancienneté de l'élection de Verneuil et de Châteauneuf en Thimerais, et, comme compensation, incorpora à cette seconde élection les paroisses de Dampierre sur Blévy, Blévy, Baronval, Chenevière et S. Etienne de la Burgondière qui avaient fait partie jusque là de l'élection de Chartres. Cet arrêt fut enregistré à la Cour des Aides, le 13 janvier 1597 (2). (V. l'art. xliv du Cahier des Etats de 1599).

Etats consultés pour les limites de la banlieue de Rouen. — « 24 mars 1597. Entre les parroissiens en commun de Roncherolles sur le Vyvier, porteurs de lettres patentes du Roy, demandeurs en entérinement d'icelles et à ceste fin impétrans du mandement de la court, d'une part, et Me Jeh. Thomas, procureur scindic des Estatz de ceste province de Normandie, et Pierre Veuxin, dellégué pour le tiers estat en la vic. de Rouen, deffendeurs et adjournez, vertu dud. mandement, d'aultre, en la présence du procureur général du Roy, d'une aultre part, — Veu par la court lesd. lettres patentes donnez à Rouen le 18e de juil. 1588, par lesquelles S. M. veut et entend les habitans d'icelle parroisse de Roncherolles estre faits joyssans des mesmes priviléges que les habitans de la ville de Rouen et de la banlieue, comme estans dans les enclaves de lad. banlieue; arrest de lad. court, du 16e jour de nov. aud. an,

(1) Arch. de la S.-Inf. Cour des Aides, Reg. 11, fo 54 vo.
(2) *Ibidem.*

par lequel, avant que faire droict sur l'entérinement desd.
lettres, avoyt esté ordonné que icelles seroient communiquées tant au procureur des Estats que au procureur scindic
de lad. ville,..... responce du procureur scindic des
Estatz, du 16 may 1595, par laquelle il requéroit temps
d'en conférer à ceux qui assisteroient à la convention prochaine desd. Estatz ; arrest de la court, du 15 juin au dict
an, par lequel avoit esté enjoint aud. procureur des Estatz
en conférer avec les delléguez de lad. convention prochaine,

La court, avant que faire droit, a ordonné.. qu'il sera
faict mesure de lad. banlieue en l'endroit dud. Roncherolles (1). »

Extrait des Registres de la Chambre des Comptes. —
Arrêt du Conseil, par lequel Me Pierre de Bernières, ci-
devant receveur général des finances à Caen, est déchargé
de la poursuite des députés et trésorier des Etats pour la
somme de 3,998 écus par lui payée au sieur Guillaume
Gosselin, pour son remboursement de l'état de président
au siège présidial de Caen, faisant lad. somme partie de
13,333 écus pour le tiers de 40,000 écus accordés par le
feu Roi aux dits Etats, en l'année 1587, pour le remboursement des offices supprimés en Normandie. — On reconnaît
que le receveur général P. de Bernières n'était comptable
ni justiciable des députés de la province, mais seulement
de la Chambre des Comptes, dernier mai 1596 (2).

Extraits des registres du Bureau des Finances. 23 octobre 1595. — « Sur la requeste présentée par Me Michel De
Bornes, trésorier des Estatz de Normandie, tendant afin
que, suivant l'estat du Conseil du Roy et lettres patentes
de S. M. données à Paris, le 13e jour de mars dernier, fonds

(1) Arch. de la S.-Inf. Cour des Aides. *Registres du Conseil.*
(2) *Ibidem. Mémoriaux de la Chambre des Comptes*, B. 15, fo 110 vo.

luy soit fait pour le paiement des charges mentionnées
aud. estat, veu lad. requeste et lettres patentes par lesquelles
est mandé, nonobstant l'ordonnance du 30ᵉ jour de janv.
dernier, faire payer le suppliant de ce qui a esté levé entièrement en la présente année pour les taxations des sieurs
Commissaires des Estatz, a esté ordonné que led. De Bornes
sera payé de lad. levée.

24 oct. 1595. — «Sur la requeste présentée par Mᵉ Jeh.
Thomas, sʳ de Fontaines, procureur et scindiq général des
Estatz de ceste province, tendant afin que, suivant les
lettres patentes du Roy, données à S. Germain en Laye,
le 21ᵉ jour de nov. 1594, il soit assis et imposé sur les ellections de cette générallité, la somme de 2,510 escus 53 s.
pour les frais par luy faictz pour lesd. Estatz qu'il a des-
boursez, et 100 escus par luy fraiez, — veu lad. requeste, a
esté ordonné que lad. somme sera levée sur les ellections
de ceste générallité esgalement, aux 4 quartiers de l'année
prochaine, et qu'à ceste fin elle sera employée ès commissions qui seront envoyées par lesd. ellections pour la levée
des tailles de lad. année prochaine.

26 nov. 1595.— « Sur la requeste présentée par Mᵉ Paul
De la Barre, receveur des tailles en l'ellection de Rouen, à
ce qu'attendu la grande poursuite faicte à l'encontre de luy
par les assignez sur sa recepte et principalement par
Mᵉ Michel De Bornes, trésorier des Estats, qui a obtenu
exécutoire de la somme de 3,600 tant escus, lesquels il ne
peult payer pour la pauvreté du peuple, qu'il soit receu à
remettre l'exercice de sa charge, veu la dilligence par luy
faicte, mesme qu'il est en advance de plus de 500 escus,
ou bien qu'il soit ordonné qu'il payera lesd. assignez à
mesure que les deniers viendront, — est ordonné que led.
suppliant continuera sa dilligence pour payer lesd. assignez
ainsi et à mesure que les deniers viendront.

« Sur la requeste présentée par Mᵉ André Ligeart, tendant

à fin de vérifficacion des lettres patentes du Roy, du 25 mai
dernier, pour le paiement des gages à luy deubs de son office de greffier des Estatz, — veu lesd. lettres, a esté consenti
l'enthérinement d'icelles.

1er déc. 1595. — « A esté présenté par le sr Le Presbtre
ung paquet dans lequel ont esté trouvées deux commissions
du Roy, du 13 nov. dernier, pour la levée des tailles et
creues ordinaires de l'année prochaine et de la creue pour
l'entretènement de l'armée de S. M., montant en tout à la
soume de 577,000 escus, assavoir pour lesd. tailles et creues
360,000 escus, et pour la creue de l'armée 217,000 escus,
qui seroit 103,000 escus de diminution de taille et creues
de l'année prochaine, — veu lesquelles commissions, et
attendu que lad. diminucion de 103,000 escus n'a semblé
suffisante pour la descharge des parroisses désertes et inha-
bitées, et qu'il n'y a moyen de pouvoir lever lad. somme,
pour la grande pauvreté et extrême nécessité du peuple, ce
qui aporteroit plus de préjudice que d'advancement aux
affaires et service de S. M., a esté ordonné que lesd. commissions seront renvoyées à MM. du Conseil près S. M.,
lesquels seront suppliés de faire diminution, outre lesd.
103,000 escus, de 80 ou 100,000 escus, à ce que l'on puisse
lever ce qui restera sans non valleurs, *s'il est possible* (1) ;
qu'il sera aussi escript à Mgr de Montpensier et suplié de
parler au Roy, suivant la promesse qu'il en a faicte à son
partement, mesmes pour la convention des Estats, pour
laquelle ont esté envoyées depesches par les bailliages et
vicontez de ceste générallité ; aussi de s'oposer à la distraction des parroisses de la baronnye de Château-neuf en
Thimerais, pour la conséquence qu'elle aporteroit pour lesd.
parroisses, qui sont du parlement de Paris, néaulmoins de

(1) C'est une preuve bien remarquable de l'extrême misère de la
province.

tout temps annexées en ceste générallité (1). — Sera pareillement escript à Mons. d'Incarville (2), et au procureur des Estats de Normandie, à ce qu'il sollicite mon dit seigneur de Montpensier et le fasse souvenir de parler au Roy (3).

7 fév. 1596. — « Sur la requeste présentée par les habitans de la ville de Gournay, tendant affin qu'il feust permis nommer autre personne, pour assister au département des tailles de l'élection d'Andely, que Lois Le Brumen puist aller en court avec les commissaires des Estatz pour porter le Cahier des remonstrances,

Attendu que led. Le Brumen s'est acheminé avec les autres députez desd. Estatz porter led. Cahier, ne peut estre députté autre personne pour assister aud. département (4).»

Interruption des États en 1596.

———

Il n'y eut point de réunion d'Etats pour la Normandie en l'année 1596. Il n'en faut pas, croyons-nous, chercher d'autre cause que la convocation qui se fit à Rouen, cette année-là, d'une assemblée des notables du royaume. Henri IV était arrivé à Rouen le 16 octobre. Il en partit le 6 fév. 1597. L'ouverture de l'assemblée des notables avait eu lieu à l'abbaye de S.-Ouen le 4 nov. Le discours que le Roi y prononça à cette occasion est demeuré célèbre; mais

(1) V. p. 230, 237.

(2) Charles de Saldaigne, sr d'Incarville, de Bardouville, intendant et contrôleur général des finances. Sully n'en parle pas avantageusement dans ses Mémoires.

(3) Arch. de la S.-Inf., C. 1117.

(4) *Ibidem*, C. 1118, f⁰ 38 v⁰.

il faut bien reconnaître que le prologue valut mieux que la pièce, et que par leurs travaux, les membres de cette assemblée méritèrent peu le titre glorieux de restaurateurs de l'Etat que Henri IV proposait à leur ambition.

On trouve dans leurs Cahiers plusieurs vœux conformes à ceux de nos Etats provinciaux. En voici quelques-uns :

« Que pour empêcher la profanation des lieux saints S. M. défendît à ses troupes de se loger dans les temples, dans les chapelles et dans les sacristies des églises, ni d'y mettre leurs chevaux ;

Que les lettres de noblesse ne fussent accordées qu'à ceux qui s'en seraient rendus dignes par des services importants rendus à l'Etat, et surtout par de grandes actions à la guerre ;

Que les anciennes lois somptuaires fussent renouvelées ; que l'usage de l'or et de l'argent sur les habits, les pierreries, les perles et les autres choses que le luxe rend nécessaires, fussent défendues ;

Que l'on observât avec exactitude l'ordonnance faite à S. Germain l'an 1587 touchant ce que devaient payer les voyageurs dans toute la France, pour la dépense dans les hôtelleries ;

Que le Roi ne payât aucunes pensions, ni aucunes sommes extraordinaires jusqu'à ce que les dettes et toutes les charges de l'Etat... fussent entièrement acquittées ;

Que les étoffes d'or et de soie de la fabrique des étrangers ne pussent entrer dans le royaume (1). »

Pour assurer l'acquittement des dépenses annuelles, l'assemblée proposa l'établissement pour 3 ans d'un droit d'un sou pour livre sur les vivres, denrées et marchandises de tout genre, à la seule exception du blé, droit qui devait

(1) De Thou, *Hist. universelle*, traduction, édition de 1740, t. IX, p. 17 et suiv.

être perçu à l'entrée des villes, bourgs et bourgades, d'après un tarif d'évaluation des objets assujettis (1).

Ce droit fut, en effet, établi peu de mois après, et le tarif en fut réglé dans un acte connu pendant quelques années sous le nom de *pancarte*.

La ville de Rouen avait été représentée à cette assemblée par deux échevins choisis par le Roi. Ce furent MM. Voisin, sᵣ de Guenonville, et Bigot, sᵣ d'Esteville (2). Le 7 nov. 1596, ils demandèrent au Conseil de la ville « les mémoires et advertissemens de ce qui estoit nécessaire pour le bien et utilité de la ville métropolitaine de Normandie (3). »

La ville fit demander au Roi par ses deux représentants « de casser les garnisons des forts Ste-Catherine, du Vieux-Palais, de Pont-de-l'Arche et d'Henricarville ; de révoquer les impositions qui se levoient dans ces deux dernières places, d'autant que cette levée, spécialement celle d'Henri-carville, empeschoit grandement le trafficq, qui portoit préjudice à S. M. et au public de 20 fois d'avantage qu'il ne provenoit des impositions (4). » Elle demanda encore le rétablissement de sa mairie, abolie depuis 1383.

Voici en quels termes Voisin de Guenonville parle de l'assemblée des notables, dans l'exposé des travaux qui

_____

(1) A. Bailly, *Hist. financière de la France*, t. Iᵉʳ, p. 291.

(2) Bigot avait d'abord été mandé seul, comme premier échevin, dès le mois de juin 1596. Etant sorti de fonctions le 4 juillet, et ayant été remplacé par Voisin de Guenonville, Henri IV, tout en maintenant la nomination qu'il avait faite de Bigot, adressa au nouveau premier éche-vin une invitation pour se trouver à l'assemblée. Lettre du Roi datée de Gaillon, 12 oct. 1596. Arch. municipales de Rouen. *Reg. des délib.*,

(3) Arch. municipales de Rouen. *Reg. des délib.*, 7 nov. 1596. On voit par la délibération du 11 mars 1597 que les frais de l'entrée du Roi, y compris les frais de réception de l'ambassadeur d'Angleterre, le comte de Scherosbery, et du légat, le cardinal de Florence, — s'élevèrent pour la ville à 12,500 écus...

(4) Arch. municip. de Rouen. *Reg. des Délibérations*, 5 juill. 1599.

avaient eu lieu pendant la durée de ses fonctions de
1er échevin, ou, pour me servir de ses expressions, sous
l'administration de son consulat : « Longtemps devant lad.
entrée du Roy, S. M. avoit ordonné et convoqué une
signallée assemblée des princes et plus notables de tous les
officiers, gouverneurs, trésoriers et conseillers, gens du
Roy de toutes les cours de Parlement, Chambres des
Comptes, Courtz des Aides, Trésoriers généraux de chacune
province, maires et eschevins des principalles villes de ce
royaulme, icelle assemblée termée à tenir en ceste dicte
ville après lad. entrée, laquelle s'est tenue deux foys par
chacun jour au palais archiépiscopal, durant 4 à 5 moys
que le Roy a faict icy sa résidence, en laquelle le sr d'Esteville Bigot, comme ancien conseiller, et moy, comme
1er eschevyn estant en charge, y avons assisté, y convoquez
par lettres de sa dicte Majesté, représentées au Conseil de la
dicte ville, enregistrées en ce greffe, où nous y avons apporté
ce qui dépendoit de l'honneur de Dieu, service du Roy et
bien de ceste dicte ville et de toute ceste province et estats
de la France (1). »

(1) Arch. municipales de Rouen, *Reg. des Délibérations*. Le
24 janv. 1597, M. d'Incarville apporta aux échevins un ordre du Roi
pour la démolition du fort Ste-Catherine : « Il est enjoint et expressément commandé à tous bourgeois et habitans de cette ville, fauxbourgs
et banlieue de Rouen, de quelque estat ou condition qu'ilz soient,
d'eulx fournir et munir de pelles, piquoys et autres instruments...
pour aller ou envoyer hommes capables... desmolir le fort Ste-Catherine. »

ÉTATS DE DÉCEMBRE 1597.

I.

Extrait des Registres de délibérations de l'Hôtel-de-Ville de Rouen.

« Du sabmedy 6ᵉ jour de décembre 1597, en l'assemblée généralle de ceste ville et bailliage de Rouen, tenue en la forme accoustumée, en la grand salle de l'hostel commun, par nous Nic. Le Jumel, escuier, sʳ de Lizoires, conseiller et procureur général du Roy en sa court de parlement de Normandie, garde du bailliage dud. Rouen, le siége vacant, présence de Mᵉ Jacques Cavellier, lieutenant général et du procureur du Roy aud. bailliage, lecture faicte de la coppie des lettres du Roy à nous adressées, données à Paris le 22 nov. dernier, et d'autres lettres dud. sʳ Cavellier, des 27 et 29 dud. moys; pour la convocation des Estatz de ceste province termés à tenir au 1ᵉʳ de ce moys, et depuis différés au 9ᵉ, les ecclésiastiques, nobles de ceste ville et bailliage, autres bourgeois d'icelle, et depputez des vicontez dud. Rouen, Pont-de-l'Arche, et Auge, néaulmoings la non-comparence de cellui du Pont-Audemer, sur lequel a esté donné deffault, ont choisy et nommé, c'est assavoir : pour l'estat ecclésiastique, pour tout led. bailliage, vénérable et discrète personne Mᵉ Estienne Sansson, presbtre, curé de St-Laurent, chanoine et archidiacre en l'église cathédralle N.-D. dud. Rouen ; pour l'estat de noblesse, messire Jacques de Clères, sʳ et baron du lieu, et, pour conseillers et eschevins de lad. ville n. h. Jeh. Voisin, s^r de Guenonville, conseiller notaire et secrétaire du Roy, et Vincent Danten, ou, pour l'absence, malladie, ou excuse légitime d'iceulx eschevins ou l'un d'eulx, telz des autres qu'il sera advisé en leur Bureau, ausquelz a esté donné pouvoir, puissance et auctorité d'assister, avec les autres delléguez des troys Estatz des autres bailliages dud. pays, en la convention et assemblée géneralle d'iceulx, pour ouir et entendre ce qui leur sera proposé, requis et demandé, au nom de S. M., par MM. les Commissaires par elle députez à tenir lesd. Estatz, et sur lad. demande accorder, contredire, accepter, requérir, poursuivre et demander ce qu'ilz adviseront estre utille, nécessaire et proffitable aux habitans dud. pays, avec les aultres delléguez d'icelluy, et génerallement de faire et négocier ce qu'ilz verront bien estre pour la conservation de lad. ville et bailliage. Faict comme dessus.

MM. Boulays, procureur du Roy en bailliage, etc.

Jeh. Mallet, député du tiers Estat de la vicomté de Rouen par procuration passée au bailliage dud. Rouen, le premier de ce mois et an.

Charles Patalier, député du tiers Estat du Pont-de-l'Arche, par procuration passée devant le lieutenant du bailly lesd. jours et an.

Default sur le député du tiers Estat de la viconté du Ponteaudemer, et condampné en 10 escus d'amende. Depuys s'est comparu Guill. Colombel l'aisné; relevé du deffault et l'amende levée.

Jeh. Rioult, député du tiers Estat de la viconté d'Auge, par procuration passée devant Me Jeh. Laisné, ancien advocat exerceant la jurisdiction le 1er déc. 1597.

Et soit notté que lad. salle estoit plaine de bourgeois en grand nombre, desquels n'a peu estre prins les noms; aussi qu'ils n'ont esté particulièrement appelez.

« Ensuict la copie des lettres du Roy pour lad. séance. — De par le Roy. — Notre amé et féal, pour aucunes causes qui touchent le bien de nous et de notre royaume, nous avons ordonné la convention et assemblée des gens des troys Estats de notre pays de Normandie estre tenue en notre ville de Rouen au 1er jour de déc. prochain venant, où nous envoyrons les causes qui nous meuvent de ce faire. Sy vous mandons que vous faictes ensembler les gens des troys Estats de votre bailliage et leur ordonnez bien expressément, de par nous, que aud. lieu et jour ilz envoyent jusques au nombre de 6 personnes, c'est assavoir ung de l'estat d'église, ung homme noble et les 4 autres de l'estat commun, qui soient esleuz ung pour chacune viconté respectifvement de votre jurisdiction, ce que voullons estre faict en icelles vicontez en la présence des esleuz soubz la jurisdiction desquelz la plus part des habitans desd. vicontez seront contribuables actuellement à nosd. tailles et impostz, et qu'ilz ellisent aussy 2 conseillers eschevins de notre ville de Rouen pour assister à lad. assemblée, garnis de pouvoir suffisant de la part desd. Estatz, et que aucuns desdits delléguez, soit de l'estat d'église, de la noblesse et de l'estat commun, ne soient de nos officiers, ne leurs lieutenantz commys ou substituz, advocatz ne gens de praticque en aucune manière, ainsy que plus amplement il vous a esté mandé aux précédens Estatz. Et gardez qu'il n'y ayt faulte. Données à Paris, le 2e jour de nov. 1597 ; signé : Henry ; et plus bas : Potier ; et sur le dos est escript : A notre amé et féal le bailly de Rouen ou son lieutenant ; et à costé du cachet de S. M. de cire rouge, collacion faicte, signé : Cavelier.

« Messieurs, nous venons présentement de recevoir les lettres closes du Roy, données à Paris, le 22e de ce mois, pour le termement des Estatz de ce pais de Normandie ; et, pour ce que nous aurions trouvé que le terme de les tenir, qui est le 1er jour de déc., est fort proche, et qu'il n'est possible dans led. temps faire les assemblées pour lad. convocation, nous nous sommes retirez par devers Monsieur le premier président de la court de parlement de Rouen, qui a assemblé Monsieur le premier président de la Chambre des Comptes, pour adviser et délibérer entre eulx; lesquelz ont esté d'advis de vous envoyer le vidimus desd. lettres patentes de sad. Majesté, que nous vous envoyons afin que vous ayez à faire assembler en l'hostel commun de ceste d. ville, lundi prochain 1er jour de déc., 1 heure de relevée, pour procéder à l'ellection et nomination d'un ecclésiastique, ung noble et 2 de votre corps de ville, pour assister et estre présens à la tenue desd. Estats, ainsi qu'il est accoustumé et que par cy devant il a esté observé. Et n'estant la présente à autre fin, nous prierons Dieu, Messieurs, vous avoir en sa saincte garde. A Rouen, ce 27e jour de nov. 1597. Vos affectionnez et bons amys les lieutenant général, advocat et procureur du Roy au bailliage de Rouen. Signé : Cavelier; et sur le doz : A Messieurs Messieurs les conseillers et eschevins de la ville de Rouen.

« Messieurs, Monsieur le premier président envoya hier au soir me dire qu'il avoit reçu une lettre de Monsieur de Montpensier, qui est en court, pour continuer et différer la tenue desd. Estatz de ce pais de Normandie au 9e jour de déc. prochain, et que j'eusse à le faire sçavoir aux juges et officiers des autres vicontez de ce bailliage, ce que j'ay faict ce jourd'huy matin, à ce qu'ilz aient plus de loisir et moyen de faire ellection du député du tiers Estat de chacune de leurs vicontez, et faict sçavoir aux ecclésiastiques et gentilz — hommes desd. vicontez qu'ils aient, avec le député du tiers Estat, à se trouver samedi prochain, 6e jour du mois de déc., en l'assemblée qui se fera en votre hostel-commun; 1 heure aprez midi, pour procéder à l'eslection d'un ecclésiastique et d'un noble pour ce bailliage et de deux de vous, ainsi qu'il est accoustumé et qu'il est porté par les lettres du Roy du 22ᵉ jour de ce mois, que nous envoyasmes le jour d'hier. N'estant la présente à autre fin, nous prierons Dieu, Messieurs, vous tenir en sa saincte garde. De Rouen, le 29ᵉ jour de nov. 1597. Voz affectionnez et bons amys les lieutenant général, advocat et procureur du Roy au bailliage de Rouen. Signé : Cavelier; et sur le doz : A Messieurs Messieurs les conseillers et eschevins de ceste ville de Rouen, à Rouen. »

II

NOTES DU PREMIER PRÉSIDENT GROULART.

États de 1597. — « Estoient commissaires Mgr de Mont-pensier, MM. le grand écuyer de France, de Lanquetot, des Hameaus, de La Haulle, thrésorier général de France à Rouen, Morel, thrésorier général de France à Caen, Le Jumel, procureur général en la court, Dambray et Morant, receveurs généraux aux deus généralités, et fut par ce moyen le nombre des Commissaires retranché. Je fis une protestation à l'encontre de M. le grand qui estoit nommé devant moy, qui est insérée dans le registre où les raisons sont remarquées au long. M. de Montpensier, ayant sçu que le Roy trouvoit mesme mauvais le grand théâtre, le fist reformer, et n'avoit qu'une marche plus haut que nous autres Commissaires.

D'autant que le sʳ de Jambeville avoit envie d'estre devant M. le président de Lanquetot, la commission fust reformée, et lui mis hors de patent, et eust une commission à part; mais il ne se trouva à la séance des Estats. »

III.

NOMINATION DES DEUX COMMISSIONS POUR LE PORT DU CAHIER
ET POUR L'AUDITION DES COMPTES.

« Du lundi avant midi, 15ᵉ j. de déc. 1597, passé en l'hostel
de l'archevesché de Rouen. Furent présens vénérable et
discrette personne Mᵉ Estienne Sansson, curé de S. Laurent de Rouen, chanoine et archidiacre en l'église cathédralle de N. D. de Rouen, dellégué pour l'état ecclésiastique du bailliage de Rouen; messire Jacques de Clères,
seigneur et baron du lieu, délégué pour la noblesse dud.
baill. de Rouen; noble homme Jehan Voisin, sʳ de Gue-
nouville, notaire et secrétaire du Roy, et Vincent Danten,
conseillers et eschevins de ceste ville de Rouen; Jeh.
Mallet, de la par. de Sᵗ Nicolas de Folleville, pour le tiers
estat de la viconté dud. Rouen; Charles Pastallyer, pour
la vic. de Pont-de-l'Arche; Guillaume Colombel l'aisné,
pour la vic. de Pont Autou et Pont Audemer; Jehan
Ryoult, pour la vic. d'Aulge; — discrette personne Mᵉ F...
Ferment, prebstre, curé d'Envremeu, dellégué pour l'é-
glise du baill. de Caux; Martin de Constans et d'Envron-
ville, d. pour la noblesse du baill. de Caux; Nic. Plon-
geon, d. pour le tiers estat de la vic. de Caudebec; Jeh.
Hebert, pour la vic. de Moustiervillier; Jacques Crespin,
pour la vic. d'Arques; Adrien Mahieu, pour la vic. de
Neufchastel; Mᵉ Lois Le Brument, pour la vic. de
Gournay; — noble et disc. personne Mᵉ Michel Bunel, chanoine en l'église cathédrale N. D. de Bayeux, pour l'église
du baill. de Caen; noble seigneur Gabriel de Briqueville,
sʳ de la Luzerne et Esmanville, pour la noblesse du baill.
de Caen; Blanchet Dupont, l'un des gouverneurs de la
ville de Caen, d. pour icelle; Jeh. Du Moustier, d. pour le

t. e. de la vic. de Caen ; Me Jehan Durand, pour la vic. de
Bayeulx ; Charles Lermite, pour la vic. de Fallaise ; Girard
Lambert, pour la vic. de Vire ; — vénérable et disc. personne Me Jeh. Fortin, docteur en théologie, et chanoine
pénitencier en l'église cathédrale d'Avranches, d. pour l'é-
glise du baill. de Costentin ; n. h. Guill. de La Broise,
sr de la Poutelle, d. pour la noblesse du baill. de Costentin ; n. h. Jacques Jallot, sr de Hault Montier, d. de
Vallongnes, pour la noblesse de Costentin ; Me Charles
Blondel, sr de Neauville, pour la vic. de Coustances ;
Pierre Paoul, l'un des eschevins et bourgeois de la
ville de St Lo, pour la vic. de Carentan et dud. St Lo ;
Jeh. Groult, pour la vic. de Vallongnes ; Gilles Langlois,
pour la vic. d'Avranches ; F... Trehot, pour la vic. de
Mortaing ; — vénérable et disc. personne Me Nic. Yvelin,
presbtre, docteur en théologie, et chanoine en l'église cathédrale N. D. d'Evreux, d. pour l'église du baill. d'Evreux ;
Michel Haulte terre, d. pour le t. e. de la vic. dud. Evreux ;
Me Imbert Le Painteur, pour la vic. de Beaumont-le-
Roger ; Jeh. Buisson, pour la vic. de Conches et Bretheuil ; Oudart Aurouyn, pour la vic. d'Orbec ; — noble
et discrette personne Me Antoine de Vincy, licencié en
droit, doyen d'Escouys, pour l'église du baill. de Gisors ;
hault et puissant seigneur Mons. René du Bec, chevalier
de l'ordre du Roy, sr de Wardes, pour la noblesse du
baill. de Gisors ; Jeh. Guersent, d. pour le t. e. de la vic.
dud. Gisors ; Nic. Le Moyne, procureur syndic de la ville
de Vernon, pour la vic. dud. lieu ; Mathieu Cheron, procureur syndic des habitans de Pontoise pour la chastellenie
de Pontoise ; Jeh. Lointier, bourgeois de Magny, pour la
prévosté de Chaulmont et Magny ; Hector Le Mercier
l'aisné, pour la vic. d'Andeli ; Jehan Chefderue, pour la
vic. de Lions ; Me Jehan Le Mol, curé d'Argentan, pour
l'église du baill. d'Allençon ; Me Berthrand Le Bel,

presbtre, curé de Torchant, aussi d. pour l'église dud. baill. ; n. h. Nicollas Valloys, s^r de la Forest, d. de la noblesse du baill. d'Alençon ; n. h. Claude Doisnel, s^r de la Sausserie, aussi pour la noblesse du bailliage d'Allençon ; Guill. Duval le jeune, l'un des eschevins de la ville d'Allençon ; Rob. De Caulx, d. du t. e. de la vic. d'Argentan ; Guill. Le Grix, aussi d. du t. e. de lad. vic. ; Siméon Petrion le jeune, pour la vic. de Dompfront ; Jeh. Couldroy, pour la vic. de Verneuil, Chasteau-neuf en Thimerays, et Me A. Clereau, pour le conté du Perche et chastellenie de Nogent-le-Rotrou, tous les dessus dits déléguez représentans les gens des trois Estats en la ville de Rouen, en la présente année 1597, suyvant la convention faicte par le voulloir du Roy notre Sire, lesquelz ès dictes quallités, par vertu et suivant le pouvoir porté par les procurations portées par chacun d'eulx respectivement, ont deputté, nommé, esleu et estably leurs procureurs généraulx et spéciaulx, c'est assavoir lesd. s^{rs} Anthoine de Vincy, licencié en droit, Michel Bunel, chanoine de Bayeux, pour l'estat de l'église ; les dits sieurs de Briqueville, s^r de— La Luzerne, et du Bec, s^r de Wardes, pour la noblesse — pour le tiers estat, Jeh. Durant, Jeh. Guersent, — et n. h. Me Jeh. Thomas, s^r de Fontaynes, procureur syndic desd. Estats, ausquelz et à chacun d'eulx portans la présente, lesdits s^{rs} déléguez, èsd. noms et quallitez, ont donné et donnent plain pouvoir, puissance, autorité, commission, mandement spécial de poursuivre, vers la Majesté du Roy et Nosseigneurs de son Conseil, la responce et expédition des articles du Cayer... arresté et signé desd. depputez, sans aucune chose augmenter ne dyminuer, et générallement promettans tenir, obligeans les biens et revenus dud. pays de Normandie en tant que faire le peuvent. Présens Mallet Baziret, huissier des Estats, et Roger Euldes.» Suivent les signatures, d'après lesquelles nous avons rétabli,

autant que nous l'avons pu l'orthographe des noms. Au-
dessous de celle de Voisin : « Aux protestations sur les
articles des imposts contenus aux Cayers. » Au dessous
de celle d'Austeville : « Ausd. protestations touchant
led. impost contenu aud. Cayer. »

Les mêmes, le même jour, nomment une commission
« pour assister à l'audition des comptes des frais communs,
remboursement d'officiers et autres affaires dudit pais, qui
seront présentez à MM. les présidens et trésoriers généraulx suivant la commission du Roy, pour procéder à la
taxe des députés, arrester les frais et voiages dud. procureur
syndic et autres personnes qui ont été employées durant les
années passées et la présente année pour les affaires du
pais. » Cette commission fut composée des s⁽ʳˢ⁾ Sansson et
Fortin pour l'église ; — des s⁽ʳˢ⁾ de Clères et de Haultmon-
tier, pour la noblesse ; — des s⁽ʳˢ⁾ Lambert et Langlois,
pour le tiers Estat, — et de Jeh. Thomas, s⁽ʳ⁾ de Verdun,
procureur syndic.

IV.

PIÈCES DIVERSES.

Commission pour la tenue des Etats de l'année 1597 (1).
— Henry, par la grâce de Dieu, roy de France et de Navarre.................... Pour ces causes, par l'advis

(1) Chaque année, le Roi faisait expédier une commission en cette
forme. Il n'y avait guère de changement que dans les premières lignes
qui étaient consacrées à un exposé succinct des besoins de l'Etat. La
plupart des commissions ont été perdues. Celle que nous reproduisons
ici d'après un ancien formulaire qui paraît provenir du Bureau des
finances (armoire des cartulaires) est incomplète. Nous indiquons en
note les principales variantes de rédaction que présente la commission
pour la tenue des Etats de 1607. — Bien que cette pièce soit longue et

des officiers de ceste Couronne et autres seigneurs de notre
Conseil, avons advisé et résolu que, pour nous ayder et
satisfaire à partie des susdictes despences, il sera, en l'année
prochaine, que l'on comptera 1598, imposé et levé sur
nos subjectz contribuables aux tailles de notre pays et duché
de Normandye, eslection d'Allençon, comté du Perche,
prévosté de Chaumont et accroissement de Maigny, compris Pontoise, tant pour le principal de la taille, taillon
que creues y joinctes, la somme de 415,647 escuz et demy,
de laquelle la généralité de Rouen portera la somme de
263,107 escus et demy, assavoir pour le principal de la
taille, creues de cent et deux cens mil escus et parisis
d'icelles, 183,595 escus ; pour la creue des réparations des
villes du pais, 2,600 escus ; pour les gaiges de Me Estienne
de Laval, cy-devant receveur général du taillon, 267 escus ;
pour les estatz du gouverneur et lieutenant au gouvernement, 4,000 escus ; pour partie du payement des postes
du pays, 638 escus ; pour les fraiz et taxations des Commissaires des Estatz, 3,300 escus ; pour les gaiges et fraiz, tant
de la levée des susdictes sommes que des officiers supprimez, 37,000 escuz ; pour le taillon ordinaire de notre gendarmerye, 23,000 escuz ; pour la creue des visbaillifz et
prévostz des mareschaux, compris les 3 d. pour livre aux
recepveurs, 8,707 escuz et demy ; — et sur la générallité
de Caen, 152,440 escuz, sçavoir pour le principal de la
taille, creus de cent et deux cens mil escuz et parisis d'i-
celles, 109,049 escus ; pour la creue des réparations et fortiffications des villes du pays, 1,500 escus ; pour partye du
payement des postes, 400 escus ; pour les taxations des
Commissaires des Estatz, 1,800 escus ; pour l'estat du gou-

d'une lecture aride, nous n'avons pas cru pouvoir nous dispenser de
la reproduire en entier, parce qu'il n'y a pas de document qui fasse
aussi bien connaître la manière dont on procédait à la levée des impositions.

verneur et lieutenant au gouvernement, 2,400 escus ; pour
partie des gaiges de Me Estienne de Laval, 151 escus ;
pour les frais de la levée desd. sommes et partie du remboursement des officiers suprimez, 21,000 escus ; pour le
taillon ordinaire de notre gendarmerye, 13,000 escus ; pour
la creue des visbaillifz et prévostz des mareschaulx de lad.
générallité, compris les 3 d. pour livre attribuez aux receveurs, 3,240 escus, revenans toutes lesd. sommes à lad. première somme de 415,647 escus 30 s., qui est moindre de
15,0000 escuz de ce qui a été imposé sur noz subjectz pour
les causes susdictes en la présente année. Pour advancer le
recouvrement de laquelle, encore que nous ayons jà envoyé
noz commissions en chacune desd. généralitez pour en
faire l'assiette et département et pourveoir à ce que la levée
s'en face à temps et promptement, pour nous en prévalloir
en la nécessité de noz affaires susdictes, sur l'asseurance
que nous avons que noz subjectz ne vouldront, en ceste
occasion, mancquer à notre service, non plus qu'en précédent (1), attendu la modération notable d'icelle et que nous
estions d'ailleurs incertains que vous, notre dit cousin le
duc de Montpensier, seriez retenu avec nous aux affaires de
ceste frontière (2), et que vostre absence peut permettre
sytost la tenue desd. Estatz, désirant néantmoins faire entendre le tout à noz très chers et bien amez les gens des
trois Estatz de notre pays et duché de Normandie, mesmes
quelques aultres affaires qui touchent le grand bien, sûreté
et conservation d'icelluy et de nos subjectz qui en sont
habitans, affin de les disposer à nous secourir plus libre-

(1) La commission pour la levée des impositions avait été expédiées
antérieurement à l'octroi des États. Ce fait, d'abord exceptionnel, devint
bientôt assez ordinaire. Toutefois le Roi, dans ce mandement, essaie
de se justifier, et par là implicitement il reconnaît le droit des États
de consentir les impôts.

(2) La frontière de Picardie.

ment desd. sommes, outre celles que nous jugerons nécessaires pour l'entretènement de noz gens de guerre, levée
de pionniers et autres affaires de notre artyllerie, suivant le
besoing que nous en aurons, nous avons ordonné iceulx
Estatz estre tenuz et assemblez en notre ville de Rouen au
1er jour du mois de déc. prochain. Et pour ce faire, estant
nécessaire de commectre et depputer aulcuns grandz et notables personnages qui y assisteront, de notre part (1),

(1) Voici les formules des lettres des Commissaires, d'après le même
registre qui nous a fourni les lettres de commission.

Au gouverneur de la Province. « Mon cousin, estant nécessaire de
faire tenir les Estatz ordinaires de mon pais et duché de Normandye,
j'ai faict despescher la commission pour la tenue d'iceulx, laquelle je
vous envoye, remectant à vous d'assigner le jour et le lieu que verrez
estre plus commode pour ceste assemblée, vous priant de faire tenir
les lettres que j'escris aux autres Commissaires députez pour assister
en icelle, après les avoir faict remplir desd. jour et lieu, à ce qu'ils
s'y tiennent, et, de vostre part, vous employer, et eulx avec vous,
envers iceulx Estats, pour me faire accorder et octroyer ce que je leur
demande, et vous me ferez service fort agréable. Priant Dieu, mon
cousin, qu'il vous ayt en sa sainte et digne garde. »

A Messieurs les Commissaires. « Nos amez et féaulx, ayant résolu
de faire tenir les Estatz ordinaires de notre pays et duché de Normandie en notre ville de.... au... jour de...... prochain, et vous
ayant commis et depputé pour estre et assister, de par nous, en lad.
assemblée, nous vous envoyons nos lettres patentes de commission,
que pour cest effect vous avons faict depescher, suivant lesquelles
nous vous mandons que vous ayez à requérir iceulx Estatz de nous
accorder les demandes y conteníues, leur faire amples remonstrances
des bonnes et grandes raisons et considérations qui nous meuvent
leur faire faire lesd. demandes, affin de les esmouvoir à les nous
octroyer et accorder libérallement pour le bien de noz affaires et conservation de notre Estat et spéciallement de notre dit pais et duché,
comme vous verrez particulièrement par nosd. lettres de commission.
Et vous nous ferez fort grand et agréable service. Donné, etc. »

A chacun des Commissaires. « Monsr de...., nous avons résolu
de faire tenir les Estatz ordinaires de noz pais et duché de Normandie
en notre ville de... au jour de... prochain, et vous avons compris et

sçavoir faisons que nous, ce considéré, confians entièrement
en vos sens, prudence, loyaulté, expérience et bonne dilligence, pour ces causes, vous avons commis, ordonné et
député, commettons, ordonnons et députons, et vous
avons donné et donnons plain pouvoir, puissance et auctho-
rité par ces dictes présentes et aux cinq d'entre vous, en
l'absence des autres, de vous transporter et assister, de par
nous, en l'assemblée desd. Estats, en notre ville de Rouen,
au jour susdit et icelles nos dictes affaires et choses susdites amplement remonstrer ausdicts Estats, les disposer et
rendre promptz et faciles à la levée des sommes susdictes
payables à 4 termes et payements esgaux, qui escherront au
1er jour de janvier, avril, juillet et octobre de lad. année
prochaine, par quart et esgalle portion, ès mains des receveurs de noz tailles, qui seront tenuz les délivrer ès mains
des receveurs généraulx de noz finances establis à Rouen
et Caen, selon les estats qui en seront faicts et dressés par
vous, trésoriers généraulx de France et de nos d. finances
d'icelles généralitez, chacun en vostre regard. Desquelles
sommes susdictes voulons les assiettes et départemens généraulx estre faicts par les ellections et vicontez de chacune
desd. généralitez respectivement par vous, trésoriers généraulx de France et de nos dictes finances [et appelé avec
vous telz des esleuz desdictes ellections que vous aviserez
et leurs greffiers, ensemblement ce que nous avons or-

nommé en la commission que nous avons expédiée pour la tenue
d'iceulx Estatz, desquels nous vous avons bien voulu advertir, et, par
mesme moyen, vous prier de vous y trouver et assister pour, en l'assemblée d'iceulx Estatz, leur faire remonstrances, avec les autres
Commissaires denommez avecq vous en lad. commission, des raisons
et considérations y contenues, et, ce faict, vous employer à faire que
ce que nous demandons nous soit accordé et octroyé, comme il est
raisonnable et que le bien de noz affaires le requiert, en quoy vous
nous ferez service fort agréable, et sur ce je prieray Dieu qu'il vous
ayt, Monsr de...., en sa sainte et digne garde. »

17

donné] (1) en la présence des déléguez du tiers estat desdictes vicontez, de notre procureur et du recepveur des
tailles, sans autre plus grand nombre de personnes, dont
sera faict ung seul rolle et assiette, tant pour le regard du
principal de lad. taille que desd. creues, et une dud.
taillon séparément, pour éviter à la foulle de notre peuple,
sans que les elleuz, recepveurs, greffiers, et autres officiers
desd. ellections puissent prendre aucune taxation sur lesd.
creues, taillon, et autres charges susdictes, ains se conten-
teront de la taxe qu'ils ont sur led. principal de la taille,
leur mandant lesd. sommes esgaller par les paroisses desd.
ellections et vicontez, les opulentes et fortes portans les
pauvres, et les particuliers par les paroisses desd. ellections
et personnes contribuables à nosd. tailles et creues le fort
portant le foible en la manière accoustumée, et icelles asseoir
et imposer, pour la commodité des collecteurs desd. tailles,
ès lieux et paroisses où ilz estoient demourans et résidans le
dernier jour de juillet dernier passé, selon qu'il est plus à
plain déclaré en nóz lettres patentes cy-devant envoyez à
vous, dits présidens et Trésoriers généraux, excepté toutefois
ceulx qui se seroient retirez depuis ces derniers troubles
ès villes franches et lieux privilégiez, estans contributifz
ausd. tailles, et ceulx aussy des villages et parroisses scituez
sur les limittes de notre pays de Normandie du costé du
Mayne, lesquelz, encores qu'ilz ayent plusieurs maisons [et
héritages èsd. parroisses, toutesfois, pour s'exempter de la
contribution à nos d. tailles et impositions que doibt porter
notre pays de Normandie, vont demeurer et faire résidence
en de petites maisons et hameaux hors nostre d. province,
qu'ilz font à ceste fin bastir et dresser de l'autre costé de la

(1) Les mots entre crochets sont remplacés par ceux-ci dans la commission de 1607. [Et les particuliers par les esluz et controlleurs des
ellections et leurs greffiers, ensemblement suivant nos anciennes ordonnances.]

rivière sur les limites de notre pays du Mayne, où ilz retirent leurs fruictz et revenus qu'ils recueillent de leurs
dits héritages assis èsd. parroisses en notre d. pays de Normandye au grand dommage, foulle et charge des autres
habitans d'icelles paroisses, tous lesquels, nonobstant ce que
dessus, nous payeront et contribueront ès lieux et paroisses
où ilz ont cy-devant accoustumé d'estre cotisez et assis.
Voulons et déclarons que ceulx de nos d. subjectz habitans
qui se seroient retirez en nosd. villes franches et lieux pri-
villégiez, estans de condition roturière, et n'ayans autre
prévilleige que de bourgeois et habitans d'icelles villes
franches, ne se puissent prétendre et ne soient exempts de
la contribution à nos d. tailles, subcides et impositions,
s'ilz et chacun d'eux n'ont demeuré cinq ans continuellement en l'une de nos d. villes franches. Et pour le regard du
prévilleige par nous cy-devant octroyé à ceux qui auroient
basty en notre ville Françoise de Grâce, nous n'entendons
aussy que ceulx qui y ont faict et feront cy-après bastir
maisons soient exemptz de la contribution à nos d. tailles,
sinon qu'eulx et leur famille y facent leur demeure et résidence ordinaire sans fraulde, n'entendans que aulcuns des
habitans des autres villes, bourgs, villages et lieux contribuables à nos d. tailles en notre pays et duché de Normandye, et qui payent tailles en leurs paroisses, puissent
estre mis, assis et imposez à icelles tailles, hors de leurs d.
parroisses, pour quelques fermes qu'ilz tiennent en notre d.
pays, ny que ce que le feu roy Charles, notre très honoré
seigneur et frère manda pour le faict desd. fermiers, par
ses lettres patentes de commission de l'année 1571 pour la
tenue desd. Estatz ayt lieu cy après, sinon pour les horzains
de notre d. pays, y prenans des fermes, et pour les habitans desd. villes franches d'icelluy ou qui payent les tailles
sur deniers d'octroy, et autres exemptz et non payants
taille, lesquelz nous voulons et entendons estre assis ausd.

tailles pour le regard desd. fermes qu'ilz tiendront, à la
descharge de lad. paroisse où lesd. héritages seront scituez
et assis, comme il est porté par la commission de l'année
1572, enjoignant à nos d. esleuz d'ainsy le faire, et à vous,
dits Trésoriers généraulx de France, d'avoir l'œil et
prendre garde ausd. assiettes particulières, qu'elles soient
faictes en la forme que dessus, et que toutte esgallité y soit
gardée par lesd. esleuz. Auxquelles assiettes et départements
les habitans de la prevosté de Chaumont et accroissement
de Magny, compris Pontoise, seront contribuables en la
forme et manière qu'ilz ont esté cy-devant selon les arrestz
sur ce donnez; et pourront estre contrainctz réaulment et
de faict suivant noz ordonnances, déclarations de noz vouloir et intention, accord et permission par nous et nos prédécesseurs roys cy-devant faictz aux gens des trois Estatz de
notre pays, duché et générallitez de Normandie, excepté
les officiers domesticques, ordinaires et commensaux de
notre maison [et ceux du feu roy notre très honoré seigneur
et frère et de notre très chère et très amée seur unique, la
duchesse de Bar,] (1) de notre cousin le prince de Condé,
lesquelz seulement nous entendons estre exemptz desd.
tailles suivant nosd. ordonnances et règlements. Et lesquelles
sommes qui seront, ainsy que dict est, imposéés et levées,
voulons et entendons estre cueillies et levées, receues et
payées en telle manière que les deniers en puissent venir
bons sans aucune diminucion, descharge, non-valleur. Et
icelles faictes recevoir par lesd. receveurs particuliers de
noz tailles, qui seront lad. année en exercice, aux termes et

(1) [Et de la royne notre très chère compagne et espouse, de notre
très cher filz le daulphin, d'Elisabeth et Cristienne nos filles, des roys
et royne, de notre seur unique la duchesse de Bar deffuncte et autres
dénommez par nos lettres de déclaration de... 1598 et règlement par
nous naguères faictz sur le paiement de nosd. tailles du...., jour de
...... et aux charges et conditions y contenues].

ainsy qu'il est cy-devant déclaré et contenu [pour estre par
lesd. recepveurs délivrées] (1), c'est assavoir : le principal
desd. tailles par les quittances des recepveurs généraulx de
noz finances ès dictes villes de Rouen et Caen , pour estre
par eux délivrées après ès mains de noz amez et féaulx conseillers les trésoriers de notre Espargne, et les deniers dud.
taillon, par les quictances des recepveurs généraux d'icellui
taillon, et par eulx mis ès mains du trésorier ordinaire de
noz guerres qui sera en exercice ou aultrement, ainsy qu'il
sera par nous advisé, pour estre employez au payement de
notre gendarmerye, et les deniers, tant pour les reppa-
rations, gaiges des visbaillifz, postes, gages et taxations des
elleuz, greffiers, controlleurs et recepveurs des tailles, ensemble les fraiz pour les affaires communs dud. pays,
taxations des voiages des déléguez des Estatz, compris les
fraiz de lad. convention, selon les ordonnances et estatz
qui seront respectifvement faictz par vous, dits présidents
et Trésoriers généraulx de France, et les taxations de vous,
dits Commissaires, suivant l'estat qui en sera faict par nous

(1) [Et où ilz auront recongneu que, aux roolles et assiettes à eulx
délivrez, il fust comprins et emploié aulcune partie tombant en non
valleur et descharges, ilz seront tenuz d'en advertir incontinent et avant
chacun quartier expiré les Trésoriers généraulx et leur en envoyer un
estat, signé et vériffié d'eulx, contenant les causes de non-valleur, à
peine d'en respondre en leurs propres et privez noms, pour y estre
remedié, après s'en estre bien et deument informé, soit en faisant
réformer lesd. assiettes et distraire d'icelles lesd. parties inutilles et
descharges, les rejeter ailleurs, ou en faire respondre lesd. esleuz, en
cas qu'il y eust de leur faulte, leur ayant à ceste fin donné plain pouvoir et commission, notre intention estant, comme dict est, qu'il n'y
ayt aulcune diminution sur les sommes cy-dessus, affin que les assignations, gages d'officiers, rentes et autres charges assignées sur nos d.
receptes généralles puissent estre entièrement acquittées suivant les
estatz que nous ferons dresser en notre Conseil, et que lesd. deniers
soient entièrement receuz par lesd. recepveurs particuliers et par eux
délivrez.]

en notre Conseil. Et en rapportant ces présentes signées de notre main par lesd. recepveurs des tailles, recepveurs généraulx de noz finances et du taillon ou l'un d'eulx sur leurs comptes, ou le vidimus d'icelles, dûment collationné à l'original par l'un de noz amez et féaulx notaires et secrétaires, ou faict soubz double scel royal, avec quictance suffisante de ceulx à qui ils auront faict les payements, et les ordonnances et estatz de vous, dits Trésoriers généraulx en chacune de voz charges, et de nous pour lesd. taxations de vous, dits Commissaires, nous voulons tout ce qu'ilz auront ainsy payé estre passé et alloué en la despence de leurs comptes par nos amez et féaulx les gens de nos Comptes à Rouen, ausquelz mandons ainsi le faire sans difficulté, et sans qu'ilz soient tenuz recouvrer lettres ou taxations de nous desd. gaiges, voiages et frais susdits, autres que l'estat concernant la taxation de vous, dits Commissaires, qu'ilz seront tenuz prendre de nous, dont, en tant que besoing en seroit, nous les avons rellevez et rellevons de notre grâce spécialle par ces d. présentes.

Au payement desquelz deniers et accomplissement de ce que dessus, vous, Commissaires susdits, contraignez ou faictes contraindre tous ceux qui y auront esté assis et imposez, lesd. termes escheuz et passez, réaulment et de faict, tout ainsi qu'il est accoustumé faire pour nos propres deniers et affaires, nonobstant quelzconques ordonnances, reiglements et éedicts faitz sur la forme et manière de faire recepvoir les deniers du taillon et iceulx faire départir, cueillir et lever et en rendre compte, auxquelles nous avons desrogé et desrogeons par ces d. présentes, pour les causes amplement desduictes et desclarées én l'éedict du mois d'avril 1564. Et si, de partie à partie, naist sur ce débat et opposition, les deniers préalablement paiez, soit faict aux parties bon et bref droict, nonobstant oppositions ou appellations quelconques, clameur de haro, chartre normande, dolléances et prévillèges généraulx ou particuliers donnez à aulcunes villes ou personnes autres que ceux qui ne sont compris et sont exemptz du paiement de nosd. tailles et creues (1) par [les commissions de ceste d. année présente ou] auctorisations de marchander aux nobles et autres prévillégiez, à quoy ne voulons que l'on ayt aulcun esgard pour ceste foys seullement et sans préjudice d'iceulx à l'advenir, en prohibant et deffendant, de par nous, ausd. elleuz d'icelluy pays et duché [ou leurs lieutenans] (2) qu'après qu'ilz auront faict et signé les premiers départements par le menu desd. deniers ès parroisses d'icelles ellections, ils ne soient si osez et hardis de faire modérer aucunes de leurs assiettes, quelques lettres ou impétrations qu'ilz puissent avoir ny obtenir de nous et de notre très cher et féal le chancellier, ny pareillement permettre faire nulles assiettes ny recepvoir aulcuns advocatz à postuler devant eulx ny soustenir pour les causes sus d. aucuns procès, sur peine de privation de leurs offices et d'estre envers nous condampnez en amende arbitraire, suivant noz ordonnances. Et pour ce que lesd. esleuz ou la pluspart d'iceulx ont plusieurs sièges et vicontez ès limites de leurs ellections, où y a de tout temps juridiction, laquelle ilz ne peuvent exercer en personne, [et pour leur défault depputent (3), comme nous avons esté advertiz,] lieutenans soubz eulx, qui des droictz et esmollumens desd. offices leur font proffict et argent de ferme par chacun an, au moyen de quoy ils soustiennent lesd. procèz et font ordinairement rassiette et modérations au retardement de nos d. deniers et à la charge et foulle de notre peuple, contre l'effect de noz ordonnances, pour à ce obvier nous voulons que par vous,

(1) [Nos d. commissions et règlemens, nonobstant aussi].

(2) Passage supprimé dans la Commission de 1607.

(3) [Qui leur pourroit donner occasion, comme nous avons esté advertiz, de deputer.]

dits Trésoriers généraulx de France, y soit pourveu de commis et lieutenans, gens de bien, famez et renommez, selon l'information qui en sera par vous et chacun de vous bien et deument faicte, lesquelz, après avoir presté en voz mains le serment en tel cas requis et accoustumé, exerceront lesd. offices ès lieux, vicontez et ellections où lesd. esleuz en chef ne pourront vacquer pour faire exercice en personne. Et prendront seullement lesd. lieutenans ou commis à leur proffict les esmolumens appartenans par nosd. ordonnances aux esleuz desd. lieux et vicontez. De ce faire vous avons et à vous, dits Trésoriers généraulx de France, chacun en vos charges, donné et donnons par ces présentes plain pouvoir, puissance et auctorité, d'aultant que par les chevaulchées que faictes d'an en an en chacune des ellections de vos d. générallitez et les adviz que vous donnent noz officiers sur les lieux, vous pouvez mieulx que nuls autres avoir cognoissance de la nécessité de noz subjectz, y pourvéoir, soit que par indisposition les elleuz en chef n'y puissent vacquer, ou que, par la longue estendue de leurs ellections, ils n'ayent moyen de se présenter en mesme jour en divers lieux et sièges, [que aussy de l'insuffisance des personnes](1), et deffendons très expressément aux gens tenans notre Court des Aydes et autres noz officiers, de quelque quallité qu'ilz soient, d'en entreprendre pouvoir et cognoissance, au préjudice de celluy à vous donné, ny abstraindre ceulx qui seront par vous, ainsy que dict est, commis, à prester nouveau serment par devant eulx, ains les maintenir et auctoriser, tout ainsy que s'ilz avoient esté par nous commis, suř certaines grandes amendes que dès à présent déclarons contre les contrevenans.

Et affin qu'ils n'en prétendent cause d'ignorance, voulons

(1) [Soit qu'il y ait quelque insuffisance en leurs personnes].

lesd. deffences leur estre notifiées, si besoing est, par le premier notre huissier ou sergent sur ce requis, sans pour ce demander placet, *visa* ne *pareatis*, deffendant en outre à tous gouverneurs de villes, baillifz, séneschaux, vicontes ou leurs lieutenans, et aux susdits esleus, maires et esche-vins de villes, marguilliers de paroisses, asséeurs et collecteurs de la taille et toutes autres personnes, de quelque estat et quallité qu'ils soient, d'imposer, asseoir, lever, ne exiger, ny permettre et souffrir estre imposé, assis et levé autres ny plus grandes sommes que celles cy-dessus mentionnées, contenues en ces d. présentes, soit pour les fraiz et sallaires de ceux qui assisteront aux départemens, assiette et cottisation desd. sommes, que pour autres causes que ce soit, sans notre exprez commandement et commission par noz lettres patentes signées de notre secrétaire d'Estat qui a le département de lad. province de Normandie, et vériffiées par vous, dits Trésoriers généraulx de France, sur peine de confiscation de biens aux contrevenans, enjoignant très expressément à noz procureurs, tant de noz courtz souveraines que des bailliages et séneschaussées, de faire informer sur les contraventions faictes à nos d. éedictz et ordonnances et de poursuivre l'adjudication des peines y contenues, et aux juges d'icelles de dellivrer commission contre ceulx qu'ils trouveront coulpables, à peine de privation de tous leurs estatz et autres peines contenues en nos d. éedictz et réglements.

Et pour ce que le plus souvent, ès ellections et nominations qui se font, en chacune paroisse des eslections desd. deux générallitez de Rouen et Caen, des asséeurs et collecteurs de la taille, les plus riches et aisez d'icelles paroisses trouvent moyen de s'exempter d'icelles charges, et ne sont en cela observez ny gardez nos ordonnances contenant que de chacune eschelle de la taille de chascune paroisse soit esleu un collecteur, ains il n'y a que les pauvres qui soient esleuz et choisiz, sur lesquelz nos recepveurs particuliers desd. tailles sont premièrement tenuz de faire dilligence, et à ceste fin, par faulte de trouver biens meubles et immeubles, sont contrainctz les faire emprisonner en noz prisons ou pour leur extrême nécessité on leur baille notre pain, comme à des criminelz, et travaillez qu'ilz sont quelquefois d'ennuis et d'une longue détention de prison y meurent, sans que, pendant icelle détention et longueur, nos d. receveurs particulliers puissent s'adresser à d'autres, qui apporte un bien grand retardement à noz deniers et ruine de noz subjectz qui n'ont moyen de se rellever de telles pertes, pour à ce pourveoir avons permis et permectons ausd. recepveurs particuliers de noz tailles de s'adresser à l'advenir aux plus aisez de chacune paroisse contribuable à nosd. tailles, 15 jours après la signifficacion faicte ausd. collecteurs de payer ce qui sera deub d'icelles. Lesquelz aysez qui seront contraints payer auront action de garantie et cohercion sur lesd. collecteurs et autres contribuables de leurs paroisses qui n'auront payé, jusque à ce qu'ilz ayent esté satisfaictz des sommes par eulx advancées semblables qu'auroient lesd. recepveurs, pourveu que, sur le faict des ellections desd. collecteurs, lesd. habitans ayent gardé la forme et teneur de nosd. ordonnances faictes sur l'ellection des collecteurs et asséeurs et non aultrement, deffendant aux recepveurs de noz tailles de plus bailler les escroues et contraintes aux sergens, collecteurs des tailles, comme ilz ont faict par le passé, attendu la suppression que nous en avons naguère faicte, que voulons estre suyvie, nonobstant les arrests de nostre Court des Aydes. Vous bailleront nos d. recepveurs leurs d. contraintes et seront remises aux sergens héréditaux ou autres sergens royaulx de l'ordre qu'ilz aviseront. Et combien que par noz ordonnances et édictz il soit expressément enjoinct, à tous noz sergens héréditaux et autres qui sont chargés du recouvrement de

nos deniers, d'exercer leurs estatz et offices en personne,
néanmoins ilz ont cy-devant entrepris d'y commettre
personnes incongneues et non expérimentez, auxquels
ilz afferment l'exercice de leurs charges et sergenteries
à grande somme de deniers par chacun an, au payement
desquelles lesd. commis n'ayant moyen de satisfaire, sinon
de ce qu'ilz exigent de noz subjectz, au lieu de faire les
contrainctes et exécutions requises, composent avec les
contribuables de leurs courses à certain prix par chacune
sepmaine, qui est l'une des principales occasions du retardement de noz deniers, au moyen de quoy avons ordonné
et ordonnons respectivement, à nos d. sergens héréditaux et
autres, exercer à l'advenir leurs d. estatz en personne, et faire
toute dilligence requise pour le recouvrement et accéleration
de nos d. deniers, sans qu'ilz puissent y commettre aulcune
personne. Et à faulte d'y obéir et satisfaire, mandons et enjoignons à vous, dits présidents et Trésoriers généraulx de
France, à noz bailliz, vicontes ou leurs lieutenans, et ausdicts
esleuz, saisir lesd. sergenteries en leurs mains et en leur
lieu commettre personnes capables qui prendront et percep-
vront le revenu d'icelles. Et outre pour l'accéleration de
nos d. deniers, voulons que vous dits, présidents et Trésoriers
généraulx, si voyez que bon soict, et que plaincte en vienne,
choisissez et employez, au lieu desd. sergens, pour le recouvrement des deniers deubz en leurs dictes charges et par
chacune recepte, d'autres sergens ou telles autres personnes
que vous adviserez bon estre, enjoignant très expressément,
de par nous, ausd. esleus, leurs greffiers, recepveurs, sergens
et autres officiers sur le faict desd. tailles ou leurs commis,
qu'ilz gardent et entretiennent lesd. édictz et ordonnances
faictes sur la forme et manière d'asseoir, cueillir et lever
lesd. deniers, le tout ainsy que dessus est dict, et qu'il a esté
mandé par les commissions de ceste présente année et les
précédentes, et ce sur peine, à ceulx qui feront le contraire,

d'estre suspenduz de leurs estatz et offices et d'amende arbitraire envers nous, comme dit est. Mandons en oultre à tous noz justiciers, officiers et subjectz que à vous, en ce faisant, soit obéy. Et pour ce que de ces présentes l'on pourra avoir affaire en plusieurs et divers lieux, nous voulons qu'au vidimus d'icelles dûment collationné, comme dict est, foy soit adjoustée comme au présent original. Car tel est notre plaisir. Donné à Paris, le XIII° jour de novembre l'an de grâce 1597, et de notre règne le 9°. »

Nous n'avons pu retrouver le Cahier des Etats de 1597. Nous ne doutons pas qu'il ne dût s'y rencontrer des remontrances contre les lettres patentes expédiées dans le cours de l'année, notamment contre les suivantes :

Lettres patentes du Roi, en forme d'édit, données à la Commanderie de la Romaigne, juillet 1595, par lesquelles S. M. ordonnait que tous greffes, tant civils que criminels et des présentations, ensemble les places de clercs ès dits greffes, ès cours de parlement, Chambres des comptes, Cours des Aidès, Bureaux des Finances, Cours des Monnaies, Requêtes de l'Hôtel, Eaux et forêts, Présidiaux, juridictions,... tabellionages ci-devant vendus et engagés à faculté de rachat, seraient rachetés, unis au Domaine, pour être revendus, avec le parisis des émoluments des dits greffes et tabellionages. Un tiers du produit devait être affecté aux affaires de la guerre; les 2 autres tiers au remboursement du sort principal et des arrérages des rentes constituées sur l'Hôtel de Ville de Rouen et sur les recettes générales. (Enregistré à la Cour des Aides, 10 janv. 1595, avec remontrances toutefois pour la révocation du parisis).

Rétablissement des offices héréditaux de regratiers revendeurs et collecteurs de sel, conformément aux édits et lettres patentes du 20 sept. 1585, mars 1588, par lettres patentes du 15 avril 1595, et Déclaration du 9 fév. 1597. (Enregistré à la même cour, 13 mars 1597.)

Erection de 2 offices d'huissiers audienciers en chaque élection du royaume, par lettres patentes du 23 mai 1596 (Enregistré à la même cour, 14 août 1597) (1).

L'impôt du sel avait donné lieu à de vives contestations entre le parlement et la cour des Aides. Groulart en parle en ces termes dans ses Mémoires, p. 577.

Voyage fait en cour en 1597 :

« S'estant fait des plaintes griefves, à la Sainct-Martin, que Messieurs de la cour ont de coustume de s'assembler, des exactions que commettoient sur le peuple certains commissaires députez par la Cour des Aydes, se donna arrest en la cour de deffenses d'exécuter les recherches de ceux qu'on prétendoit n'avoir pris du sel aux années précédentes, que l'avarice intolérable des fermiers et maltostiers avoit introduict. L'arrest envoyé au Conseil par ceux de ladite Cour des Aydes, la pluspart desquels *laborant infamia* d'estre pensionnaires des partisans, soudain obtindrent arrest, par lequel on ne se contenta pas seulement de casser le nôtre, mais même fut ordonné que le président et le rapporteur comparoistroient en personne au Conseil ; ce que ceux de ladite courtelette feirent publier par les prosnes, triomphans des cendres de leur pays, lequel ils ont vilainement asservy à l'impost et autres excessives charges.... »

Lettres patentes pour Jeh. Jorel, laboureur, pour l'élargir de prison où il est détenu pour la taille.

« Henry, par la grâce de Dieu, roy de France et de Navarre, à nos amez et féaulx conseillers les présidents et Trésoriers généraux de France au Bureau de noz Finances à Rouen, président et esleuz en l'eslection de Gisors et à chacun d'eulx qu'il appartiendra, salut et dilection. Nous,

(1) Arch. de la S.-Inf., F. de la Cour des Aides, *Registres du Conseil.*

à la requeste de notre bien amé Jeh. Jorel, paouvre laboureur de la par. de la Neufville au Bosc, vous mandons et
commectons par ces présentes que, sy appelé notre procureur en lad. ellection, il vous appert que, sur autre requeste
que led. Jorel nous a présentée et à notre Conseil dès le
4e juing 1593, nous avons enjoingt à vous, esleuz, que,
vous apparoissant sommairement du contenu en icelle,
vous eussiez à l'eslargir pour poursuivre envers les autres
habitans de lad. parroisse ce qu'ilz nous doibvent des deniers
de nos tailles; que par votre sentence du 10e dudit mois,
(attendu son vieil aage excédant 75 ans, ses infirmitez et
griefves maladies, charge de tutelle de ses 7 enfans et plusieurs autres de ses 2 frères décédez, abandonnement qu'il
a fait de toutes ses maisons et biens pour aller vivre aillieurs; que le reste de ses meubles a été vendu, ses immeubles engagez, luy détenu prisonnier l'espace de 9 mois
pour lesd. deniers des tailles de lad. paroisse; que enfin il
en a paié seul 320 escus qui excèdent les 3 parts de la cotte
et portion d'icelle) vous l'avez eslargi à sa caution juratoire
de se représenter dans 6 mois après, au cas que, dans led.
temps, ne feussions paiez de lad. parroisse, et que cependant il feroit dilligence contre les autres habitans d'icelle
pour le recouvrement de leur deu; — qu'il ayt faict toute la
dilligence à luy possible, et que depuis, par arrest de notre
dit Conseil, du dernier jour d'avril dernier, nous avons
ordonné que tous les contribuables aux tailles de ce
royaume seront et demeureront deschargez de toutes lesd.
tailles et creues des garnisons pour les années 1589, 1590,
1591, et 1592; fors des tailles et creues des prévosts de nos
amez et féaulx les mareschaulx de France, et, pour le
regard de ce qu'ils doivent de l'année 1593, accordé surcéance de paiement de ce qu'ilz peuvent debvoir de reste
de lad. année jusques au jour et feste de la Madeleine
dernier et S. Martin prochaine; et cependant que tous

prisonniers arrestez pour raison de ce que dessus seroient eslargiz et mis en liberté ; — que led. exposant ne nous en doibve aucune chose de son chef et ne soit raisonnable que luy seul paie pour toute la parroisse, vous en ce cas, en luy permectant retourner en la plaine et libre possession et jouissance de ses biens faictes le tenir quicte et deschargé, lequel aud. cas nous voullons estre par vous quicte et deschargé de la rigueur portée par votre d. sentence de se représenter ès d. prisons et luy précompter sur les autres habitans ce qu'il a plus que paié qu'il ne doibt sur ce qu'il pourra debvoir à l'advenir pour sa part et contribution,

Paris, 5 sept. 1594. »

Vérifié à la Cour des Aides, 9 août 1597, à la suite de lettres d'adresse, les premières n'ayant été présentées dans l'an et jour de leur impétration, Paris, 20 mai 1597.

ÉTATS DE DÉCEMBRE 1598.

I.

EXTRAITS DES REGISTRES DE L'HOTEL-DE-VILLE DE ROUEN.

Du 13e jour de nov. 1598. — « Sur l'advertissement que on a eu de la convocation et séance des Estatz prochains, termez à tenir au 25e de ce présent mois de nov., et que la forme n'y est gardée au mandement, d'autant que par icelluy on veult appeler autant de députez de chacune viconté qu'il y en avoit cy-devant et les deux conseillers de la maison de céans y sont obmiz, Arresté que MM. Bigot et Baudry se retireront vers Mons. le premier président

pour le suplier en rescrire au Roy à ce que la forme
accoustumée en la convocation et séance desd. Estatz soit
gardée et observée et à ceste fin faire réformer led. mandement. »

Les lettres du Roi au bailli pour la convocation des
Etats étaient datées de Monceaux, 10 nov.; les députés devaient être convoqués à Rouen pour le 1er nov.

Le duc de Montpensier, par lettres datées de Paris, 15 nov.,
annonça aux échevins que les lettres de convocation avaient
été réformées et qu'ils avaient été rétablis dans leur droit
de siéger aux Etats. — Lettres des officiers du bailliage
aux conseillers et échevins, 18 nov. 1598.

28 nov., assemblée tenue à l'hôtel-de-ville, sous la présidence du procureur général du Roi au parlement, garde
du bailliage, le siége vacant. Prirent part à l'élection, outre
les officiers du Roi, les conseillers et officiers de la ville,
48 curés, 24 bourgeois nommés, sans compter les autres.
Il ne paraît pas qu'aucun noble se soit trouvé à cette
assemblée. On nomma délégués pour l'église, Jean De la
Place, chanoine; — pour la noblesse, Jacques du Bosc,
sr de Coquereaumont; — comme conseiller séchevins, n. h.
Jean Puchot, sr de la Pommeraye, et Jean Pavyot.

Le sr de Coquereaumont ayant proposé des excuses
valables pour être dispensé de comparaître aux Etats, on
le remplaça par Louis de Martinville. 87 bourgeois
prirent part à cette seconde élection, qui eut lieu le dernier
nov. 1598. Ni le clergé, ni la noblesse n'avaient été convoqués.

« Du samedi 28e jour de nov. 1598, en l'assemblée généralle de ceste ville et bailliage de Rouen. Défault sur le
député du tiers estat de la Viconté du Pont-de-l'Arche,
néaulmoins lequel ordonné qu'il sera tiré outre à lad. nomination et mandement accordé au procureur du Roy de
ce dit bailliage pour faire convenir, à certain bref et com-

pétent jour, tant ledit député, si aucun en y a, que les officiers de lad. viconté, pour sçavoir d'où procède la faute de
lad. nomination et non-comparence, ny mesmes d'avoir
faict faire ny envoyé par les sergentz des lieux les exploits
et procès-verbaulx des semonces qu'ilz ont ou doibvent
avoir faictz des personnes ecclésiastiques et nobles de leur
viconté à comparoir ce jourd'huy par devant nous, eslire
en outre telles conclusions contre eulx et chacun d'eulx
que led. procureur du Roy advisera bon estre. »

18 déc. 1598. — « Sur l'advertissement que l'on a eu
de certaine commission pour transporter des grains de
ceste province hors du Royaume ;

Sur l'ordonnance de Mgr. de Montpensier pour faire
travailler en toute diligence, par les habitans de ceste ville,
à la démolition du fort Se Catherine ;

Il a esté advisé que M. le 1er président, lequel s'en va en
court, sera sur ce consulté et prié en vouloir parler au Roy,
à ce que lad. permission soit revoquée pour les inconvéniens qui en pourroient advenir, qui luy seront représentez
et à Messieurs les gens du Roy, pour les faire entendre à la
court ; et le procureur des Estatz adverti et exhorté en faire
instance au voyage qu'il va faire en court avec les députez
des Estatz, pour estre chose qui regarde non seulement le
particulier de ceste ville, mais aussi tout le général de la
province.

Pour le faict de la démolition du fort, en sera faict une
assemblée géneralle, en laquelle seront invitez MM. des
corps. »

II.

NOTES DU PREMIER PRÉSIDENT GROULART.

États, 1598. — « Ils furent tenus par les mesmes Commissaires, (que ceux de l'assemblée de 1597, v. p. 249 de
ce volume),

et l'ouverture faite par M. de Montpensier et par moi ; et n'i eust aucune particularité remarquable. »

III.

NOMINATION DES DEUX COMMISSIONS POUR LE PORT DU CAHIER ET POUR L'AUDITION DES COMPTES.

« Du lundi apres midi, 7ᵉ jour de déc. 1598, passé en la maison archiépiscopalle de Rouen.

Furent présens noble et vénérable personne Mᵉ Jeh. De la Place, presbtre, chanoyne en l'église cathédrale N. D. de Rouen, délégué pour l'estat ecclésiastique du bailliage de Rouen, n. h. Loys de Martinville, sʳ du lieu, d. pour la noblesse dud. baill. ; nobles hommes Jeh. Puchot, sʳ de la Pommeraie, et Jeh. Pavyot, conseillers eschevins de lad. ville de Rouen ; honorable homme Jeh. Des Hayes, d. pour le tiers estat de la viconté dud. Rouen (1); Loys Le Maistre, pour la vic. de Pont-de-l'Arche ; Jeh. Harou, pour la vic. de Pontaudemer (2), et Franç. Anthoere, pour la vic. d'Aulge (3) ; — noble et vénérable personne Mᵉ Denys Jourdain, presbtre, curé d'Oqueville, d. pour l'estat ecclésiastique pour le baill. de Caux ; messire Anthoine Douele, sʳ de ...., chevalier de l'ordre du Roy, d. pour la noblesse dud. baill. de Caux ; h. h. Jacques Reaulte, d. pour le t. e. de la vic. de Moustiervillier ; Vincent Benard, pour la vic. de Neufchastel ; — noble et vén. personne Mᵉ Jeh. de Vieupont, abbé de l'abbaye de S. Jehan près Fallaise, d. pour l'église du baill. de Caen ; n. h. Franç. Vauquelin,

(1) Nommé le 27 nov.
(2) De la paroisse de la Poterie, nommé le 23 nov.
(3) De Cambremer, nommé le 26 nov.

s^r du Saussay et de Bazoche, d. pour la noblesse dud. baill.
de Caen ; h. h. Jeh. Le Fevre, d. pour le t. e. de la vic. de
Caen ; — noble et discrette personne Me Charles de Parfourru, archidiacre et chanoine de Coustances, d. pour
l'estat de l'église du baill. de Costentin ; n. h. Anthoine
de Mathen, s^r du lieu et de Vaus, d. pour la noblesse dud.
baill. de Costentin ; h. h. Jeh. Jourdain, d. pour le t. e. de
la vic. de Coustances ; Pierre Cervile, d. pour la vic. de
Carenten, et Pierre Le Cointe, pour la vic. de Mortaing ;
— noble et discrette personne Me Antoine Bouchart,
presbtre, chanoine de Séez, d. pour l'estat de l'église du
baill. d'Evreux ; n. h. René de Pevrel, s^r de Nogent, d.
pour la noblesse dud. baill. d'Evreux ; h. h. Michel Le
Moyne, d. pour le t. e. de la vic. dud. Evreulx ; Jeh. Le
Cornu, d. pour la vic. de Beaumont-le-Roger ; Rob. Toustain, pour la vic. de Conches et Bretheuil ; Th. Morin,
pour la vic. d'Orbec ; — noble et discrette personne Me Jeh.
Sansson, presbtre, chanoine en l'église N. D. de Rouen,
archidiacre du Vexin Normand et prieur de la Magdeleine
près Vernon, d. pour l'estat de l'église du baill. de Gisors ;
n. h. Georges de Pilleadvoyne, s^r de Boisemont, d. pour
la noblesse dud. baill. de Gisors ; h. h. Symon Le Normant,
d. pour le t. e. de la vic. de Vernon ; — n. h. Claude
Douesnel, s^r de la Sausserye, d. pour la noblesse du
baill. d'Allençon ; et h. h. Raoul Chesnel, s^r de Montfoul-
lon, d. pour le t. e. de la vic. dud. Allençon..... tous les
dessus dits déléguez représentans les gens des trois Estatz
de ce pais de Normandie en la présente année 1598, suyvant la convention faicte en ceste ville de Rouen, par le
voulloir du Roy notre Sire, les quels, ès dictes quallitez, par
vertu et suivant le pouvoir contenu ès procurations portez
par chacun d'eulx, ont depputé, nommé, esleu et establi
leurs procureurs généraulx et spéciaulx, c'est assavoir lesdits s^{rs} abbé de S. Jehan, De la Place pour l'estat ecclesias-

tique ; — lesd. sʳˢ de la Sausserye et de Sassi, pour la noblesse ; — lesd. Benard et Le Conte pour le t. e. et n. h. Mᵉ Jehan Thomas sʳ de Fontaine, procureur scindic desd. Estatz, ausquels et à chacun ou l'un d'eulx, portant la présente, lesdits sʳˢ desléguez, ès d. noms et quallitez, ont donné et donnent plain pouvoir, commission.... de poursuivre vers la Majesté du Roy et nos Seigneurs de son Conseil, la responce et expédition des articles du Cayer, ce jour d'huy arresté et signé desd. sʳˢ depputez, sans aucune chose augmenter ne diminuer. » Suivent les signatures.

Les mêmes, le même jour, nomment une commission pour assister à l'audition des comptes des frais communs, au remboursement d'officiers et autres affaires du pays qui seront presentés à MM. les présidents et trésoriers généraux, suivant la commission du Roy, à la taxe des deputés, etc... Cette commission fut composée de Sansson, chanoine et archidiacre, Bouchard, chanoine de Lisieux, pour l'église ; — des sieurs de Martinville et de Boisemont, pour la noblesse ; — des sieurs Le Normant et Chesnel, pour le tiers état, et de n. h. Jeh. Thomas, sʳ de Fontaine, procureur syndic.

Le samedi 5 du même mois, devant les mêmes tabellions, une procuration spéciale avait été donnée à Robert Sevestre, échevin de la ville de Caen, par les députés de la généralité de Caen, Jean de Vieupont, abbé de S. Jean lès Falaise, Franç. de Vauquelin, sʳ de Sassy, Jean Le Febvre, Noel Enguerran, pour la vicomté de Falaise ; Guill. Lambert, pour la vic. de Vire ; Ch. de Parfourru, Ant. de Mathen, Jean Jourdan, Jacques Le Conte, pour la vic. d'Avranches ; P. Le Cointe, Guill. Cuquemelle, pour la vic. de Valognes. Il s'agissait de démarches à faire au Conseil au sujet des patentes du Roi pour le département des tailles en la généralité de Caen. Sevestre fut autorisé à négocier tout ce qui serait nécessaire pour le soulagement des

habitans de cette généralité, et à proposer récusations à
l'encontre de telles personnes qu'il jugerait bon.

IV.

PIÈCES DIVERSES.

L'édit du mois de janvier 1598 pour le régalement des
tailles eut pour objet de remédier à un certain nombre
d'abus qui se trouvent signalés dans une Déclaration du
22 avril de la même année : « abus en l'impôt des plus riches
et aisés ; — beaucoup par faveur se faisaient distraire des
rôles ; — amodiation de la taille pratiquée par plusieurs
habitants des villes de Caen, Lisieux, Pont-Audemer, Caudebec, Eu, Pont-de-l'Arche et autres ; — gens d'église, au
préjudice des ordonnances, labourant et aménageant leur
patrimoine ; « quelques-uns tenant en leurs mains les héritages de leurs frères et neveux sous couleur de n'avoir fait
partage entre eux ; — la pluspart de la noblesse tenant les
meilleures fermes et dîmes des paroisses, lesquelles tenues
par les taillables leur donneraient moyen de paier au Roi
leurs contributions ; nombre de paroisses en diverses élections, ruinées et abandonnées par l'entreprise que faisaient
plusieurs habitants des villes franches de labourer leurs
héritages, à la grande foule et oppression des pauvres contribuables et au grand retardement des deniers du Roi. » De
plus, il fallait assurer l'exécution de l'édit donné à Paris, au
mois de janvier 1598, portant révocation de tous anoblis-
sements accordés à divers particuliers du royaume depuis
20 ans, ensemble des priviléges d'exemption octroyés à certains officiers moyennant quelque finance par eux payée à
cette fin, pour être à l'avenir mis à taille, imposés et cotisés
à proportion de leurs moyens et facultés, comme roturiers ;

révocation des exemptions de nombreux sujets, se disant domestiques de la maison du Roi, des rois et reines ses prédécesseurs, archers des gardes du Roi, et autres s'attribuant pareil privilège, des monnayers, officiers de la Vènerie, fauconnerie, artillerie, chevaucheurs d'écurie, et autres n'ayant quartier (1), archers du grand prévôt, des vice-baillis, mortepaies, officiers des Universités, etc.

Cet édit, ainsi que la Déclaration du 22 avril, furent vérifiés à la Cour des Aides, le 23 juin 1598. Le 23 août suivant, par d'autres lettres, le Roi nomma 3 commissaires en chacune des 2 généralités de Normandie pour l'opération du régalement des tailles. Il rappelle à cette occasion « les grands travaux et oppression que ses pauvres sujets avoient endurez pendant ces troubles, et qui requéroient, à présent qu'il avoit plu à Dieu lui faire la grâce d'établir une bonne paix dans le royaume, qu'il s'appliquât à leur procurer tout le repos et soulagement qu'il lui seroit possible. » Il proclamait, en même temps la nécessité, « sur toutes choses, de remédier à la grande inégallité qui estoit à l'assiette des tailles, et de pourvoir aux abus infinis qui s'y commettoient, à la ruine des plus faibles et impuissans. » Les commissaires chargés de la réformation pouvaient commettre tels juges qu'ils aviseraient pour informer des cas et instruire les procès sur les plaintes, papiers et mémoires qui seraient mis par devers eux. Le maître des Requêtes de l'hôtel, qui était l'un des commissaires (2) en chaque généralité, avait droit de choisir sur les lieux, pour substitut du procureur général, tel des avocats ou procureurs qu'il jugerait à propos. Les procès-verbaux et expéditions devaient être tenus secrets, et rien ne devait être exigé du peuple pour les expéditions.

---

(1) On servait chez le Roi par quartier.

(2) Il avait pour collègues des Trésoriers de France au Bureau des Finances et des conseillers de la Cour des Aides.

Le Roi réservait à son Conseil la connaissance des appels. La Cour des Aides vérifia cet édit le 26 octobre suivant ; mais elle fit ses réserves pour la connaissance des appels, qui lui fut, en effet, reconnue (1).

Un peut voir par les Mémoires de Groulart, combien il augurait mal des résultats de cette mesure, vantée peut-être à tort, comme n'ayant d'autre but que l'intérêt du peuple. Le plus probable, c'est que ce n'était autre chose qu'une nouvelle mesure fiscale.

« De là j'allay au Conseil, où je trouvay que l'on faisoit le département des commissaires pour le régalement des tailles, et leur dis que je ne pensois pas qu'il peut arriver grand profit de cela, et que le peuple estoit encore trop pauvre ; qu'il falloit donner temps au monde pour se remettre, affin de supporter les charges que l'on vouloit luy imposer ; et encor que de cet advis fussent beaucoup de Messieurs, toutes fois c'estoit l'opinion arrestée de M. d'Incarville, qui n'a pas beaucoup profité, et au contraire a plus chargé le pays que jamais, et préparé la voye à oster les privilèges des villes, qu'elles avoient de longue main gaignez par fidelles services, qui sont très dangereux (expédients) pour faire aymer un prince par ses subjects, encore que ce soit ce que plus ardemment il doit en rechercher...... C'est chose estrange qu'ayant un sy bon Roy et craignant Dieu, qui luy a donné paix universelle, et mesnager de nature, et peult-estre beaucoup pour un Roy sy magnifique, les dispensateurs de ses finances néantmoins font pis que jamais ; car on lève plus, on paye moins, le peuple est plus affligé que l'on a esté au fort des misères (2). » (Voir l'article x du Cahier des Etats).

(1) Arch. de la S.-Inf., *Mémoriaux de la Cour des Aides.* B. 12, fos 191, 210 vo.

(2) *Mémoires de Groulart,* p. 580.

En même temps que le Roi désignait des commissaires spéciaux pour procéder à un régalement des tailles, il signalait à la Cour des Aides, pour qu'elle eût à le réprimer, un autre genre d'abus qui paraît assez extraordinaire. Bien que don et remise eût été faite, cette année-là même, d'une bonne et notable partie des tailles, « plusieurs, suscitez de quelques mal intentionnez au service du Roi, habandonnèrent leurs maisons, laissèrent leur labourage ordinaire, vendirent ou firent semblant de vendre, par des actes fictifs, leurs héritages et leurs meubles, même à des ecclésiastiques, gentilshommes et privilégiés, pour échapper au paiement de leurs assiettes, préjudiciant par leurs inventions et monopolles grandement le public et l'état, sans faire paiement des tailles, vraie remarque de leur rébellion. » Le Roi ne voulant pas « que sa grâce bénéficiât tels ingrats et rebelles, » ordonna, par une Déclaration du 22 avril 1598, « que les paroissiens qui se retireraient de leurs maisons, habandonneroient le labourage, n'auroient fait et ne feroient élection d'asséeurs, » fussent exclus de toute participation à la remise des tailles. Ordre fut donné de faire des informations au sujet des ventes, et de procéder par amendes contre les contractants frauduleux. La Déclaration fut vérifiée à la Cour des Aides, le 25 mai 1598.

Il faut croire que le nombre des fraudeurs était considérable. On signale 29 paroisses dans l'élection de Bayeux, 20 dans celle de Carentan, qui n'avaient assis leurs tailles, ni voulu payer aux recettes de la généralité de Caen pour les années 1596 et 1597 (1).

(1) Arch. de la S.-Inf., *Mémoriaux de la Cour des Aides.* B. 12, fᵒ 140 vᵒ. — Un nouvel édit du mois de mars 1600 eut pour objet « de pourvoir aux abus, inégalitez et malversations qui se commettoient à à la levée et perception des tailles. » D'après cet édit la Cour des Aides dut avoir connaissance des appels interjetés des commissaires ci-devant députés pour le régalement. Cet édit fut vérifié dans cette Cour le 19 mai

Lettre du Roi adressée au Parlement au sujet des exactions des gens de guerre.

« De par le Roy. Noz amez et féaulx, voyant la continuation de voz plaintes touchant les désordres que commettent les gens de guerre qui sont sortiz de leurs garnisons pour se respandre en notre pais de Normandie, nous envoions présentement les deniers nécessaires pour leur faire faire monstre, qui est le seul moien avec lequel nous avons estimé les pouvoir faire retirer pour soullager notre dit pais de la taille et oppression qu'il en reçoit et faire par ce moien cesser vos d. plaintes, de l'occasion desquelles nous sommes très desplaisants, et escrivons présentement à notre très cher cousin le duc de Montpensier qu'après qu'il aura fait commandement, de notre part, aus d. gens de guerre de se retirer en leurs d. garnisens, s'ils refusent d'obéir à nos commandements, il les face tailler en pièces, à quoy nous nous asseurons qu'il satisfera à votre contentement. Et parce que, pendant notre absence et voiage de Bretagne, où nous nous acheminons présentement, aucunes gens de guerre se pourroient de rechef licencier à semblables désordres, noùs laissons de costé de deça notre très cher cousin le duc de Montmorency, connestable de France, auquel vous vous adresserez pour ce regard ; et il pourvoiera à ce que vous désirerez le plus favorablement qu'il luy sera possible, selon le commandement qu'il en a de nous, qui aurons tousjours ung soing spécial de la conservation de noz

suivant, mais sous certaines modifications : à savoir pour le 2e art., que les élus feraient le département des tailles des paroisses du ressort dans la huitaine après la réception des commissions ; sur le 4e art., qu'aucun ne pourrait être augmenté en ses assis par les élus, qu'il n'eût été oui au préalable et sauf son pourvoi par voie de surtaux, et sans que les dits élus pussent, de leur mouvement, diminuer aucun particulier de son impôt, sinon par les voies ordinaires et accoutumées. » Arch. de la S.-Inf., Cour des Aides. *Registres du Conseil.*

peuples et subjects, et particulièrement de celui de notre dit pays de Normandie, ainsy que vous congnoistrez par effect. Donné à Fontainebleau, le 17e fév. 1598. Signé : Henry ; et plus bas : de Neufville (1). » (Voir l'art. xxix du Cahier des Etats de 1598.)

ÉTATS D'OCTOBRE 1599.

I.

EXTRAITS DES REGISTRES DE L'HOTEL-DE-VILLE DE ROUEN.

Lettres du Roi au bailli de Rouen, datées de Blois, 4 sept., fixant la réunion des Etats à Rouen, au 20 oct. (2) 1600. — Lettre du duc de Montpensier au même, conçue en ces termes :

« Monsieur le bailly, ayant le Roy mon seigneur considéré combien le retardement des derniers Estatz de sa province de Normandie avoit préjudicié au recouvrement de ses tailles, m'a envoyé icy sa commission aux fins de les convoquer en ceste année avec plus de diligence que la dernière. C'est pour quoy, estimant qu'ilz pourroient bien tenir au 20e jour d'octobre prochain, j'ay voulu vous envoyer incontinent les depesches y encloses, à ce que vous aciez les diligences requises à ce qui est du deub de votre

---

(1) Arch. du Parlement de Normandie, *Registres secrets*, 21 février 1598.

(2) Les lettres du Roi avaient laissé la date en blanc. Ce fut le gouverneur qui l'y ajouta.

charge pour l'effect de l'intention de sa Mat^é, comme de ma
part je ne manqueray de me trouver à Rouen en ce temps
là, pour satisfaire tant à ce qui est de mon devoir que à l'inclination que j'auray tousjours au bien général de la province; et en attendant je demeureray, Monsieur le Bailly,
votre plus affectionné amy, Henry de Bourbon. Et à costé
est escript : de Campigni, ce 17ᵉ jour de septembre 1599 ;
et sur le dos est escript : A Monsieur le bailly de Rouen ou
son lieutenant général audit lieu. »

Lettre du lieutenant général du bailli aux échevins,
le 25 sept.

Assemblée tenue à l'hôtel-de-ville sous la présidence du
lieutenant général Cavelier pour l'élection des députés, le
lundi 18 oct. Prirent part à l'élection, outre les officiers du
Roi, conseillers, officiers de la ville et députés des 4 vicomtés du bailliage, 47 ecclésiastiques, 6 nobles nommés, sans
compter les autres, et un grand nombre de bourgeois de la
ville.

« Il a esté arresté que, à cause de l'heure tardifve, on se
passera d'appeler les ecclésiastiques et nobles desnommez
aux procez-verbaulx des sergents de ce bailliage, ce qui
sera observé pour l'advenir, et commencera l'en de meilleure heure à faire la présente assemblée, et si sera mandé
aux juges des vicontez du Pont-de-l'Arche, Pont-Audemer
et Auge, faire faire exactement les semonces des d. ecclésiastiques et nobles de leurs d. vicontez respectivement et en
envoyer par aprez les d. procez-verbaux en ce lieu..... Le
capitaine Contremoulins, pour luy et autres nobles présens,
a faict instance de ce que on les travaille d'assister, au Pont-
de-l'Arche et autres vicontez, à l'eslection du député du
tiers Estat, sur quoy a esté dict qu'il y sera donné ordre
pour l'advenir..... Et quand pour les bourgeois et habitans
de ceste ville estant en grand nombre, n'en a peu estre faict
distinction, d'autant qu'ils n'ont esté appelez pour les causes

cy-devant dictes, et que les quarteniers n'ont représenté leurs semonces. »

On nomma pour l'église Alexandre Gallifet, chanoine de Rouen ; pour la noblesse, Jacques Du Bosc, s^r de Coquereaumont ; comme conseillers échevins n. h. Octovian Bigot, s^r d'Esteville, et n. h. Geuffroy Gavyon.

« Du 22e d'oct. 1599, en l'assemblée des 24 du Conseil et députez de l'église, noblesse et du tiers estat des quatre vicontez de ce bailliage, tenue aprez la proposition faicte ce jour d'hui, en l'assemblée des Estatz, par nous Jacques Cavelier...... Par le s^r d'Esteville, 1er conseiller et eschevin de la d. ville, a esté référé que, sur l'entreprise du député de la ville de Caen, voullant précéder en séance les députez du tiers estat des 4 vicontez de ce bailliage, il en avoit faict instance à MM. les Commissaires, lesquelz ont ordonné que led. député de Caen prendroit autre séance, dont sera pris acte du greffier des Estatz. Led. acte est registré au registre journal de la ville. Plus il a esté arresté que on demandera sur le pais la réparation du pont, cays et talus de ceste ville, comme on fera en pareil cas pour le pont d'Auge, lequel député d'Auge a protesté pour le pont du d. Rouen. »

21 mars 1600. *Refert* de MM. Bigot d'Esteville et Donnest qui avaient été envoyés en cour. « Pour le fondz du pont en extraordinaire avoient demandé 5,000 escus par an du passé sur les receptes générales, en plus de 20,000 escus sur le pais, ordonnez estre demandez par résolutions cy-devant prises ès assemblées générales, sur quoy leur auroit esté dict que on ne feroit levée extraordinaire sur ce pais durant ceste année. ·

« Le procureur général (il présidait en cette circonstance l'assemblée de ville) a faict offre de faire employer quelque chose pour le pont de ceste ville en ung estat qu'il dresse par le commandement du Roy pour les pontz de ceste province, ce qu'il a esté prié de faire, de la part de la compaignye. »

II.

Etats, 1599.— « Ils furent termés pour tenir au 20 d'octobre. Toutes foys, d'autant que M. de Montpensier ne pouvoit s'y trouver audit jour, estant retenu à Paris, ils furent différés jusques au lundi 25 dudit moys, et le lieu fust changé de l'archevesché à S. Ouen, d'autant que M. de Rouan fist difficulté de prester sa maison.

Attendant le retour de M. de Montpensier, MM. les Commissaires s'assemblèrent chez moi, tant pour régler quelques différends entre les députés, que pour leur faire aussi entendre la cause du retardement. Et faut noter qu'il y a plusieurs réglements entre les députés des vicomtés, qui ne font pas leur eslection l'un comme l'autre. Toutes foys on les règle en suivant ce que l'on voit dans les registres ou en sorte que les vicomtés soient également traitées et que, l'ung après l'autre, il y aye des déléguez. La plus grande difficulté fust que ceus d'Alençon avoient esleu le curé du lieu, qui estoit jacobin (1), et s'opposoit un ecclésiastique de Verneuil. On aléguoit pour le moyne qu'il estoit dispensé par le pape, payoit décimes; que aus précédentes convocations on y avoit veu des moynes, et qu'entre autres, l'an 1580, le député d'Alençon estoit ung curé du dit lieu qui pareillement estoit jacobin; qu'aux Estas Généraus de Blois, l'an 1576, le curé de Montargis, qui estoit religieus, avoit assisté par jugement du Roy. Mais, au contraire, on disoit

(1) Macé Bigot, jacobin d'Argentan (*Mémoires hist. sur la ville d'Alençon*, par Odolant Desnos, édit. de M. Léon de la Sicotière, p. 133),

qu'encor qu'il y aye veu de povreté aussi bien aux moynes dotés qu'aux mendiants, toutesfoys qu'on n'avoit pas voulu permettre aux ungs ce que l'on bailloit aus autres. Car encor qu'ils soient dispensez, ils ne peuvent tester, et tout ce qu'ils acquièrent est pour le couvent où ils ont fait leur première profession, comme il avoit esté jugé en la court pour le testament du curé de Gisors qui estoit jacobin; que les autres moynes sont subjects aux charges patrimoniales, aus aliénations des ecclésiastiques, qui se font par auctorité du pape; qu'on avoit en France improuvé le concile de Trente qui permit aux mendians de pouvoir acquérir; que, si bien ils estoient dispensés pour leur doctrine, que cela ne devoit servir pour leur permettre de se mesler des choses seculières. Et fust alegué par le sieur de Bréauté qu'il se souvenoit qu'estant bailly de Gisors, il avoit esleu Nepveu, curé dudit lieu (1), qui estoit jacobin, mais que, la chose agitée par les Commissaires, il avoit esté jugé plus séant qu'il n'y entreroit point, de sorte que il estoit en ceste ville ung chanoine nommé Vendenger, qui avoit une cure au bailliage de Gisors, pour estre en sa place; que l'argument des Estas généraux ne pourroit servir d'autant que là les officiers s'i peuvent trouver comme habitans de ville, mais qu'aus Estas particuliers ils n'i pouvoient assister; finalement que *professio a desiderio repugnabat*, car il ne seroit à propos qu'ung mendiant allast proposer au Roy les doléances du peuple de la province; et suivant cest advis le curé d'Alençon fust renvoyé, et en sa place demeura celuy de Verneuil. »

(1) Pierre Nepveu, jacobin de Rouen, curé de Gisors de 1562 à 1597, année de sa mort. V. Echard. *Scriptores ordinis predic.* II, p. 112.

III.

« A la maison abbatiale de S. Ouen de Rouen, 5 novembre 1599.

Alexandre Gallifet, chanoine de Rouen, délégué des gens d'église du bailliage de Rouen; Jacques Du Bosc, sr de Coquereaumont, d. des nobles du même baill. ; Octovian Bigot, sr d'Esteville, Geoffroi Gavyon, conseillers echevins de la ville de Rouen ; Thomas Daon (1), d. du tiers Etat de la vicomté de Rouen ; Robert Ouyn (2), d. du t. e. de la vic. de Pont de l'Arche ; Pierre Cabot (3), d. du t. e. de la vic. de Pontautou et Pontaudemer ; Pierre Allais (4), d. du t. e. de la vic. d'Auge ; — Antoine Boessel, curé de Beaufresne, d. des gens d'église du bailliage de Caux ; Ch. Martel, sr de Biville et de l'honneur de Montpinchon, d. des nobles du même baill. ;..... d. du t. e. de la vic. de Caudebec ; Robert Le Boullenger, d. du t. e. de la vic. de Montivilliers; Jeh. Savaien, d. du t. e. de la vic. d'Arques; Jeh. Mahieu, d. du t. e. de la vic. de Neufchâtel ; Georges Langloys, d. du t. e. de la vic. de Gournay; — Guill. Le Roy, curé de Clinchamp, d. des gens d'église du baill. de Caen; Pierre Bourgon, sr de Chaulieu, d. des nobles du même baill. ; Robert Franque, d. du t. e. de la vic. de Caen; Marin Baril, d. du t. e. de la vic. de Bayeux; Henri Digneraut, d. du t. e. de la vic. de Falaise; Guill. Lambert, d. du t. e. de la vic. de Vire et Condé; — Vincent Le Got,

(1) Demeurant à Fontaine-le-Bourg, nommé le 8 oct.
(2) Nommé le 7 oct.
(3) Demeurant à Appeville, nommé le 8 oct.
(4) Demeurant à Roncheville, nommé le 5 oct.

archidiacre de Mortain en l'église d'Avranches, d. des gens
d'église du baill. de Cotentin; Gilles de la Broesse, s^r de la
Chapelle, d. des nobles du même baill.; Pierre Nicolle, d.
du t. e. de la vic. de Coutances; Julien Bardy, d. du t. e.
de la vic. de Carentan et S. Lo; Franç. Boullen, d. du t. e.
de la vic. de Valognes; Hervé Le Presbtre, d. du t. e. de
la vic. d'Avranches; Jeh. Le Got, d. du t. e. de la vic. de
Mortain; — Jeh. Guesbert, haut doyen de la cathédrale
d'Evreux; Jeh. de Graville, s^r de Fourneaux, d. des nobles
du même baill.; Pierre Chrétien, d. du t. e. de la vic. d'E-
vreux; Pierre Le Pelletier, d. du t. e. de la vic de Beaumont-le-Roger; Jeh. Bysson, d. du t. e. de la vic. de
Conches et Breteuil; Thomas Vytrier, d. du t. e. de la vic.
d'Orbec; — Loys Le Pesant, curé du Thil, d. des gens
d'église du baill. de Gisors; N^{as} de Prestreval, chevalier,
s^r de S. Paix, d. des nobles du même baill.; Pierre Gaillon, d. du t. e. de la vic. de Gisors; Jeh. De Bordeaux, d.
du t. e. de la vic. de Vernon; Mathieu Cheron, procureur
syndic de la ville de Pontoise, d. du t. e. de la châtellenie
de Pontoise; N^{as} Gautier, d. du t. e. de la prévôté de
Chaumont et Magny; N^{as} Desmoulins, d. du t. e. de la
vic. d'Andely; Jeh. Chefdeville, d. du t. e. de la vic. de
Lyons; — Guill. Eureux, doyen de Verneuil, d. des gens
d'église du baill. d'Alençon; Guill. Daché, s^r du lieu, d.
des nobles du même baill.; René De Bouville, le jeune,
d. du t. e. de la vic. d'Alençon; Guill. Louvet, d. du t. e.
de la vic. d'Argentan; Simon Petron, le jeune, d. du t. e.
de la vic. de Donfront; N^{as} De la Ronce, d. du t. e. de la
vic. de Verneuil; Aquilin Clereau, d. du t. e. du comté
de Perche et châtellenie de Nogent-le-Rotrou, nomment,
pour porter le Cahier, au nom de l'église, Le Got; au nom
de la noblesse, le s^r de Montpinchon; au nom du tiers etat,
Le Caron, avec Jeh. Thomas, s^r de Fontaines, procureur
syndic.

Les mêmes, le même jour, déléguèrent pour l'audition des comptes, Potart pour l'église, le s^r de Fourneaux pour la noblesse, Langloys et Enguerren pour le tiers état, avec le même procureur syndic.

IV.

PIÈCES DIVERSES.

Par lettres patentes du 5 déc. 1599, Henri IV fit don et remise aux contribuables « des restes des tailles pour les années qui avaient eu cours durant les troubles jusques au dernier jour de l'année 1596, et accorda surséance pour ce qui était dû de l'année 1597, jusqu'à ce qu'autrement il en eût ordonné. « Voyant, disait-il, par la bonté divine, ses affaires avoir prins un ferme et asseuré establissement par la généralle pacification des troubles passez, il désiroit en faire perdre la mémoire en tout ce qui pouvoit rester, parmy son pauvre peuple, des misères qu'ils y avoient apportées. » Ces lettres furent verifiées à la Chambre des Comptes de Normandie, sur la réquisition des Etats de la province, le 14 janvier 1600. Aux termes des lettres de vérification, ceux des contribuables qui se trouvaient emprisonnés pour le paiement de ces restes durent être élargis (1). (Voir l'art. xxxvii du Cahier des Etats de 1599.)

Déclaration du Roy, par laquelle il est défendu aux sergents de prendre par exécution les portes, fenestres, huisseries et clostures des maisons, ny démolir lesdites maisons.

« Henry, par la grâce de Dieu, roy de France et de Na-

(1) Arch. de la S.-Inf., *Mémoriaux de la Chambre des Comptes*, B. 19.

varre, à noz amez et féaulx conseillers les gens tenans nos
courtz de Parlement et des Aides à Rouen, Trésoriers généraulx de nos finances aud. Rouen et Caen, et autres nos
officiers et subjectz qu'il appartiendra, salut. Nous ne con-
gnoissons que trop, et non sans ung extresme regret, les
surcharges, foulles et oppressions que ont receus nos paouvres subjects pendant les derniers troubles, et que, non
seullement des courses des gens de guerre, mais aussi des
levées et impositions qui se sont faictes sur iceulx leur misère est provenue, desquelles notre intention a esté et est encores de les relever et descharger. Nous avons receu avec
beaucoup de déplaisir les plainctes que nous ont faict les
depputez des Estats de notre province de Normandie en
leur dernière convocation des bris, dégradations, ruptures
et enlevemens que font les sergens et collecteurs aiant charge
du recouvrement de nos tailles, pour les deniers desquelles
ilz deppendent, prennent et emportent ce peu qui reste, de
la viollence des troubles, de portes, huisseries, fenestres et
autres mathériaulx des maisons de nos dits subjectz taillables, les personnes desquels estans suffisamment responsables de leurs d. taxes, où il ne se trouve en leurs maisons
des meubles pour y supléer, nous, pour ces causes et autres
occasions à ce nous mouvans, avons faict et faisons très expresses inhibitions et deffences à tous recepveurs, collecteurs, huissiers et sergens, aiant charge des contraintes ou
recouvrement de nos deniers, ores et pour l'advenir, de
prendre, arracher ne enlever ès maisons de nos subjectz contribuables aux deniers de noz tailles et autres levées de
notre auctorité, les portes, fenestres, huisseries et clostures
y estans, moings encores de les faire vendre, ne mesmes,
quant nos d. subjects taillables se sont absentez, de démollir
icelles maisons, enlever, distraire ou emporter les bois,
serrures, et autres mathériaulx d'icelles, le tout à paine de
concussion. Si vous mandons et enjoignons à chacun

de vous, endroict soy, que ces présentes vous faictes regis-
trer, lire, publier, garder, entretenir et observer par tous les
lieux et endroictz de vos ressortz, etc.

Car tel est notre plaisir. Donné à Paris, le 2ᵉ jour de juing
l'an de grâce 1600 et de notre règne le 11ᵉ. Signé par le
Roy : Potier. »

Enregistrées à la cour des Aides, 5 jᵉᵗ 1600 (1). (Voir l'art.
xxxviii du Cahier des États de 1599).

ÉTATS D'OCTOBRE 1600.

I.

EXTRAIT DES REGISTRES DE L'HOTEL-DE-VILLE DE ROUEN.

Lettres du Roi au bailli de Rouen, datées de Lyon,
5 août 1600, fixant la réunion des Etats à Rouen, au 2 oct.
suivant.

Assemblée tenue, le dernier sept. à l'hôtel-de-ville,
pour l'élection des députés, sous la présidence de Nᵃˢ Le
Jumel, sʳ de Lisores, procureur général au Parlement,
garde du bailliage, le siège vacant. Prirent part à l'élection,
outre les officiers du Roi, conseillers, officiers de la ville
et députés des 4 vicomtés du bailliage, 45 ecclésiastiques,
3 nobles nommés, sans compter les autres, et un grand
nombre de bourgeois et d'habitants de la ville. On nomma

(1) Arch. de la S.-Inf., *Mémoriaux de la Cour des Aides*, B. 13,
fᵒ 195 vᵒ.

pour l'église, Mᵉ Alphonse de Bretteville, chanoine de
Rouen; — pour la noblesse, Franç. de Cormeilles, écuyer,
Sʳ de Tendos; — comme conseillers échevins, n. h. Simon
Le Pigny, Sʳ des Cottes, et Laurent Hallé.

Lecture des lettres de MM. les Commissaires, députés par
S. M. pour la rédaction et réformation de la Coutume de
Normandie, au bailli de Rouen ou son lieutenant, 1ᵉʳ sept.

« Messieurs, nous ayant esté envoyé commission du Roy
pour, en la prochaine séance et assemblée des Estatz de
Normandie, procéder à de nouveau réduire et accorder, et,
si besoing est, corriger, augmenter ou diminuer les Coustumes de ce dit païs et duché de Normandie ou partie
d'icelles, du consentement desd. Estatz, nous avons assemblé et dressé quelques mémoires, et, entre autres, sur
le titre des *Exécutions par décrept*, que nous avons
rédigé en la forme que vous verrez par le Cayer que nous
vous envoyons, afin de le voir et remarquer ce que l'on y
peult apporter de doubte ou difficulté, et qui y peult estre
retranché ou abrogé, tant pour l'abréviation desd. décrets,
que pour relever les parties des grands fraiz qui consomment
le plus souvent la plus grande partie du prix, mesmes
dresser mémoires, instructions et Cayers sur les autres
pointz et articles de la Coustume qui peuvent recevoir inter-
prétion, limitation ou modification selon les différends qui
en sont procédez et jugemens ensuiviz; et pour cet effect
vous assemblez le plus promptement que faire se pourra,
avec telz personnages expérimentez au faict desd. Coustumes
que adviserez bien, et que, députant de chacun estat, pour
se trouver en l'assemblée desd. Estatz, il soit, par mesme
moyen, donné pouvoir à ceulx qui seront nommez et
députez de présenter lesd. Cayers et consentir l'omologation
de ce qui sera sur ce advisé et arresté en lad. assemblée, à
quoy ne ferez faulte, et dont vous nous certifierez suffisamment de la diligence que en aurez faicte. Donné à Rouen,

le 1er jour de sept. 1600. Voz bons amys, les commissaires
députez par le Roy pour la rédaction de la réformacion des
Coustumes de Normandie. Signé : Claude Groulart, Le
Brun et Martel. — Sur le dos : A M. le bailly de Rouen
ou son lieutenant audit lieu. »

II.

NOTES DU PREMIER PRÉSIDENT GROULART.

Etats de 1600. — « La commission des Estas de la dite
année fust adressée à MM. de Montpensier, moy, les sieurs
de Jambeville, Mauteville, des Hameaus, deux Trésoriers
de France de chascune généralité, le procureur général
Le Jumel et les deus receveurs estans en exercice la dite
année, et ce pour les tenir au 2 octobre audit an. M. de
Montpensier cependant fut mandé par le Roy pour la
guerre de Savoye, tellement qu'il ne pouvoit s'y trouver. Le
paquet m'estant adressé en son absence, je dépeschay tant à
MM. les Commissaires y dénommés qu'aus baillis, afin de
procéder à l'élection des députés. M. de Bréauté eust commission particulière pour s'i trouver, qui fust lue, comme de
coustume, après [que] la générale eust esté leue, avant que
les Estas s'assemblassent. M. le mareschal de Fervaques en
eust aussi une ; mais il ne s'i voulust trouver, de sorte que
j'en escrivis au Roy, où l'on verra les raisons qui m'exci-
toient à ne luy vouloir déférer en cest acte-là, et n'i adjous-
terai sinon que c'est une vieille dispute entre les mareschaux
de France et les présidens des cours souveraines, qui fust
renouvellée lors de l'assemblée que fist faire le Roy en
ceste ville l'an 1597, et ayans esté ouis devant le Roy, il
accorda à tous les présidens des parlemens qui y estoient
acte de leur protestation, mais cependant il ordonna que

par provision les mareschaus de France précéderoyent et présideroyent, quand le cas s'offriroit. Or je n'eusse pas fait grand instance, n'estoit que je désirois faire congnoistre au Roy qu'on luy fait croire que c'est une chose de grande conséquence, et ceus qui y président font valoir cela, et il n'i a rien si facile, quand on n'i use point d'artifice. Nous nous entre-escrivismes M. le mareschal et moy, et sommes demeurés assés mal satisfaits les ungs des autres. Néant-moins il n'i vint point, et S. M. mesme nous laissa faire sans rendre response à la letre que j'avois escrit le 2 octobre. Les députés présentèrent leurs procurations et icelles enregis-trèrent. Comme je pensois, le 3, faire l'ouverture, je fus saisi d'une grosse fiebvre et devoyement extraordinaire, de sorte que tout fust remis au lendemain 4 octobre, qu'estans assemblés à Saint-Ouen, je montray à MM. les Commis-saires des letres du Roy, par lesquelles il me mandoit que je différasse à les tenir au jour que M. de Montpensier me manderoit, qui escrivoit que ce fust au 25 octobre. Nous entrasmes en délibération, et passa que pour la consé-quence on ne pouvoit différer; que cela seroit de dangereus exemple et de frais extraordinaires que la province ne pour-roit porter, de sorte que je fis l'ouverture. Et de fait, le len-demain, mondit sr de Montpensier dépescha ung courrier pour dire qu'on ne différast plus. Il ne s'i passa rien qu'avec beaucoup de respect et de modestie, et si ils accor-dèrent à ma prière la pension à M. de Montpensier de 6 mil escus qu'ils lui avoient voulu dénier, l'an passé, encor qu'il y fust présent. On y fist, après la response, lecture du Cayer des Décrets de la Coustume que nous réformions, et comme on vouloit passer outre sur les autres articles, les députés nous prièrent que nous les remissions à la prochaine convention, afin qu'il y eust et plus de solen-nité et aussi que beaucoup de leurs procurations n'en contenoient aucune chose, ce qui leur fust octroyé et dépeschasmes seulement les Décrets, puis nous les licentiasmes.

Faut aussi noter qu'à la dicte convention je fis donner l'estat de thrésorier des Estas à M. David Doublet, qui estoit bailli de Dieppe, auquel je l'avois fait bailler dès Caen; mais par la réduction (1), il l'avoit remis ès mains du s^r De Bournes. Maintenant il l'a du tout. Ayant esté décerné des honneurs extraordinaires à Pompée, « Ille non plus quam semel usurpare sustinuit », dit Velleius, et n'i faut pas tous jours insister, comme je ne ferois pas, en semblable acte que cestuy-cy, aux mareschaus de France, pour les difficultés que l'on verra à ce que j'ay redigé de l'assemblée de Rouen en l'an 1596. Tant y a que, comme il appert par les lettres du Roy, par celles de M. le chancelier et de Gesvre, on le trouva bon en court, dont à Dieu soit rendu graces et louanges, et par icelles il appert bien qu'il en fust parlé à bon escient au Conseil du Roy, qui lors estoit en Savoye. Ce qui me fait de tant plus esmerveiller de la simplicité de MM. les premiers présidens qui m'ont précédé, lesquels se sont laissés aller aus gouverneurs et lieutenans particuliers simples, contre la volonté du Roy, contre ce qui est de leur rang et dignité, qu'ils laissoient avilir, dont il faut essayer de se remettre en possession, car, si la justice n'est réglée et honorée, le reste du corps de l'Estat sera de triste mine (2). »

(1) Edit du roi sur la réduction de la ville de Rouen en son obéissance.

(2) Le succès obtenu par Groulart ne fut pas complet ou du moins ne fut pas durable. Aux Etats de nov. 1654, tenus en la grande salle de l'archevêché, on vit le duc de Longueville, gouverneur et lieutenant-général pour le Roi en la province de Normandie « dans une chaire de velours, un carreau dessus et un à ses pieds, de mesme étoffe de velours, sur un marchepied couvert d'un tapis, élevé de 7 à 8 pouces de large et long de 7 à 8 pieds, soubz un dais de velours cramoisy; à la droite de son altesse et à côté dudit marchepied, Mgr

III.

NOMINATION DES DEUX COMMISSIONS POUR LE PORT DU CAHIER
ET POUR L'AUDITION DES COMPTES.

« Du lundi avant midi, 9ᵉ jour d'oct. 1600, passé en la maison abatial S. Ouen de Rouen.

Furent présens noble et disc. personne Mᵉ Alfonse de Breteville, prestre, sʳ d'Amfreville, chanoyne en l'église cathédral N.-D. de Rouen et prieur de S. Blaise de Lhuy, député pour l'église du bailliage de Rouen ; n. h. Franç. de Cormeilles, sʳ de Tendoz, députté pour la noblesse dud. baill. ; n. h. Simon Le Pigny, sʳ des Cotes, et Laurent Hallé, conseillers eschevins de l'hostel commun de la ville de Rouen ; Marin Petit (de la par. de Biennais), d. pour le t. e. de la vic. de Rouen ; Jeh. Marie (de la par. de Surville), d. pour la vic. de Pont-de-l'Arche ; Rob. Huppin (de la par. de S.-Georges-du-Vièvre), pour la vic. de Pont-Audemer ; Olivier Orieult (de Pont-l'Évêque), pour la vic. d'Aulge ; — noble et disc. pers. Mᵉ Pierre Piart, prestre, curé de Cany, délégué pour l'église du baill. de Caux ; n. h. Aymar de Manneville, sʳ du lieu, d. pour la noblesse dud. baill. de Caux ; Nicolle Fossard (de la par. des Baons-le-Comte), d. pour le t. e. de la vic. de Caudebec ; Richard Ancel (de la par. de Fontenay), pour la vic. de Monti-villiers ; Mᵉ David Dumont, pour la vic. d'Arques ; Mᵉ Jacques Le Blond (de Neufchastel), pour la viconté de Neufchastel ; Georges Langloys (de Gournay), pour la vic. de Gournay ; — noble et disc. personne Mᵉ Samuel Les-

le marquis de Beuvron, lieutenant-général pour le Roi au gouverne-ment de Normandie, et à la gauche M. le premier président du Par-lement. »

varey, licencié en chacun droit, prieur d'Authoines (ou Authou) et chanoine du S. Sépulcre de Caen, d. pour l'église du baill. de Caen; n. h. Pierre de Moges, s^r de Buron, d. pour la noblesse dud. baill. de Caen; Nicole Benard, s^r de Poussy, d. pour la ville de Caen; Martin Tranchevent (d'Oistrehan), d. pour le t. e. de la vic. de Caen; Guill. Yeurry (de Bayeux), pour la vic. de Bayeux; Michel Prayer (de Fallaize), pour la vic. de Fallaize; Guill. Lambert (de Vire), pour la vic. de Vire et Condé; — noble et disc. personne Me Denis Guillet, chanoine théologal en l'église de Coustances, d. pour l'église du baill. de Costentin; n. h. Julien de la Luzerne, s^r de Loré, d. pour la noblesse du baill. de Costentin; Jacques Jourden (de la par. S.-Denis), d. pour le t. e. de la vic. de Coustances; Thomas Treussan (ou Touzart, de la par. S.-Denis), pour la vic. de Carentan et St-Lô; Etienne Juyn (ou Guyot, de la par. de Carneville), pour la vic. de Valognes; Guill. Fortin, pour la vic. d'Avranches; Jacques Fortin Restaudière (de la par. de Lapentis), pour la vic. de Mortaing; — noble et disc. personne Me Robert Toustain, prebstre, licencié en droit, chanoine en l'église cathédrale de S.-Pierre-de-Lisieux, d. pour l'église du baill. d'Evreux; n. h. Jeh. Baudart, s^r de Bonneval, d. pour la noblesse du baill. d'Evreulx; Pierre du Vauchel (d'Evreulx), d. pour le t. e. de la vic. d'Evreulx; Pierre Le Danoys (de Cailleville), pour la vic. de Beaumont-le-Roger; Estienne Le Hoult, pour la vic. de Conches et Breteuil; Franç. Marais (de Lisieux), pour la vic. d'Orbec; — noble et disc. personne Me Adrien de Moncuyt, doyen de Gisors et curé de Morgny, d. pour l'église du baill. de Gisors; n. h. Philippe de Gaillardboys, s^r de Marcouville, d. pour la noblese dud. baill. de Gisors; Jeh. Guersent (de Gisors), pour le t. e. de la vic. de Gisors; Jeh. De Bordeaulx (de Vernon), pour la vic. de Vernon; Jeh. Langloys,

procureur scindicq de la ville de Pontoise, d. pour la chas-
tellerie dud. Pontoise ; Jacques Ingoult l'aisné (d'Andely),
pour la vic. d'Andely ; Jeh. Chefdeville (de Lyons), pour
la vic. de Lyons ; — noble et disc. personne messire Guill.
Devreux, doyen de Verneuil, d. pour l'église du baill.
d'Allençon ; n. h. Est. de Courtemanche, sr d'Aube, d.
pour la noblesse dud. baill. ; Pierre Erard, sr de Housse-
maine, pour le t. e. de la vic. dud. Allençon, Olyvier Le
Vieil (de Joué du Plain), pour la vic. d'Argenten, Symon
Petron le jeune, pour la vic. de Danfront, et Jeh. Guernel
(ou Quesnel), pour la vic. de Verneuil et Chasteauneuf-en-
Thimerais,

Ont députté et establi leurs procureurs généraulx et
spéciaulx lesd. de Breteville, de Gaillarboys, sr de Marcouville, Jeh. Guersent et Guill. Yeurry et n. h. Me Jeh.
Thomas, procureur scindicq desd. Estats, ausquelz et à
chacun d'eulx, portans le présent, lesd. srs déléguez, èsd.
noms et qualitez, ont donné et donnent plain pouvoir de
poursuivre vers la majesté du Roy et nos seigneurs de son
Conseil la responce et expédition des articles du Cayer
arresté et signé desd. srs depputez, sans aucune chose
augmenter ou diminuer. »

Les mêmes, le même jour, nomment pour assister à
l'audition des comptes Guillet, de Loré, Marais et Lambert, avec le sr Thomas (1).

(1) Nous avons ajouté aux noms des députés des Etats l'indication de
la paroisse qu'ils habitaient, d'après le procès-verbal de la réformation de la Coutume.

IV.

Nous trouvons dans la pièce qui suit un exposé des besoins de l'État en l'année 1600. Nous la rapportons à défaut du discours du président des Etats, parce qu'elle nous fait exactement connaître les motifs sur lesquels dut être appuyée la demande adressée par le Roi aux députés de notre province.

Procès-verbal de l'assemblée de Messeigneurs les depputez du clergé de France, tenue en ceste ville de Paris ou mois de may, juin et juillet 1600 (1). — « M. de Maisses, conseiller du Roy en ses Conseils d'Etat et privé, lequel ayant salué la compagnie et luy estant donné place, auroit dict que le Roy, estant adverty de lad. assemblée, luy auroit commandé de les venir trouver pour leur faire entendre que S. M. estoit contraincte supporter de grandz fraiz et despences ceste année, auxquelles ses finances ordinaires ne pouvant suffire, elle avoit recours à ses bons et fidels subjectz pour estre secouru de quelques sommes de deriers pour les pouvoir supporter, estant sy nécessaires et importantes; — que la première et la principalle estoit pour l'alliance des Suisses, laquelle estant finie il falloit renouveler, et, suivant les antiens traictez, la continuer durant la vie de S. M. et dix ans après; que chacun sçavoit bien que c'estoit à l'honneur et à la conservation de cest Estat : à l'honneur, pour le long temps qu'il y a que les roys de France l'avoient entretenue et estoient comme obligez pour

(1) Le diocèse de Rouen y était représenté par Guill. Péricard, conseiller au Parlement, abbé de St-Taurin, doyen du chapitre de Rouen.

la réputation, à ne la rompre poinct par faulte de moiens;
— à la conservation, d'aultant que les Suisses se pouvoient
dire ung rempart et colonne de cest Estat, lequel ilz
avoient tousjours seurement et fidellement servy; qu'il n'y
avoit point de doubte que, le Roy les quittant, ilz seroient
bientost recœuilliz par le roy d'Espagne et autres princes
qui les sollicitoient, il y avoit longtemps, et que, pour cest
effect, il leur falloit paier 1,200,000 escus dans peu de
jours. La seconde estoit le mariage que S. M. espéroit faire
en brief avecq la princesse de Florence, où il estoit obligé
de monstrer sa grandeur et maintenir la réputation des
roys de France en libéralité et magnificence, mesmement
nostre Sainct Père y envoyant son neveu Mgr. le cardinal
Aldobrandin et autres cardinaux et mesdames les grandes
duchesses et de Manthoue l'accompaignant; qu'il auroit
regret, pour toute la nation françoise de ne tesmoigner en
une telle action, que, comme ses prédécesseurs avoient cy-
devant faict, il avoit aussy le moien et la volonté de faire
cognoistre à une si grande assemblée qu'il n'estoit moindre
qu'eux. La troisième qu'il estoit résolu de redresser et
remonster ses gallères à Marseille en tel équipage qu'elles
avoient esté soubz ses prédécesseurs roys, chose qui impor-
toit à la grandeur et à l'utilité des marchans, tant françois
qu'estrangers, pour l'asseurance du traficq et la seureté des
voyages sur mer. La quatrième et dernière estoit le traicté
avecq monsr le duc de Savoye pour la réduction du mar-
quisat de Sallusse, qui estoit prest à estre exécutté, ce qu'il
ne pouvoit faire sans quelque frais. Que pour ces occasions
S. M. l'avoit envoyé vers eulx leur remonstrer que, si les
roys Henri IIe, Charles IX et Henry IIIe, dernier deceddé,
avoient tiré de grands secours du clergé de ce royaulme,
tant par alliénations des biens de l'église, que décimes
extraordinaires et autres moiens, mesmes que le deffunct
roy, allant en Poloigne, avoit eu un présent de 800,000 l.

tout à un coup, qu'il estoit roy comme eux et pouvoit adjouster, sans envye et sans jactance, qu'il méritoit de ses subjects, aultant ou plus qu'eux, pour leur avoir acquis le repos et la paix et rendu la jouissance de leurs biens, aux périls de sa personne et avecq tant de veilles et travaux cogneuz à tout le monde. Que particulièrement il avoit tesmoigné beaucoup d'affection et de bonne volonté vers le clergé, qu'il avoit aymé avecq soing et soulagé entièrement en ce qu'il avoit peu, ne leur ayant encores jamais rien demandé, quoiqu'il l'eust peu faire. Que ung si grand corps et si honorable ne se trouveroit chargé de le secourir de 200,000; escus qu'il s'attendoit de n'estre reffusé de ceste demande qui estoit la première qu'il leur avoit faicte (1). »

Levée d'un écu sur chaque tonneau de marchandises. — Par lettres patentes (S. Germain, 16 mai 1600) le Roi ordonna la levée d'un écu sur chaque tonneau de marchan-

_____

(1) Arch. de la S.-Inf., *F. de la Chambre du Clergé.* — On eût bien voulu résister, mais on craignit que le Roi ne prît sans demander, « qui estoit une voye si extraordinaire et préjudiciable au clergé que celui-ci avoit tousjours faict ce qu'il avoit peu pour le fuir. » On se rappelait que l'aliénation de 1576 s'était faite *invitis clericis.* Cependant on arrêta de faire de très humbles remonstrances au Roy, « tant sur le deffault de pouvoirs que sur l'impossibilité de lever, non pas cette grande somme, mais une bien moindre, pour les grandes nécessitez et calamitez qui se pouvoient remarquer par les diocèses. » Le Roi tint ferme. Il dit au cardinal de Gondy, président de l'assemblée, « qu'il sçavoit bien que ceux du clergé lui vouloient faire des remonstrances et luy alléguer leurs nécessités et pauvretez ; que ce ne seroit que parolles ; qu'il avoit besoing et nécessité d'argent ; qu'il en estoit pressé et ne pouvoit s'en passer ; qu'autrement il sçavoit bien le moien de prendre luy-mesme le secours qu'il désiroit, comme à moindres occasions ses prédécesseurs roys avoient faict. » Une assemblée fut tenue au logis du chancelier, où étaient les srs de Rosny, de Maisses, de Sancy, de Viennes, de Maupeou. A la suite d'un discours du chancelier, le clergé satisfit le Roi, en lui faisant offre d'une décime extraordinaire, à lever aux 2 termes d'oct. 1600 et de fév. 1601.

dise entrant dans le royaume ou en sortant par tous les
ports, havres, détroits et passages de Normandie. Le Roi
limitait à un an la perception de cet impôt, qu'il légitimait
par la nécessité où il se trouvait « de s'acquitter envers ses
grands amys, alliez et confédérez les cantons suisses,.....
portez à tel désespoir qu'il les avoit veus entièrement réso-
lus de quitter son alliance et se donner à d'autres princes
estrangers, prestz à s'en servir et les employer contre lui. »
Ces lettres furent vérifiées, à la Cour des Aides, le 5 juin
1600, et le même jour, au parlement, avec cette modification
que la perception ne se ferait que jusqu'à concurrence de
50,000 l., et qu'on n'y comprendrait pas les navires chargés de grain. Une modification du même genre fut appor-
tée par le parlement à d'autres lettres patentes du 16 mai
1600, ordonnant la levée pour un an de 10 s. sur chaque
muid de vin entrant à Rouen ou en sortant : le parlement,
par arrêt du 13 juin, décida que cette imposition n'aurait
lieu que jusqu'à concurrence de 10,000 l. Le 2 juin 1600,
le Conseil de la ville de Rouen s'était élevé contre ces deux
impositions et avait arrêté que l'on adresserait au Roi des
remontrances dont la substance est consignée en ces termes
dans le registre des Délibérations :

« Paris n'a offert, à ce que l'on prétend, que 50,000 escus.
Rouen n'a jamais entré au quart de Paris, et si, en demande,
on a excédé, a esté, sur remonstrances, réduict. — Paris
faict ses offres aisément, estant gratiffié ès diminutions des
impostz. — Et si souvent leurs offres ne les grèvent et ne
servent que d'acheminer les autres villes. — Dès l'assemblée de 96 (l'Assemblée des Notables à Rouen), on parloit
de l'alliance des dicts Suisses. — Infinis éedictz lors
monstrez et autres depuys émanez à leur faveur. —
Tels impostz altéreront le trafic. — Nous avons la paix,
et néaulmoins aultant ou plus chargez qu'en guerre. —
Arrérages de rentes et gaiges non paiez. — Nous endu-

rons les surhausses de sel pour leurs commoditez (aux Parisiens) et paiement des gaiges des compagnies souveraines de Paris. — Les décymes sont aux Parisians et autres fermes : ilz attirent tout à eulx. »

Le parlement ne pensait pas autrement que le Conseil de la ville.

« Le mois de may, dit Groulart dans ses *Mémoires*, p. 585, les préparatifs se faisoient pour la guerre de Savoye par le Roy, où l'on préjugeoit qu'il y auroit de l'incommodité, sy l'on ne donnoit quelque contentement aux Suisses sur le renouvèllement de l'alliance, et demandes de grandes dettes qui leur estoient dues, d'autant qu'ils sembloient menacer de rompre et se donner à l'Espagnol, qui les sollicitoit. La conséquence en a esté trouvée sy dangereuse, que cela a servy de prétexte pour faire passer une infinité d'édicts aux courts souveraines, que toutes fois on a mal employez ailleurs. Tant y a que le Roy nous manda, MM. de Motteville, 1ᵉʳ président en la Chambre des Comptes, Des Hameaux, 1ᵉʳ président en la Cour des Aides..... Il nous fist entendre que, délibérant de s'acheminer de bref pour la Savoye etc..... que desjà les habitans de Paris luy avoient faict offre de 60,000 escus ; qu'il n'en attendoit pas moins de ceux de Rouen..... Je lui fis response qu'il ne pouvoit doubter de notre fidélité et dévotion ; mais que j'estois contrainct de luy représenter la pauvreté de la ville de Rouen, qui ne se pouvoit remettre depuis les guerres à cause des grands imposts dont elle estoit chargée ; que de bailler un emprunt particulier, c'estoit chose impossible ; que la navigation et marchandise n'alloient plus, et que ce n'estoit que misère.... Nous remontrâmes que, Paris n'ayant baillé que 60,000 escus, jamais en telles contributions, Rouen n'avoit esté qu'au tierz ou au quart...... Enfin il nous dist qu'il envoyroit deux déclarations, l'une pour prendre un escu pour tonneau sur chacun navire qui entreroit dans nos ports, l'autre de 10 s. pour muid de vin qui entreroit dans Rouen. Nous n'osasmes insister davantage, et prismes congé de luy. » (V. l'art. VII du Cahier des Etats de 1600).

Réformation de la Coutume. — A la Convention des Etats de 1600, les députés furent consultés sur certaines modifications que l'on avait cru convenable d'apporter à la Coutume de Normandie.

Les commissaires du Roi désignés pour présider aux déliberations en vue de cet objet furent Claude Groulart, 1er president, Franç. Anzeray, et Georges De la Porte, présidents, J. B. Le Brun, et Adrien Martel, conseillers, et Nas Thomas, 1er avocat au parlement.

Les officiers de justice avaient délégué, de leur côté, Jacques Cavelier, sr d'Auberville, lieutenant général au bailliage de Rouen, Rob. Le Gras, sr de Bigars, lieutenant général du bailli de Rouen en la vicomté de Pont-Audemer, Ch. Tullon, lieutenant du vicomte d'Auge, Adrien Soyer, lieutenant général civil et criminel du bailliage de Caux, Eléazar Malherbe, conseiller au présidial de Caen, Jeh. Dollebel, procureur du Roi en la vic. de Bayeux, Henry Le Prévost, lieutenant général du vicomte de Falaise, Guill. Pennier, conseiller au présidial de Coutances, Henri Cuquemelle, avocat, député pour la justice de la vic. de Valognes, Jean Labiche, avocat, député pour la justice du bailliage de Lisieux, Pierre Allorge, lieutenant général civil et criminel au bailliage de Gisors, Achille Frontin, lieutenant général civil et criminel du bailli de Gisors à Gisors, Franç. Le Moyne, lieutenant du même bailli en la vic. de Vernon, Edmond Doré, avocat du Roi au siège de Lyons, Pierre Le Rouillé, avocat du Roi au siège d'Alençon, Antoine Le Moulinet, avocat, député pour la justice de la vic. d'Argentan, et Philippe Fleury, avocat, député pour la justice de Domfront.

Tous se réunirent en la grande salle du manoir abbatial

de S. Ouen le lundi 10 oct. ; les députés des trois ordres prirent place « sur les formes à eux préparées, comme il estoit accoustumé, à sçavoir ceux de l'église, du costé droit vers les fenestres d'amont, ceux de la noblesse, de l'autre costé, et les eschevins de la ville de Rouen, avec Thomas, procureur des Etats, sur une autre forme vis à vis du bureau des Commissaires, et derrière eux les députés du tiers Etat. » Conformément à ce qui avait été réglé en semblable occasion, le 10 mai 1583, on plaça pour les députés de la justice quelques bancs derrière les sièges des Commissaires. La séance ayant été ouverte, ceux-ci rappellèrent que, lorsqu'on avait envoyé par les bailliages les lettres du Roi pour la convention des Etats, on avait envoyé en même temps des lettres particulières pour faire entendre ce que le Roi avoit ordonné, sur la réquisition des trois Etats à la convention dernière, « qui estoit pour la correction d'aucuns poincts et articles de la coutume. » Les députés firent observer « qu'ils n'avoient charge suffisante pour consentir ce qui avoit été arresté pour la réformation de lad. Coutume ; qu'en pareille occurrence l'on avoit envoyé les Cahiers par les bailliages et vicomtés afin d'y apporter un consentement entier, que, cela n'ayant esté faict que pour le *titre des Décrets*, l'on devoit seulement procéder à examiner et arrester ce qui touchoit et concernoit le stile des Décrets et remettre le surplus. » Les Commissaires trouvèrent que la proposition était juste et raisonnable, « et que ce n'estoit chose qu'il fallût précipiter. » On s'en tint donc au *titre des Décrets* dont le projet avait été envoyé par les bailliages. Les articles qu'il comprenait furent successivement adoptés, le même jour et le lendemain, après discussion sur les raisons et difficultés proposées dans les Mémoires apportés par les députés. Ensuite tous les délégués de la justice furent invités à envoyer et à faire mettre entre les mains de Jean Varin, greffier de la Commission, avant Noel suivant, leurs Cahiers, mémoires et instructions sur le reste des chapitres et articles de la Coutume qu'ils trouveraient devoir être éclaircis, interprétés, corrigés et augmentés, « pour estre par les Commissaires veus, et sur iceux en estre dressé Cahiers, afin d'être renvoyés par tous les dits bailliages et mis aux greffes de chacune vicomté pour y estre veus par les gens d'eglise, les nobles et généralement toutes personnes y ayant intérêt. » Sur la requête du procureur des Etats, parlant au nom des trois ordres, les Commissaires ordonnèrent « que les mêmes députés de chacun estat seroient receus à se trouver à la prochaine séance et assemblée des dits Estats, pour procéder à la réformation, aux jours qui pour ce seroient assignez, à laquelle assemblée seroit délibéré sur la requeste, faite par lesd. Estats, que le temps de 10 ans fût limité, entre majeurs, pour procéder et appeler des décrets et estats d'iceux, et pour le regard des mineurs, 10 ans après leur majorité. »

Le procès-verbal de cette réformation fut signé et scellé par les Commissaires et enregistré au parlement le 15 déc. 1600.

Il a été publié par Berault dans sa *Coustume reformée du pais et duché de Normandie*, où il précède le titre *des Exécutions par décret*, articles 546-596 de la *Coutume* (1).

(1) Un des nouveaux articles portait que, pour l'avenir, les ventes et aliénations d'héritages par décret de justice ne pourraient être poursuivies devant les Elus ni autres juges extraordinaires, mais seulement devant les juges ordinaires, sur peine de nullité. Il en résultait « que les receveurs généraux qui ne pouvaient poursuivre le paiement de leurs débets qu'en la Cour des Aides, et les receveurs des Aides et tailles, qui ne reconnaissaient en la fonction de leurs charges, que cette cour et les élus, allaient se trouver privés de la faculté de se pourvoir devant les juges auxquels la connaissance en appartenait. » Cet inconvénient fut signalé par la Cour des Aides au Conseil d'Etat, lequel, par arrêt du 24 juillet 1601, ordonna que, sans avoir égard à l'article en question, les Commissaires députés pour la réformation de la Coutume enverraient leur rédaction au Conseil. Arch. de la S.-Inf., *Mémoriaux de la Cour des Aides*, B. 14, fo 27.

ÉTATS D'OCTOBRE 1601.

I.

EXTRAITS DES REGISTRES DE L'HÔTEL-DE-VILLE DE ROUEN.

Lettres du Roi au bailli de Rouen (6 août), fixant la réunion des Etats au 10 oct. 1601.

Assemblée tenue à l'Hôtel-de-ville pour l'élection des deputés le 8 oct. Prirent part à l'élection, outre les officiers du Roi, conseillers, officiers de la ville et députés des 4 vicomtés du bailliage, 25 ecclésiastiques, 3 nobles et un grand nombre de bourgeois. Le sergent de la ville, pour l'absence du procureur et du solliciteur, « recorda avoir semondz MM. les grands vicaires et chappitre ; comme, par semblable, les quatre quarteniers, leurs bourgeois, tant par eux que par les centeniers et cinquanteniers. Le même sergent recorda aussi avoir semonds MM. du Conseil. »

On commença l'appel par les députés des 4 vicomtés, qui étaient Jean Guilbert, de la par. de Claville, député de la vicomté de Rouen, nommé le 28 sept.; Guill. Le Cat, député de la vic. de Pont-Audemer, demeurant à S. Denis des Monts, nommé le 14 sept. ; Martin Fauvel, député de la vic. de Pont-l'Evêque, nommé le 18 sept. On prit défaut contre le député de la vic. de Pont-de-l'Arche, lequel, pour sa non comparence, fut condamné à 4 écus d'amende.

On appela ensuite les ecclésiastiques et les nobles de la vic. de Rouen, en commençant par la sergenterie de Cailly, et en continuant par celles de Pont-S.-Pierre, Couronne, et Pavilly. Les défaillans furent condamnés, chacun, à 2 écus d'amende, « et, pour ce que l'heure estoit tardifve, on différa l'appel de ceux des autres vicomtés, et l'on procéda outre néaulmoins à la nomination. » C'est ce qui explique le petit nombre des ecclésiastiques et des nobles désignés nominativement dans le registre. On n'y trouve que 3o noms d'ecclésiastiques et 5 noms de nobles. Sur le nombre, 5 ecclésiastiques furent mis en défaut et excusés ; 2 nobles furent excusés. « Les bourgeois étaient en tourbe et n'en fut fait aucun appel. » On nomma pour l'église Mᵉ Etienne Sanson, curé de S. Laurent de Rouen, chanoine en l'église cathédrale ; pour la noblesse, André de Vieupont écuyer, sʳ d'Auzouville; comme conseillers et échevins, n. h. Pierre Donnest et Rob. Digean.

Proposition des Etats. — « Du 11ᵉ jour d'oct. 1601, aprez la Proposition faicte ce matin, en la convention des Estatz de ceste province, en l'assemblée de MM. les 1ᵉʳ advocat au parlement, procureur du Roy au bailliage, conseillers du Bureau, anciens conseillers de la ville, présence des députez de l'église et noblesse et du tiers estat de ce bailliage tenue par nous Cavelier, lieutenant général, a esté délibéré, conclud et arresté que S. M. sera supliée révocquer l'édict de l'impôt des toiles; — celuy des petits seaux; — ne plus octroyer aucuns dons ny acquitz de debtes à prendre sur les nouvelles impositions par forme de surenchère parce que souvent ceulx qui les prennent, ou par eulx ou par personnes interposées, sont adjudicataires des fermes, ou telz adjudicataires inthimidez d'eulx qu'ils n'osent enchérir lesd. fermes à la vraye valleur, comme pour les descouvrir sera supliée S. M. d'en faire informer. Mesmes Sa d. Majesté faict porter sur les habitans des villes et villages la moings valleur de leurs adjudications, dont est faict estat en son Conseil.

« Sera aussi S. M. supliée faire fondz extraordinaire de
100,000 escus pour la réfection du pont, cays et talutz de
ceste ville de Rouen, paiable en une ou plusieurs fois,
comme il a esté faict pour le pont de Mantes et autres ; —
et le semblable pour le Pont de l'Arche, en sa porcion ; —
faire casser la levée de l'escu pour tonneau de mer et 10 s.
pour augmentation sur chacun muy de vin, attendu que
les sommes pour lesquelles les éedictz de lad. levée estoient
vérifiez ès courtz de parlement et des Aides sont et doibvent
estre acquittées, et ordonner que fonds sera faict des arrérages des rentes retranchées depuys lesd. vérifications qui
devoient estre par icelles acquittées. Et d'autant que lad.
somme a esté depuys par autres patentes augmentée, soubz
clause du consentement des conseillers eschevins de lad.
ville, sans qu'ilz ayent envoyé aucun pour estre oy ny con-
senty, suplier S. M. défendre en semblables patentes n'estre
employé telles clauses ; — révocquer aussi les lettres obtenues par les marchands de Paris pour achapter en ceste ville
toutes sortes de denrées ; — par semblable les lettres patentes du droit d'ancraige, comme estant préjudiciables à la
liberté du trafic (1). Plus il a esté délibéré, conclu et arresté
que le procureur de la ville soubstiendra à la Cour des
Aides que les bourgeois de ceste ville, en vertu de leurs
privilèges vérifiés par lad. court, peuvent faire labourer
leurs terres sans paier ny estre imposez à la taille, et à ceste

(1) Ce droit était de 3 s. pour tonneau des vaisseaux chargés de
marchandises ; de 18 d., pour tonneau des vaisseaux vides. Il devait
se percevoir sur toutes sortes de navires et barques étrangers, de
quelque port et grandeur qu'ils fussent, qui abordaient aux ports,
havres, rades et embouchures. Des lettres en forme de jussion pour
la perception de ce droit furent adressées au parlement le 29 oct. La
ville fit de nouvelles protestations pour empêcher la vérification de
ces lettres, 18 déc. 1601. Arch. municipales de Rouen, *Registre des
Délibérations*.

fin donnera adjonction à ceux qui la luy demanderont, à leurs despens (1). »

16 oct. 1601. — « Les commissaires ordonnez par le Roy à tenir la convention générale des Estatz de la province de Normandie, sur ce que honorable homme Franç. Ma-querel, l'un des gouverneurs et eschevins de la ville de Caen, député par le corps commun de lad. ville pour assis-ter en la présente convention, nous a dict et remonstré qu'il avoit cy-devant pleu au Roy octroyer aux habitans de lad. ville de Caen de pouvoir nommer et députer ung

(1) Le privilège des bourgeois des villes consistait en ce qu'ils pou-vaient faire valoir, eux-mêmes, leurs biens de campagne, quand ils ne trouvaient pas de fermiers pour un prix convenable. Or rien alors n'était plus commun, par suite de la misère et de la dépopulation qu'avaient entraînées de longues guerres civiles. Ce privilège était soumis à certaines formalités. Il fallait que le bourgeois obtînt man-dement de la Cour des Aides « pour faire savoir, aux prônes des grandes messes de la paroisse où se trouvaient ses biens et des 3 paroisses les plus rapprochées, par les curés ou vicaires, que, s'il y avait aucunes personnes qui voulussent prendre à ferme et à louage, au prix des terres voisines, ils se présentassent dans la huitaine par devers les curés ou vicaires, lesquels dresseraient procès-verbaux des personnes qui se présenteraient et des prix proposés ; — que, dans le cas où il ne se présenterait personne et que l'on ne pût demeurer d'accord du bail, il fût fait proclamation d'abondant par devant les élus de l'élec-tion. Si ces proclamations restaient sans effet, la Cour des Aides accor-dait au bourgeois propriétaire la permission de faire labourer et tenir en sa main les héritages en question, pour le temps de 3 ans, sans qu'il fût réputé avoir dérogé à son privilège de bourgeois, ni qu'à raison de ce il pût être assujetti à la contribution, par ce toutesfois qu'il ne pourrait discontinuer sa demeure de la ville qu'il habitait, sinon lors de la récollection des levées excroissantes sur lesd. héritages, à la charge encore de faire signifier l'arrêt aux paroissiens dans le délai d'un mois et de leur en délivrer copie. » Voir arrêts pour Pierre de Cailleville, bourgeois de Rouen, propriétaire à S. Nicolas de la Taille, 30 oct. 1601; — pour d'autres bourgeois de Rouen, Jean Cotton, propriétaire à la Neuville Chant d'Oisel, 7 janv. 1600 ; Jacques Le Charetier, conseiller au siége présidial, propriétaire à

d'entre eulx pour assister en toutes assemblées d'Estatz, tant généraulx que particuliers, et y avoir séance, voix et opinion délibérative à son rang, à l'instar des députez du corps commun de la ville de Rouen, réquérant, pour ceste cause, luy estre permis, suivant le vouloir du Roy, de prendre séance au mesme rang des députez de lad. ville de Rouen, se sont présentez n. h. Pierre Donnest et Rob. Digean, conseillers et eschevins d'icelle ville de Rouen, aussi députez pour lad. ville pour assister en la présente convention, lesquelz ont remonstré que, en l'assemblée des Estatz tenue audit Rouen en l'année 1599, sur ce que Tassin Blouet, qui estoit député pour lad. ville de Caen, eust fait pareille remonstrance et réquisition, auroit esté ordonné que icellui Blouet et autres qui seroient cy-après députez pour lad. ville de Caen pour assister ausd. Estatz auroient et prendroient ores et pour l'advenir séance aux-dits Estatz, au mesme rang des déléguez du tiers Estat de ceste province, et non avec les conseillers et eschevins de lad. ville de Rouen, requérant que le règlement sur ce donné soit suivy et observé. Sur quoy, la matière mise en délibération, avons ordonné, veu ledit règlement, que led. Maquerel et ceulx qui seront députez à l'advenir pour lad. ville de Caen pour assister ausd. Estatz, auront et prendront la séance et place portée par icelluy règlement de l'an 1599, et non autrement, dont les parties ont respectivement demandé acte de ce que dessus, que leur avons octroié. Faict en lad. convention tenue à Rouen le jeudi, 11e jour

S. Pierre des Serqueux, 6 oct. 1601; Guillaume Lernault, propriétaire à Bosc-Bordel, 10 déc. 1601; Nicolas Grouart, propriétaire à Epreville, 20 déc. 1601; Guill. Cabot, propriétaire à S. Martin de Quevillon, 11 déc. 1601; — Guill. Le Maistre, bourgeois de Caen, propriétaire à S. Germain de la Blanchère, 3 août 1600 ; Pierre le Burois, bourgeois du Havre, propriétaire à Octeville, 10 nov. 1601. Arch. de la S.-Inf., Cour des Aides, *Reg. du Conseil.*

d'oct. 1601. Ainsi signé par lesd. Commissaires : Ligeart, ung paraphe. »

4 mai 1600. — « Il a esté advisé que Monseigneur de Montpensier sera suplié de faire en sorte vers le Roy qui luy plaise trouver bon, en dressant la commission des Estatz, d'augmenter le fondz de 12 ou 15,000 escus par an pour 6 ans et iceluy affecter à la réparacion du pont, cays et talutz de lad. ville de Rouen, en considération mesme de la suppression des prévosts et archers des Sᵣˢ de Suresnes et Morel, lesquelz tiroïent quasi pareille somme pour leurs gaiges, outre l'exemption dont joissoient lesd. archers. »

II.

NOTES DU PREMIER PRÉSIDENT GROULART.

Etats de 1601. — « La Commission estoit adressée à M. de Montpensier, MM. de Jambeville, Moteville, Deshameaus, Grisel, Plaimboscq, Cauvigny, procureur général et moi pour tenir au 10 oct. 1601. L'ouverture en fust faite, le 11, à Sᵗ Ouen, et n'i eust rien de particulier, non plus qu'en la response qui fust faite le 15, excepté pour le vi-bailly de Costentin : c'est chose qui dépend du registre de la cour. »

III.

NOMINATION DE DEUX COMMISSIONS POUR LE PORT DU CAHIER ET POUR L'AUDITION DES COMPTES.

« Du lundi aprez midi, 15ᵉ jour d'oct. 1601, passé en la maison abbatiale S. Ouen de Rouen.

Furent présens vénérable et discrète personne Mᵉ Estienne Sansson, prestre, curé de S. Laurens, chanoyne de l'église cathédral N.-D. de Rouen, délégué pour l'estat de l'église du bailliage de Rouen; noble seigneur André de Vieupont, s^r d'Auzouville, dellégué pour la noblesse dud. bailliage; et nobles hommes Pierre Donnest et Rob. Digean, conseillers eschevins de ceste ville de Rouen, d. pour ladite ville; Jeh. Guillebert, d. pour le tiers estat de la viconté de Rouen; Jacques Héroult, pour la vic. de Pont-de-l'Arche; Guill. Lecat, pour la vic. de Pont-Audemer; Martin Fauvel, pour la vic. d'Auge; — vénér. et disc. personne Jacques Jehan, prestre, curé du bourg d'Arques, d. pour l'église du baill. de Caux; n. h. Anthoine Langlois, s^r de Louvres, d. pour la noblesse dud. baill. de Caux; René Le Coustre, d. pour le t. e. de la vic. de Caudebec; Guill. Le Clerc, pour la vic. de Montivilliers; Me Franç. Symon, pour la vic. d'Arques; Jeh. Ternisien, pour la vic. de Neufchastel; Me Georges Langloys, pour la vic. de Gournay; — vénér. et disc. personne Me Michel Bunel, chanoine de Bayeux, curé de Oully, d. pour l'église du baill. de Caen; n. seigneur mess. Anthoine de Longaunay, chev. de l'ordre du Roy, s^r de Franqueville, d. pour la noblesse dud. baill. de Caen; hon. h. Franç. Macquerel, s^r de Tilly, eschevin de la ville de Caen, d. pour lad. ville; Pierre Osmond, d. pour le t. e. de la vic. dud. Caen; Thomas De Hacquebec, pour la vic. de Bayeulx; Michel Prayer, pour la vic. de Falaise; Guill. Lambert, pour la vic. de Vire et Condé; — vénér. et disc. personne Me Vincent Le Got, archidiacre et chanoyne d'Avranches, d. pour l'église du baill. de Costentin; Loys de Franquetot, esc., s^r de S. Eny, Boutemont et Vassi, d. pour la nob. dud. baill.; Pierre Nicole, d. pour le t. e. de la vic. de Coutances; Pierre Pouet, pour la vic. de Carenten; Jacques Fierecoq, pour la vic. de Vallongnes; Pierre Le Roux, pour la vic. d'Avranches; Jacques Le Got, pour la vic. de Mortaing; — vén. et disc. pers. Me Franç. Joulet, chantre et chanoyne de l'église cathédrale d'Evreulx et prieur de Chaudé; n. h. René de Pevrel, s^r de Nogent, d. pour la noblesse dud. baill.; Michel De Hauteterre, d. paur le t. e. de la vic. d'Evreux; Jeh. Buisson, pour la vic. de Conches et Bretheuil; Jeh. Le Velain, pour la vic. d'Orbec; — disc. pers. Me Raoul Nepveu, bachelier en théologie, curé de Gisors, d. pour l'église du baill. de Gisors; noble seigneur Jeh. de Marle, chevalier, s^r d'Amécourt, d. pour la noblesse dud. baill.; Pierre Guillet, d. pour le t. e. de la vic. de Gisors; Jeh. De Bordeaux, pour la vic. de Vernon; Jeh. Langlois, pour la chastellenie de Pontoise; Jeh. Le Clerc, pour la prévosté de Chaumont et Magny; Berthin Drouy, pour la vic. d'Andely; Jeh. Chefdeville, pour la vic. de Lyons; — vén. et discr. pers. Me Jacques de Malleville, prestre, curé de la Couste, d. pour l'église du baill. d'Allençon; n. h. Jacques d'Orlande, s^r de Bois-le-Conte, d. pour la noblesse dud. baill.; Jacques Launay, l'un des eschevins d'Allençon, d. pour la vic. d'Alençon; Adam Ridel, pour la vic. d'Argenten; Symon Petron, pour la vic. de Domfront; Symon de Bretignères, pour la vic. de Verneuil et Chasteauneuf en Thimerais, et Aquilin Clereau, pour la conté d'Ivry et chastellenie de Nogent, ont députté et establi leurs procureurs généraulx et spéciaulx, c'est assavoir: ledit s^r Joulet, chantre et chanoine d'Evreux, et led. Le Got, archid. et chanoine d'Avranches, pour l'estat de l'église; — led. de Vieupont, s^r d'Auzouville, et led. de Peverel, s^r de Nogent, pour la noblesse; — led. Pierre Guillet, bourgeois de Gisors et Michel De Haquebec, pour le t. e. et le s^r n. h. Jeh. Thomas, s^r de Fontaines, procureur scindic des d. Estatz... ausquelz et à chacun ou l'un d'eulx, portans le présent, lesd. s^{rs} déléguez, èsd. noms et qualitez, ont donné et donnent plain pouvoir... de poursuivre vers la Majesté du Roy et nos seigneurs de son Conseil la responce et expédition des articles du Cayer arresté et signé desd. s^{rs} depputez, sans aucune chose augmenter ou dyminuer. »

Les mêmes, le même jour, nomment, pour assister à l'audition des comptes, Sansson et Bunel, chanoine de Bayeux, pour l'église; — Langlois, sr de Louvres, et Louis de Franquetot, sr de Saint Eny, pour la noblesse;—Jacques Launay et Michel Prayer, pour le t. e., avec le procureur syndic.

IV.

PIÈCES DIVERSES.

Impôt du sel. — Défenses aux adjudicataires des greniers à sel d'exposer le sel d'Espagne, et à eux enjoint de laisser poser le sel, avant que de le distribuer, le temps de l'ordonnance, 16 déc. 1601.

« Nos très chers et bien amez les depputez des Estatz de notre pais et duché de Normandie nous ont très humblement faict remonstrer en leur assemblée dernière que, encor que par nos ordonnances, il soit deffendu de vendre et distribuer aucun sel qui n'ait posé en nos greniers le temps prescrit par icelles, néaulmoins les adjudicataires et fermiers de nos d. greniers n'y ont aucun esgard, et se vend en quelques lieux led. sel au temps mesmes qu'il est deschargé, d'où provient la perte des chairs, poissons et autres choses qui sont sallées, mesmes qu'ils se servent du sel d'Espagne, qui est fort incommode et insalubre au corps, dont l'usage est notoirement tenu et recongnu fort dangereulx, etc. (1). »

« Veu par la Cour des Aides les lettres patentes du Roy, en forme de Déclaration, donnez à Paris le 16e de déc. 1601, par lesquelles, pour les considérations y contenues, ayant esgard aux remonstrances faictes à S. M. par les trois Estatz de ceste province, auroit voullu et ordonné que le sel qui

(1) Arch. de la Cour des Aides, *Mémoriaux*. B. 14, f° 57.

sera mis en dépôt en ses greniers y reposera, avant la vente
et distribution d'icelluy, le temps entier limitté par le contrat et bail à ferme qui en a esté faict aux adjudicataires du
fournissement général desd. greniers,... ausquels mesmes
et à tous autres sa d. Majesté faict très expresses inhibitions et deffences de faire descharger et apporter en ce
royaulme aucun sel provenant des sallines et autres lieux
défendus par les ordonnances,... requeste présentée par le
procureur scindiq des Estats de ceste province,... la Court
a ordonné et ordonne que lesd. lettres seront registrées,...
9 fév. 1602 (1). (Voir l'art. v du Cahier des Etats de 1601.)

« Veu par la Cour des Aides les lettres patentes donnez
à Paris, le 16ᵉ jour de déc. 1601, par lesquelles, et pour les
considérations y contenues, le Roy a voullu et ordonné que
les recherches qui se font contre les subjectz qui n'ont prins
en ses greniers le sel qu'ils debvoient cesseront, les ayant
d'habondant sa d. Majesté très expressément prohibées et
deffendues pour le temps précédent le dernier bail faict à
Mᵉ Claude Josse de ses greniers, à peine aux contrevenants
d'estre déclarez exacteurs et concutionnaires, et que, à la
dilligence de son procureur général, il soit informé dilli-
gemment et exactement de toutes et chacunes les concutions, exactions et autres malversations commises au
faict desd. recherches, de la quantité des deniers levez et
exigez pour ce subject et des contraventions, entreprises,
taxes, contraintes et exécutions faictes depuis lesd. deffences
signifiez et au préjudice d'icelles, pour estre les coulpables
des choses susdictes poursuivis extraordinairement et leur
procez faict et parfaict, et le chastiment de leur faulte ordonné selon leur déméritte, comme plus au long lesd.
lettres le contiennent, requeste présentée par le procureur
scindiq des Estats de ceste province affin de vérification,

(1) Arch. de la S.-Inf., Cour des Aides, *Registres du Conseil.*

les conclusions dudit procureur général du Roy, tout considéré ladicte Court a ordonné et ordonne que lesd. lettres seront registrées etc. Signé : Dyel, Duval. Faict en la Cour des Aydes à Rouen, le 9e jour de febvrier 1602 (1). » (Voir l'article VI du Cahier des Etats.)

Défense aux gentilshommes de prendre à ferme le nouvel impôt. — « Veu par la Cour les lettres patentes du Roy en forme de Déclaration donnez à Paris, le 16e jour de déc. 1601, par lesquelles et pour les considérations y contenues, S. M. a faict très expresses inhibitions et deffences à tous gentils hommes, cappitaines et gouverneurs des villes et chasteaulx et places de la province de Normandie, de quelque qualité ou condition qu'ils soient, de prendre et retenir, faire prendre ou retenir par leurs gens, serviteurs et autres personnes interposées ou autrement, directement ou indirectement, le bail à ferme du nouvel impost levé en la province, générallement ou particullièrement, à peine d'estre dégradez du tiltre de noblesse, déclarez indignes de ceste quallité et autres plus grandes peines, sy elles y eschéent, comme plus au long lesdites lettres le contiennent, requeste présentée par le procureur scindiq des Estats de ceste province affin de vérification, la conclusion du procureur général du Roy, tout considéré, — la Court a ordonné et ordonne que lesdites lettres seront registrez ès registres d'icelle pour avoir lieu selon leur forme et teneur, et qu'elles seront imprimez et les vidimus envoiez par les élections de ce ressort, pour y estre leues et publiées et registrées à ce que aucune personne n'en puisse prétendre cause d'ignorance, et mande aux esleuz de ceste province, chacun en droict soy, soy informer de la contravention aux susd. lettres. Signé : Dyel, Duval. Fait à la Court des Aydes à

---

(1) Arch. de la Cour des Aides, *Registres du Conseil.*

Rouen, le 9e jour de febvrier 1601 (1). » (Voir l'art. ii du Cahier des Etats de 1601).

Sergents fieffés. — « Sur la requeste présentée par le procureur scindic des Estats de ceste province, remonstrant par icelle que, par l'article 24e du Cahier des remonstrances des d. Estats, S. M. auroit esté très humblement suppliée révocquer certain éedict vériffié en la court, contenant imposition sur chacune paroisse de 40 s. parisis pour le port des mandements du principal de la taille et de 10 s. pour les creues, sur quoy S. M. auroit ordonné que, faisant apparoir par les suppliants comme les sergents fieffés sont tenus au port et semonces à leurs despens, sans qu'il en couste rien au peuple, il leur seroit pourveu ainsy que de raison, — à ces causes réquéroit qu'il pleut à la court ordonner que tous les esleuz de ceste province bailleront certiffications aud. suppliant comme jusques à présent il n'a rien cousté au peuple pour le port desd. mandements et creues, et que lesd. mandements ont esté tousjours baillez à porter ausd. paroisses aux sergents fieffez, à leurs frais et despens ;

Veu par la cour lad. requeste, ledit extraict dud. 24e article desd. remonstrances joinct à icelle, les conclusions du procureur général du Roy et tout considéré,

Ladicte court ordonne et enjoinct aux présidents, lieutenants et esleuz du ressort d'icelle bailler et délivrer audit procureur des Estats certiffications deues et vaillables, chacun endroict soy, de la forme qui a esté cy-devant en précédent led. éedict observée pour le port desd. mandements, etc., 9 février 1602 (2). » (Voir l'article xxiv du Cahier des Etats.)

Officiers des gabelles. — « Veu par la Court les lettres patentes du Roy en forme de jussion et Déclaration donnez à

---

(1) Archives de la S.-Inf. *Registres du Conseil.*
(2) *Ibidem.*

Paris, le 14 jour de janvier dernier, par lesquelles estoit mandé à lad. court procéder à la vériffication pure et simple de l'éedict faict par S. M. donné à Paris au mois d'avril 1601, contenant la suppression des offices de lieutenant aux greniers à sel de ceste province de Normandie, attendu que, suivant l'arrest de lad. court, du 7ᵉ jour d'aoust audit an, le consentement de Mᵉ Claude Josse, adjudicataire du fournissement général des greniers à sel de ce royaulme, estoit intervenu, et qu'il a dit esté donné response par S. M. pour ce regard sur le Cahier des Estats de ceste d. province, le 10ᵉ déc. aud. an; ledit éedict de révocation; arrest de lad. court dud. 7ᵉ aoust; le consentement signé dud. Josse, le 8ᵉ oct. ensuivant; la responce faicte audit Cahier des Estats et autres pièces joinctes aus d. lettres de jussion, la conclusion du procureur général du Roy et tout considéré,

Lad. cour supplie très humblement S. M. la voulloir dispenser de la vériffication dud. éedict, 8 février 1602. »

« Veu par la court les lettres patentes du Roy données à Paris, le 22ᵉ de febvrier an présent, par lesquelles, et pour les causes y contenues, estoit mandé à lad. court, nonobstant l'arrest d'icelle du 7 dud. mois de febv. procéder à la vériffication pure et simple de l'éedict de S. M. donné aud. Paris au mois d'av. 1601 contre la supression des offices de lieutenant aux greniers à sel de ceste province de Normandie, aux charges portez par led. éedict, sans y uzer d'aucune restriction, remise ny difficulté, ny sur ce attendre plus exprez mandement, ou bien, à deffaulte de ce, députter et envoier par devers S. M. deux des conseillers de lad. cour pour luy faire entendre les motifs du reffuz, comme plus au long lesd. lettres le contiennent, la conclusion du procureur général du Roy, et tout considéré, la dicte court a ordonné et ordonne que très humbles remonstrances par

escript seront envoiez à S. M., dans le mois, de l'importance dud. eédict pour sur icelles pourveoyr selon son bon
plaisir. Signé : Dyel, Dehors, 7 mars 1602. »

« Veu par la court les lettres patentes du Roy en forme
d'éedict, donnez à Paris, au mois d'avril 1601, par lesquelles
et pour les considérations y contenues, le Roy auroit su-
primé et révocqué les offices de lieutenant ès greniers à sel
de Normandie créez par autre eédict du mois d'aoust 1595,
et, pour pourvoir au remboursement de ceulx qui ont levé
les quittances ou ausquels elles auroient esté baillez en
assignation, ordonné que la levée de 12 d. pour minot de
sel atribuée au lieu de gaiges ausd. lieutenans sera establie
ès greniers dudit pays, outre celle de 3 d., ci-devant octroiée
aux greffiers desd. magasins, pour estre lad. attribution de
12 d. vendue à hérédité à faculté de rachapt perpétuel et
unie ausd. offices de greffiers, où les propriétaires desdits
greffes demeureroient adjudicataires d'icelles, sinon estre
icelle attribution tenue et possédée séparément par autres
qui s'en rendroient adjudicataires, en paiant par iceulx adjudicataires le prix de leur adjudication, ensemble les 2 s.
pour livre ès mains du commis à la recepte desd. deniers ;
ce faisant, jouir par lesd. adjudicataires, leurs hoirs et ayant
cause, du droict desdits 12 d. pour minot, à lad. condition
du dit rachapt, sans en pouvoir estre dépossédez, sinon par
actuel remboursement, en une seule fois, comme plus à
plain lesd. lettres le contiennent ; lettres patentes de jussion
à lad. court pour procéder à la vériffication dud. éedict, du
dernier juillet 1601, 14 janv., 22 fév. et 20 mars an présent, arrestz de lad. court intervenus sur lesd. lettres, responce de S. M. sur le Cayer des remonstrances des Estatz
dud. pais de Normandie, en l'article auquel lesd. Estatz
auroient requis la révocation de la levée des 12 deniers,
déclaration de Me Claude Josse, adjudicataire du fournissement général des greniers à sel du royaume, du 8 octobre

aussy dernier, conclusions du procureur général du Roy, tout considéré.....

La court, du très exprès commandement du Roi, plusieurs fois réitéré, ordonne que les d. lettres d'éedict seront registrées, 26 avril 1602. » (Voir l'art. xxviii du Cahier des Etats.)

Surséances de levées. — « Sur la requeste présentée par le procureur scindic des Estats de ceste province de Normandie, remonstrant par icelle que, nonobstant que le Roy, par son arrest du 9 may dernier, ayt surciz l'exécution de tous éedictz et commissions pour levées de deniers cy-devant faictes, tant du règne du feu roy dernier décédé, pour quelque subject et occasion que se puisse estre, que de sa Majesté, fors et reservé les tailles, taillon, prévosts des mareschaulx, crue extraordinaire, sol pour livre, subvention, gabelle, péage, impositions des rivières et fermes roialles, si toutesfois il se poursuit encor à la court plusieurs éedictz, entre autres l'éedict pour lever certain droict sur les marchandz de vin en gros, et aussi qu'il se faict plusieurs levées de deniers sur le peuple, comme de 40 s. pour le port des mandements du principal de la taille, et 10 s. parisis pour les creues, contre l'intention de S. M. portée par led. arrest, tendant et requérant à ces causes le procureur scindic des Estatz qu'il pleust à la court ordonner que la levée pour le port desd. mandements sera surcize jusques à ce que autrement par le Roy en ayt esté ordonné, et que deffences seront cependant faictes, ausd. poursuivants la vériffication d'autres éedictz, de plus s'entremettre à la poursuite d'iceux, sur telles paines qu'il plaira à la court arbitrer, — veu par la court lad. requeste, arrest du Conseil de S. M. dud. 9e jour de may, joinct à icelle, la conclusion du procureur général du Roy, tout considéré, — ladicte court, ayant esgard à lad. resqueste et audit arrest du Conseil, a surciz et surceoit la levée, nouvellement ordonnée estre faicte pour le port des mandements, mesmes la deslibération des autres éedictz présentement poursuivis en lad. court jusques à ce que par le Roy autrement en ayt esté ordonné. Signé : Dyel, Duval (1). »

Taxe à l'imprimeur pour impressions concernant les États. — « 17 mai 1602. — Sur la requeste présentée par Martin Le Mesgissier, libraire et imprimeur pour le Roy en ceste ville de Rouen, à ce que taxe lui soit faicte de la somme de 16 escus, ainsi qu'il est accoustumé, pour l'impression de 100 Cahiers des articles et remonstrances faictes en la convencion des Estatz de ceste province, tenus au mois d'octobre dernier 1601, avec la responce de sa Majesté, et pour la relieure desd. articles, ensemble pour l'impression en placards des commissions, faictes audit nombre de cent, pour délivrer au commissaire des estappes de l'année présente, veu la certiffication de M⁰ Jeh. Thomas, procureur scindicq des Estatz de lad. province, taxe a esté faicte au supliant, pour l'impression desd. Cahiers, relieure d'iceulx et commission desd. estappes, de la somme de 16 escuz (2). »

(1) Arch. de la S.-Inf., Cour des Aides, *Registres du Conseil.*
(2) *Ibidem, Plumitifs du Bureau des finances.*

APPENDICE

NOUVEAUX IMPÔTS.

Par édit du 24 avril 1594, le Roi abolit les subsides qui
avaient eu cours en Normandie, pendant la durée des
troubles, sur toutes sortes de vivres et de marchandises.
Mais, se fondant sur la nécessité où il se trouvait de remplir les promesses qu'il avait dû faire pour obtenir la *réduction* entière de la province en son obéissance (1), il ordonna,
par le même édit, la perception, pendant 2 ans, de certains
droits auxquels on donna le nom de *nouveaux impôts* et
dont le détail fut consigné dans une *pancarte,* portant la
date du 2 mai 1594. Ces impôts portaient principalement
sur les bestiaux et sur les boissons vendus et consommés
dans les villes et dans les gros bourgs de la province.

La Cour des Aides vérifia cet édit, à contre-cœur, pour
un an seulement, et sous condition d'exemption en faveur
des privilégiés, pour ce qui proviendrait de leur *crû*
(28 juill. 1595).

Ces impôts produisirent le quart de ce qu'on en avait
espéré. Aussi les modifications apportées aux dispositions

---

(1) Voir, dans les *Mémoires* de Groulart, p. 569, « le *menu* de ce
que coustèrent au Roy les capitulations des villes du royaume. » Les
dépenses se montèrent à 6,767,596 livres.

de l'édit par la Cour des Aides ne furent-elles pas admises. D'autres lettres patentes (2 mars 1595) ordonnèrent la continuation de la levée pendant la 2e année, conformément à l'édit du 24 avril de l'année précédente, sauf certains changements qui avaient été spécifiés dans une Déclaration postérieure (1).

Les échevins de Rouen essayèrent inutilement d'empêcher l'exécution de ces mesures fiscales. A la séance du 3 mai 1595, ils arrêtèrent de s'adresser à la Cour des Aides, d'y former opposition à la vérification de l'édit, par ce motif que les deniers qui se percevaient n'étaient point employés à l'objet qui leur semblait le plus urgent, le paiement des arrérages des rentes affectées sur la recette générale. En même temps, il supplièrent la cour de faire dresser et de leur communiquer l'état de la recette et de la dépense des impôts déjà perçus « d'autant que l'on disoit (bruit en complète contradiction avec l'affirmation du Roi) que la somme pour laquelle ilz avoient esté ordonnés estoit jà à peu prez emplie. »

Même opposition de la part du procureur syndic des Etats. Celui-ci porta directement ses plaintes au Conseil du Roi. Il y obtint la révocation du bail des *nouveaux impôts* pour l'étendue de la généralité de Caen (12 juill. 1595). D'après ses observations, il fut énoncé que le subside du bétail ne serait perçu qu'aux villes et bourgs sur ce qui y

(1) Cette Déclaration avait été donnée à l'occasion d'infinis procès entre les préposés à la recette et les marchands et conducteurs, ces derniers prétendant que tous leurs bœufs et pourceaux étaient maigres, que leurs bœufs n'étaient que bouveaux. Il fut ordonné que, sur chaque bœuf, gras ou maigre, bœuf ou bouveau, grand ou petit, serait pris 40 s.; sur chaque vache grasse ou maigre, 15 s.; sur chaque porc gras ou maigre, 10 s., 26 sept. 1594. Ces droits furent portés, par la Déclaration du 25 sept. de l'année suivante, à un écu, pour bœuf; 30 s. pour vache, etc.

serait consommé; qu'il ne serait rien exigé pour le bétail conduit aux herbages pour y être engraissé; qu'il ne serait rien exigé non plus pour le cidre vendu et débité aux villages, mais seulement pour celui qu'on transporterait par les villes et les bourgs soumis à l'aide de 5 s. pour muid de vin. Enfin, ordre fut donné aux Trésoriers généraux de France d'informer des abus et des malversations qu'on avait pu commettre en la perception des subsides (25 sept. 1595. Vérifié à la Cour des Aides, 20 oct. suiv.). Ce fut à cela que se réduisirent les concessions du Roi. Des lettres patentes (camp de la Fère, 9 nov. 1595) ordonnèrent la continuation jusqu'au dernier déc. 1596 des *nouveaux impôts*, excepté pour les cidres dont les droits furent assez notablement réduits. Les députés de la province chargés de présenter les remontrances des Etats ne furent guère plus heureux : ils eurent accès au Conseil, mais ils ne purent empêcher l'envoi de lettres de jussion (Folembray, 12 fév. 1596), dans lesquelles cependant on inséra quelques dispositions explicatives en faveur du paysan. Il y fut déclaré que les subsides devaient être perçus aux pressoirs communs des villes, et non en ceux des villages et *lieux champêtres*, d'autant que ce serait les faire payer au peuple du *plat païs*, bien que l'intention du Roi fût de n'en imposer la charge qu'à la population urbaine. Il y était dit encore que la perception des impositions sur le bétail à pied fourché n'aurait lieu qu'aux portes et entrées des villes où les bêtes seraient consommées. L'on réduisait de moitié les droits sur le fer fabriqué aux forges de Normandie et du Maine. (Vérifié à la Cour des Aides, 6 mars 1596.)

Aux termes de ces lettres, les *nouveaux impôts* auraient dû cesser le dernier déc. 1596. Ils furent prolongés (Rouen, 10 déc. 1596) pour trois mois, à partir du 1er janv. 1597, *d'après l'avis de l'Assemblée des Notables,* afin de fournir au Roi le moyen d'acquitter 140,000 écus accordés au maréchal de Biron, comme indemnité pour la charge d'amiral de France que Villars avait obtenue lors de la *réduction* de la ville de Rouen. Un arrêt de la Cour des Aides ordonna que le procureur des Etats de Normandie et celui de la ville de Rouen auraient communication des lettres de continuation et leur accorda un délai pour se pourvoir auprès du Roi. L'un et l'autre furent entendus au Conseil, mais on n'eut point égard à leurs plaintes. Des lettres de jussion (23 déc. 1596) furent adressées à la Cour qui ne mit pas un grand empressement à les vérifier, puisque, le 12 fév. 1597, les échevins décidèrent que leur procureur se joindrait à celui des Etats pour former, de concert avec lui, opposition à l'enregistrement desdites lettres, et pour requérir, en cas qu'il fût passé outre, la faculté pour la ville *d'aménager* ces impôts par son receveur, ou, tout au moins, d'en faire surveiller la perception par un contrôleur de son choix.

Sur ces entrefaites, Amiens fut pris par les Espagnols. Rouen devint une place frontière, et, du côté de l'ouest, le boulevard de la France. L'alarme fut grande; tous sentirent, dans cette circonstance critique, la nécessité de ne point laisser Amiens aux mains de l'ennemi, et de remettre en état, le plus promptement possible, les fortifications de Rouen. Dès lors, les échevins cessèrent de réclamer l'abolition des impôts; ils séparèrent leur cause de celle des Etats de la province.

Le 26 mars 1597, il fut avisé, à l'hôtel-de-ville, « que pour cette heure Monsr le duc de Montpensier seroit supplié faire reculer toutes assignations sur tous les deniers des *nouveaux impôts* pour estre employés aux fortifications de Rouen. » Le 28 du même mois, on s'occupa des mesures à prendre pour subvenir au siège d'Amiens et à la fortification de Rouen. Il fut conclu que l'on demanderait au Roi de continuer, pour un an encore, les *nouveaux impôts* qui

touchaient à leur terme, de les décharger de toutes assignations et d'en autoriser *l'aménagement* par MM. de la ville.
Cette demande fut prise en considération, et MM. de Ma-
rillac et de Sancy vinrent successivement à Rouen pour
s'entendre avec les échevins. Ces derniers s'engagèrent à
procurer au Roi un secours de 100,000 l. évalués à 33,333
écus, qui serait fourni par les habitants sous forme d'emprunt et de capitation, sans exemption pour personne, de
quelque qualité et condition qu'il fût, et qui pourrait être
payé dans un délai de 6 mois, par les mains d'un receveur
de la ville, lequel les distribuerait directement lui-même,
par portions égales, chaque mois, aux compagnies que le
Roi désignerait. Ils demandèrent, en retour, la révocation
du tiercement des quatrièmes, du redoublement des Aides;
de l'augmentation de 15 s. pour minot de sel; des offices
de toute sorte nouvellement créés; des impôts de Henricarville; de l'ordonnance qui obligeait le receveur du sel à
rendre son compte à Paris. Ils demandaient encore la levée
à leur profit, et pour leurs fortifications, de 8 écus pour
muid de sel d'entrée aux ports et havres de la province, à
la réserve de ce qui avait été attribué à Villars; la prolongation pendant 3 ans des *nouveaux impôts*, avec faculté,
pour eux, d'en faire opérer la recette par leur receveur et à
la charge d'en employer la moitié au paiement des arrérages des rentes et de verser l'autre moitié dans les caisses
du Roi. Ils ne tardèrent pas à reconnaître qu'il ne conve-
nait pas à leur patriotisme de mettre leur secours à un prix
aussi élevé et de paraître profiter de la détresse de l'État pour
le priver des ressources qui lui étaient indispensables. Ils
rabattirent de leurs prétentions, et de son côté, le Roi qui
avait un extrême besoin d'argent pour le siège d'Amiens
ne se refusa pas aux concessions possibles. L'accord se fit
par les soins de Sancy, qui en rédigea la minute et la fit
approuver par Henri IV. Les 100,000 l. furent fournies

au moyen de taxes faites sur chaque paroisse de la ville et
de la banlieue, sur les abbayes et les prieurés. Les échevins
ne tardèrent pas à sentir la difficulté qu'il y avait pour eux
à faire payer directement par leur receveur les compagnies
occupées au siége. Dès le 14 août, effrayés du peu de
sûreté des routes, ils prièrent le Roi d'envoyer à Rouen,
avec une escorte, un commis du trésorier des guerres, pour
toucher les fonds disponibles. Le Roi, en reconnaissance
du service qui lui était rendu, révoqua (Amiens, 13 juill.
1597) un édit du mois de mars précédent, dit du sou
pour livre, lequel, du reste, n'avait pas encore été vérifié;
les édits du demi-doublement et *parisis* des aides; il pro-
longea pour 3 ans, en Normandie, les impôts établis par
les lettres patentes du 24 avril 1594, en permettant à la
Cour des Aides, lors de la vérification (23 juillet), « d'ordonner que la moitié des deniers qui proviendroient desd.
impositions demeureroient dès lors affectées à l'hôtel commun de la ville de Rouen pour le paiement des arrérages des
rentes que lad. ville avoit à prendre sur la recepte généralle.
De cette moitié, les échevins auroient l'amesnagement ; les
deniers en seroient reçus par le receveur des deniers communs ou par ses commis, pour estre distribuez aux particuliers à qui estoient deues lesd. rentes au marc la livre ou
autrement; lesdites impositions ne pourroient estre baillées
à ferme par les officiers de S. M. que lesd. échevins appelez,
sy mieux ceux-ci n'aymoient bailler séparément leur moitié
ou amesnager icelle par commissaires ainsy qu'ilz trouveroient estre plus commode et utile. » La Cour des Aides
mit de plus comme condition à la vérification des lettres
patentes la révocation de l'impôt qui s'était levé et se levait
encore à Henricarville, ainsi que de toutes autres impositions, tant par terre que par eau, qui se levaient depuis
1585, en vertu de lettres non vérifiées, avec défenses à
toutes personnes d'en faire aucune levée à l'avenir, à peine

de la vie et d'en répondre par leurs héritiers jusqu'à la quatrième génération.

Les droits déclarés dans les lettres patentes du 13 juil. 1597 n'étaient pas absolument les mêmes que ceux qui avaient figuré dans les tarifs antérieurs. Quelques dispositions nouvelles avaient été adoptées.

Ainsi il était ordonné qu'à l'avenir chacun bœuf ou bouveau entrant dans les villes de Rouen et de Caen, soit qu'il y fût vendu ou non, payerait à Rouen 25 s., à Caen 20 s.; entrant dans toutes les autres villes et gros bourgs où il y aurait foire et marché, 10 s.; sortant de la province, les marchands et conducteurs de bétail étaient tenus « faire passer icellui aux lieux où les Bureaux seraient établis, à peine de confiscation et paieraient auxdits lieux, comme droit de sortie, 20 s. pour bœuf ou bouveau; 5 s. pour vache; 3 s. pour veau, mouton, brebis et chèvre; 6 s. pour pourceau gras ou maigre ». Ces impositions furent appelées parfois l'aide du sou pour livre, du nom de l'imposition à la révocation de laquelle la ville de Rouen et la Cour des Aides avaient subordonné l'une son secours de 100,000 l., l'autre la vérification des lettres patentes. Cette vérification eut lieu, nonobstant l'opposition du procureur des Etats.

A la convention des Etats de décembre 1597, les députés, à l'exception des deux conseillers de la ville, furent unanimes pour solliciter la révocation des *nouveaux impôts*. Le Conseil des 24, en ayant été informé, arrêta que, « quant à présent, MM. les échevins (délégués) useroient de protestations et ne se trouveroient à la délibération de l'article, et qu'après ils s'opposeroient devant MM. les Commissaires de la Réponse du Cahier, dont lesd. eschevins demanderoient acte. »

Les Etats n'eurent point assez de crédit pour obtenir la révocation des *nouveaux impôts*. Toutefois leurs réclamations eurent pour résultat l'obtention (26 avril 1598) de

lettres patentes et d'un arrêt du Conseil contenant modération des droits pour la généralité de Rouen, ce qui entraî-
nait comme conséquence naturelle la diminution des fonds
sur lesquels la ville de Rouen pouvait compter pour le
paiement des rentes. La ville provoqua, à cette occasion, la
convocation d'une assemblée générale des 24 du Conseil,
des députés des cours souveraines et du chapitre de la
Cathédrale et de 10 notables bourgeois par quartier, et il
y fut décidé qu'on réclamerait à la Cour des Aides contre
la vérification desd. lettres et arrêt, « et, où ils voudroient
passer outre, seroit opposé et demandé temps à se pourvoir
vers le Roy, avec protestation contre le procureur des Estats
de luy faire porter les fraiz et intérestz et autres conclusions
à prendre lors de la séance des Estats. »

Ces impositions furent continuées pour 3 années en vertu
de lettres patentes du 3 août 1599; et pour 3 nouvelles
années, à partir du 1er oct. 1601, en vertu de lettres patentes
du 13 juillet précédent. Attaquées sans cesse par le procureur des Etats, elles étaient vues défavorablement par la
Cour des Aides, qui toujours s'efforça d'en diminuer la
rigueur au moyen de toutes les modifications qu'elle se
crut permises quant au chiffre du tarif, au mode de perception et à la durée, et n'en autorisa la perception qu'à la
suite de lettres de jussion réitérées, et en suppliant instam-
ment le Roi de prendre en considération les grandes charges
et levées qui se faisaient en la province.

L'appui de la ville de Rouen leur manqua bientôt à la
suite d'une brouille entre les échevins et Sully, et alors elles
parurent intolérables.

Pendant quelque temps, la recette des *nouveaux impôts*
s'était faite dans la généralité de Rouen par les soins du
receveur de la ville Isembard Fleury, et dans celle de Caen,
par ceux de son commis. Mais on avait bientôt renoncé à
ce système : ces impôts étaient mis en ferme par les Tréso-

riers généraux de France dans ces généralités. Or, il arriva qu'un partisan offrit de les prendre pour le prix qui en était offert à la ville, en s'engageant à payer en plus 30,000 écus au Roi.

Sully écrivit à ce sujet aux échevins de Rouen :

« Messieurs, ayant veu les enchères qui ont esté faictes sur les fermes du sold pour livre en Normandie, je les ay communiquées à diverses personnes qui m'avoient parlé pour prendre ledit droict en général par toute la province, entre lesquelz il s'en est trouvé ung qui m'offre 140,000 escus, qui est 30,000 escus plus qu'il n'a esté adjugé par les Trésoriers de France, laquelle offre je n'eusse faict dificulté de recevoir, n'estoit qu'elle m'est faicte à cette condition que le surplus lui sera laissé pour paier de certaines sommes qui luy sont bien légitimement deues par le Roy, sans que vous y puissiez prendre votre moictié pour vos rentes, comme vous faictes du prix à quoy elles sont maintenant adjugez, de quoy je vous ay bien voulu advertir afin que, si vous trouvez moyen d'augmenter lesd. fermes, soit en général, ou particulier, vous le faciez, auquel cas je vous conserveray pour voz rentes la moitié de la somme à quoy vous l'aurez faict monter. Mais si, outre cela, il m'est faict des offres, ne trouvez pas estrange si je les accepte à la charge que vous ne prendrez rien sur ce surplus. Aussi ne seroit-il raisonnable de refuser le proufict du Roy et ung moyen pour l'acquiter, d'autant puisque aussi bien vous n'en avez rien moins que si je n'acceptois point les offres qui me sont faictes. Advisés donc à ce que dessus, et m'en mandez incontinent des nouvelles. Car, pour l'amour de vous, j'actendray encores douze jours à conclurre. Sur ce je prie Dieu qu'il vous garde. De Fontainebleau, ce... de octobre 1601. C'est votre plus humble amy à vous servir Rosni. » Et sur le dos était écrit : « Pour faire tenir promptement, pour les exprez affaires du Roy, à Messieurs Messieurs les eschevins de la ville de Rouen, Rosni. »

Sully et la ville de Rouen ne parvenant pas à s'entendre, le premier fit adjuger (27 déc. 1601) les nouvelles impositions pour 3 ans, à commencer du 1er janv. 1602, à Jean Godey, bourgeois de Paris, moyennant 130,000 écus. Une des clauses du bail portait : « Advenant différend pour le fait de lad. ferme, il est permis à l'adjudicataire de s'adresser aux juges ordinaires ou directement en notre Conseil, à son choix et option, » clause absolument contraire à toutes les réserves que n'avait pas manqué de faire en faveur de sa juridiction la Cour des Aides, en vérifiant les lettres d'établissement des impôts. Du reste, le bail ne faisait aucune mention du droit de la ville de Rouen à la moitié du prix pour le paiement des rentes.

Antérieurement à ce bail cette part avait été diminuée de 10,000 écus à prendre pendant 2 ans par le sieur de Bellegarde, grand écuyer de France, 1er gentilhomme de la Chambre et lieutenant général du Roi au bailliage et gouvernement de Rouen (23 nov. 1601) (1); de 3,000 écus au maréchal de Biron, à titre de dédommagement pour deniers qu'il avait employés aux fortifications (2); d'une assez forte somme à La Grange Le Roy (3), sans compter ce qu'il fallut vraisemblablement payer à Madame sœur unique de Henri IV (4). En 1601, les Trésoriers géné-

(1) Opposition de la ville, 28 oct. 1597, 8 avril 1598, 30 janv. 1599. Arch. de la ville de Rouen, *Registres des Délibérations.*

(2) Opposition de la ville. pénult. de nov. 1597, 21 janv. 1598. A cette dernière date, on décida, au Conseil, « de composer avec lui au mieux que l'on pourroit, sauf à poursuivre le remplacement sur la part du Roy par le moyen dudit sieur, lequel seroit supplié de s'y employer. *Ibid.*

(3) Opposition de la ville, 30 juin 1599. *Ibid.*

(4) Opposition de la ville, 21 janv. 1598 : « Il en sera escript à

raux de France à Caen retranchèrent la moitié des *nouvelles impositions* que réclamait la ville de Rouen, et en cela ils accordèrent satisfaction aux Etats de Normandie. Mais il y avait eu arrêt du parlement en faveur de la ville de Rouen.

Déjà mécontente de ces assignations faites au détriment des autres rentiers, la ville le fut bien plus encore des clauses du bail fait à Godey, et elle n'oublia rien de ce qui pouvait être tenté pour en empêcher la vérification, et même pour obtenir la révocation des *nouveaux impôts*. Une assemblée générale fut convoquée dans ce but le 15 janvier 1602.

« Il y fut avisé de remonstrer à la court la conséquence de la levée (des nouvelles impositions), qui n'avoit esté faite au commencement que pour un temps (bien) limité, dont on n'avait pu obtenir la vérification qu'après un notable secours de 100,000 l. fait gratuitement au Roy, et en considération des grandes pertes que les habitans de ceste ville avoient souffertes à l'occasion des guerres et d'infinies pauvres veufves, enfans orfelins, dotations d'hospitaulx et d'autres qui avoient esté forcez bailler argent, lors des plus importans affaires du royaulme, ausquelz on auroit, soubs la foy publique, constitué rentes annuelles. Pour faciliter le paiement des arrérages de ces rentes, le Roy avoit octroyé la moitié des nouvelles impositions, et cependant la cour n'y avoit voulu passer que pour un an, craignant, comme il estoit aisé à présumer, que cela n'importast conséquence d'une perpétuité en laquelle sembloit que ce jour d'huy l'on voulût entrer. A présent, en boulleversant tout ordre, on révoquoit les adjudications faites à quelques particuliers desd. nouvelles impositions, chargez de paier à la ville la moitié d'icelles et de bailler caution au receveur de la ville,

Madame, et où elle ne voudroit descharger la ville de sa demande, l'on s'en pourvoira vers le Roy.» *Ibid.*

pour en faire une généralle, sans parler de lad. moitié et à la charge de bailler caution à Paris. On fournissoit aux adjudicataires le moyen d'obtenir des diminutions à leur guise; on ouvroit la porte à toutes sortes de procès dont on attribuoit la décision au Conseil d'Etat, qui occasionneroit des exactions ausquelles les adjudicataires ou leurs commis, si desmunys estoient de conscience, pourroient entrer vers les contribuables audit impost, qui aymeroient mieulx paier que de porter ceste fatigue. Et si prétendoit M. Le Grand, en vertu de certaines lettres patentes adressez à MM. les Trésoriers, du jour de,... estre paié de 10,000 escus de don du Roy sur la moictié desd. nouvelles impositions appartenant à la ville, encore que on prétendist l'hoster et empescher que ce qui estoit deub d'arrérages en la généralité de Caen ne fust paié par les adjudicataires, soubz couleur de certaines lettres, du 22 nov. derrenier, obtenues par Me André Négrier, receveur général aud. Caen, fulcies de défenses à lad. court d'en congnoistre... Où lad. court, néaulmoins lesd. remonstrances, voudroit passer outre à la vérification, seroient icelles employées en opposition, laquelle seroit couchée. »

Cependant la Cour des Aides ne crut pas pouvoir se dispenser de vérifier le bail : elle se contenta de réserver sa juridiction, et de renvoyer les échevins devant le Roi pour faire reconnaître leur droit à la moitié des impositions.

La ville ne se montra pas aussi flexible : elle maintint ses commis pour la perception des impôts; et lorsque Godey les eut fait mettre en prison, elle interjeta clameur de haro contre l'adjudicataire, et chargea l'avocat Nas Baudry de présenter requête à la Cour des Aides pour être maintenue en possession de sa moitié, nonobstant le bail de Godey et les lettres de jussion. Elle exhorta, en même temps, toutes les compagnies souveraines à joindre leurs protestations à celle du procureur des Etats pour obtenir l'abolition complète des *nouveaux impôts*. La Cour des Aides, sans se mettre ouvertement en lutte contre l'autorité royale, chercha (23 mars) un prétexte pour différer l'exécution des lettres de jussion qu'elle avait reçues, et ce ne fut que le 8 juin qu'elle céda tout-à-fait, en consentant à vérifier la déclaration présentée par l'adjudicataire pour faire la recherche des abus qui se commettaient dans la perception. Il faut aussi remarquer que par son arrêt du 26 juin 1602, elle reconnaissait encore à la ville droit à la moitié des *nouveaux impôts*.

A partir du moment où elles avaient baillées à ferme à Godey, ces impositions parurent plus odieuses à la province, soit que leur utilité semblât plus contestable, quand on n'eut plus affaire qu'à un traitant, soit que ce dernier mît plus de rigueur dans la perception des droits. A Caen, il y eut une tentative de sédition, à la porte Millet, contre les commis; et partout on se trouvera en présence d'une résistance inquiétante.

A Poitiers, où M. Damours avait été envoyé pour établir l'impôt du sou pour livre, il fallut employer la force armée pour faire exécuter les ordres du Roi, et un moment on agita, au Conseil, la question de savoir si on ne priverait pas Poitiers de ses privilèges, en punition de sa révolte.

Ce mécontentement devenant général, le Roi se décida à supprimer les *nouveaux impôts*, par lettres du 17 déc. 1602. Il les remplaça, dans la généralité de Rouen, par une subvention de 120,000 l., à répartir sur les villes et bourgades franches et abonnées de cette circonscription. Le 27 déc., la ville de Rouen, en ce qui la concernait, demanda que la levée se fît au moyen de 30 s. sur muid de vin et de certains droits sur le poisson salé, et que les deniers en provenant fussent affectés au paiement des rentes de l'Hôtel de-Ville. Elle voulait aussi que l'*aménagement* par adjudication de ces subsides fût confié à la ville et qu'ils ne se payassent qu'une fois en la généralité.

ARRÉRAGES DES RENTES.

Un des abus les plus criants contre lesquels eurent lieu de réclamer les députés des Etats de la province, ce fut, sans contredit, la faillite que fit, en quelque sorte, le gouvernement, en se dispensant de payer aux rentiers les rentes qui leur avaient été affectées sur les recettes générales, sur les aides et sur les gabelles; en refusant aux échevins les fonds qui leur étaient indispensables pour le payement des rentes affectées sur les hôtels-de-ville. Ce qui ajoutait à la gravité de cet abus, c'était que, par arrêts des cours souveraines, à diverses fois, les veuves, les tuteurs, les administrateurs des hôpitaux avaient éte mis dans l'obligation d'employer la fortune des orphelins, des pupilles et des pauvres à l'achat de ces rentes qui furent toujours très irrégulièrement payées. Cette question intéressait un grand nombre de particuliers, qui se voyaient frustrés de ce qui leur était légitimement dû; elle intéressait aussi l'honneur de l'Etat et celui des villes qui avaient contracté des emprunts pour satisfaire aux demandes du souverain. Aussi ne sera-t-on pas surpris de voir que dans l'édit de *réduction* de la ville de Rouen, on eût inséré cet article : « Sera fait fonds de deniers pour le payement des arrérages de rentes qui sont deubz, tant sur l'hostel commun de ladicte ville de Rouen et autres villes, que sur nos receptes généralles et particulières, constituées légitimement, et dont les deniers ont esté convertis à nostre profit, sans aucune fraude ny déguisement. » (1) Mais il s'en fallut de beaucoup que

(1) *Les Edicts et ordonnances... de Fontanon,* édition de 1611, t. IV, p. 770.

l'effet répondît à la promesse. En butte aux réclamations et aux poursuites des rentiers, les échevins de Rouen eurent fort à faire pour leur faire obtenir satisfaction. En parcourant les registres des délibérations municipales, on sent qu'aucune question ne préoccupa aussi fréquemment le Conseil de la ville, et qu'il ne tint pas à lui qu'elle ne reçut une solution plus prompte et plus avantageuse. Tantôt il recherche de quelle manière on pourrait se procurer les fonds nécessaires (1); tantôt il réclame contre les assignations de faveur et pour l'égalité dans le payement des arrérages (2). Une fois il s'élève contre le projet de réduire l'intérêt de la rente (3); une autre fois, il exprime ses alarmes au sujet de l'établissement à Paris d'une chambre spéciale pour le fait des rentes, à laquelle on demandait d'envoyer « toutes les constitutions faites par deçà sur les aides (4). » En toute circonstance, il stimule le zèle des cours souveraines en faveur des rentiers (5), et ne craint point d'entrer en lutte, pour la défense de leurs intérêts, avec les députés des Etats provinciaux.

Lorsque, le 29 août, le duc de Montpensier annonça aux échevins l'intention du Roi de faire son entrée à Rouen du 10 au 15 septembre, cette nouvelle fut plus que froidement accueillie : ils songeaient aux rentiers et craignaient des dépenses inutiles. Ils décidèrent de faire entendre au sr d'Incarville, qui leur avait écrit pour le même sujet, « les nécessités estre sy grandes que la ville estoit preste de tomber en grande désolation par faulte de moyens pour

(1) Délib. des 22 mars 1596, 17 janv. 1597, 20 avril 1598, dernier janv. 1601.

(2) Délib. du 18 juin 1597.

(3) Délib. du 3 déc. 1596. On avait parlé de réduire les rentes de 10 à 6 pour cent.

(4) Délib. du 19 sept. 1597.

(5) Délib. des 16 oct. 1595, 21 juill. 1596.

subvenir aux affaires de la santé et à la réédifficacion des lieux nécessaires. » On le fit prier, « au cas que le Roy persévéreroit dans sa volonté de faire son *entrée* au temps désigné, de faire donner assignation de 6,000 escus sur les receptes géneralles en déduction des arrérages des rentes deubz à la ville, ou bien assignation de lad. somme sur la recepte des *nouveaux impostz*, sauf à la reprendre sur lesd. receptes. »

Le Roi vint cependant, à l'occasion de l'Assemblée des Notables, après avoir fait avertir les échevins de faire, pour le recevoir, « le moings de frais qu'ils pourroient, parce qu'il aymoit mieux le cueur de ses subjects et leur soulaigement que tout apparat. » Mais c'était parole de prince que l'on ne crut pas devoir suivre à la lettre. Quelque temps après les arrérages des rentes et les frais de la réception revenaient à la pensée des échevins, qui donnaient comme instruction à un de leurs délégués de faire entendre « le peu d'espérance qu'il y avoit d'obtenir fonds pour le payement des arrérages des rentes, tant du passé que de l'advenir, néaulmoins les poursuites et requestes présentez au Roy et à MM. de son Conseil, et le semblable pour l'assignation requise pour le remboursement des frais de l'*entrée* du Roy et des frais qu'il avoit convenu faire à l'arrivée de M. le Légat et ambassadeur d'Angleterre et autres frais. »

Cette question des arrérages des rentes occupe une place si importante dans les Cahiers des Etats que nous avons cru à propos de rapporter ou d'analyser ici quelques-unes des délibérations du Conseil de la ville de Rouen et quelques autres documents qui y sont relatifs.

Dès le commencement de l'année 1595, les conseillers de Rouen avaient député vers le Roi M. Boulays, un de leurs collègues, pour présenter leurs remontrances au sujet des rentes. Le 27 mars, il rapportait cette réponse : « Il serait fait fonds de 3 quartiers pour le paiement des arrérages de l'année courante. Pour le passé, S. M. ne s'engageait à rien de précis : elle promettait de faire un règlement pour tout le royaume. » Le 19 nov., il y eut, à l'hôtel du premier président, une conférence des députés de tous les corps pour délibérer sur ce sujet. Le lendemain, à l'hôtel-de-ville, après avoir entendu le rapport de MM. Bigot d'Esteville et Boulays, qui avaient assisté à cette conférence, on prit les résolutions suivantes :

« Suivant l'arrest du Conseil du 30 juill. 1594 et pour l'exécution d'icellui, MM. des courts souveraines et Mgr. de Montpensier, gouverneur, seront supliez donner advis sur ce qui résulte dud. arrest, comme aussi les sᵣˢ présidens et Trésoriers généraulx de France seront pareillement requis vériffier ce qui est deu des arréraiges des rentes constituez, tant pour le passé que jusques à présent sur l'hostel-commun de ceste ville, Caen et autres villes, où il y a Bureau pour la recepte généralle dudit Rouen, et qu'il leur plaise dresser état des arréraiges, tant de ce qui a esté paié, que de ce qui reste, pour estre envoyé au Conseil de sa dicte Majesté afin d'y estre sur ce pourveu.

« Et néaulmoins l'adviz du Conseil et corps de la dicte ville est que l'on doibt suplier sa dicte Majesté qu'il luy plaise accorder 100,000 escus tous les ans, à prendre sur la recepte généralle de Caen, en considération que lad. recepte généralle de Caen n'a esté aucunement surchargée durant ces troubles, que aussi en ce que les gaiges d'officiers et la pluspart des rentes deues tant à l'hostel-commun de lad. ville que aux particulliers, lorsqu'elles furent constituez, il n'y avoit aucune générallité à Caen, ains seullement aud. Rouen, la recepte généralle duquel lieu demeura seule chargée desd. rentes et gaiges d'officiers, et non celle de Caen.

« MM. desdits corps seront requiz et supliez de ne permectre que l'on transporte aucuns deniers-provenans, tant de la recepte généralle que du sel, pour le paiement des gaiges de MM. de la court de parlement de Paris et constitution de 50,000 escus de rente pour les habitans de Paris, ny mesmes ce qui est deub d'arrérages à aucuns particulliers suivans la court, constituez en l'année 1588, qu'ils prengnent sur lad. recepte généralle de Rouen, que au préalable les arrérages deubz aux habitans de ceste ville ne soient paiez.

« Pour le paiement desd. arréraiges, tant du passé que pour le courant, qui sont deubz sur lad. recepte généralle de Rouen et autres receptes particulières, aides de solde et autres aides de lad. ville, l'on demande et poursuive avoir assignation sur les huit escus qui se sont levez et se lèvent pour muy de sel et mesmes sur les deniers des *nouveaux impôts*, après que les six-vingts mil escus, à quoy lesd. aides sont affectez, seront paiez, pour le tout estre rapporté en assemblée générale, pour en délibérer, si besoing est. »

18 juin 1596. — *Refert* d'Octovian Bigot, sr d'Esteville, 1er conseiller de la ville. Il rapporte le mémoire qu'il était allé présenter devers le Roi et au Conseil d'Etat, avec les réponses qu'il avait pu obtenir :

« Au Roy et à nos seigneurs de son Conseil d'Estat.

« Sire, vos très obéissans et affectionnez serviteurs et subjectz les habitans de votre ville de Rouen remonstrent en toute humilité à votre Majesté, que par son édict sur la réduction de la ville de Rouen en son obéissance, art. dernier, elle avoit ordonné fondz estre faict pour le paiement des arrérages des rentes deues, tant sur l'hostel commun que ses receptes généralles et particullières ; et néantmoins la dilligence dont on auroit usé à poursuivir l'effect dudit art. en votre Conseil d'Estat, et vers vos Trésoriers généraulx en lad. générallité, ilz n'auroient jusques à présent obtenu aucune reigle, encores que dès lors ilz remonstrassent que, puisque ilz estoient plongez en ceste misère de porter la

levée des *nouveaux impostz* mys sus affin d'acquitter les
promesses faictes à Mons. le mareschal de Biron des six
vingtz mil escus pour l'estat d'amiral, il estoit raisonnable
que l'amesnagement desd. impostz demeurast aux conseillers et eschevins de lad. ville, qui les feroient régir comme
les autres aides à eulx octroyées par voz prédécesseurs, à ce
que, lesd. six-vingts mil escus acquittés, le surplus servist
de fondz à emploier au paiement de 800,000 escus que l'on
justiffia lors par estatz estre deubz par l'hostel-commun
aux particulliers ausquelz appartiennent lesd. rentes, à
prendre, tant sur voz receptes que sur lesd. aides de ville.
Trop bien feust-il ordonné en votre Conseil d'Estat, le dernier juillet 1594, que fondz seroit laissé de 37,500 escus à
lad. fin, et sy tost que retournez feurent les députez desd.
habitans, les conseillers et eschevins présentèrent requeste
ausd. s^rs Trésoriers en lad. générallité de Rouen pour exécuter ledit arrest et lettres patentes donnez sur icelluy, qui,
par leur ordonnance du 26 aoust 1594, déclarèrent n'y
avoir que 10,000 escuz du nombre desdits 37,500 escus
pour emploier à l'acquict des arrérages deubz en la dicte
recepte généralle de Rouen, desquelz Sa Majesté s'en estoit
en mesme instant reservé la disposition, que du depuis lesd.
supplians auroient entendu avoir esté emploiez en l'acquict
des arrérages des rentes que plusieurs seigneurs de votre
suitte ont de la main libéralle du feu Roy, que Dieu
absolve ! de bonne mémoire, à prendre sur lad. recepte
généralle de Rouen, créés l'an 1587 et 1588, qui ne sont sy
privillégées que les premières constituées, soit que on
regarde et considère la dabte, soit la quallité des personnes
ausquelles les dictes premières sont deues, commes femmes
veufves, enffans orphelins, Bureaux, hospitaux, églises,
plusieurs venus en aage, pendant la mynorité desquelz les
tucteurs ont esté contrainctz par éedictz de voz prédécesseurs, arrestz de votre dicte court, sentences de voz commis-

saires et juges, les y consigner, et autres tucteurs qui ont
creu ne pouvoir mieux éviter la rigueur des deniers otieux
appartenans à leurs dits myneurs que par l'éedict de constitution, et infiniz, meuz du zelle de secourir le Roy aux plus
importantes affaires de cest Estat, se seroient efforcez d'ailleurs pour entrer en ce secours, de sorte que les supplians, se
voyans frustrez de ce qu'ilz espéroient de sy longues poursuittes, auroient usé de la voye de justice contre lesd. conseillers et eschevins, et en jugement contradictoire, voz
officiers oys, seroient ensuiviz arrestz de condampnacion
contre eulx. Pour éviter la rigueur de l'exécution d'iceulx
se seroient voz receveurs ingérez bailler aux supplians
quelques rescriptions, voye très perilleuze, et lesquelles
assignations prinses eussent esté inutilles, et dont autrement les dicts receveurs généraulx s'en feussent faict paier,
ce que remonstré à Mgr. de Montpensier, MM. de Chom-
bert, Incarville et Sansy estant audit Rouen, promistrent
d'apporter à votre dicte Majesté et à nos seigneurs de votre
Conseil les justes complainctes des dits habitans et y faire
donner quelque ordre, ce qui auroit esté tiré à sy long délay
que de rechef ilz auroient reitéré contre lesd. eschevins leurs
poursuiltes en votre dicte court de parlement, et mesmes
en la séance des Estatz de la province délivré mémoires et
instructions, et au retour des députez desd. Estatz, informez
de ce qui s'y estoit passé et rien n'avoir réussy à leur en-
tente et soullagement, enfin à leurs réquisitions et instance,
la dicte court auroit, par son arrest du 15 mars dernier,
ordonné que, en l'hostel-commun, assemblée géneralle
seroit tenue par devant l'un des sieurs présidens et deux
conseillers de votre dicte court, le lundi ensuivant, pour
en délibérer, et par ce moien prévenir les inconvéniens qui
ordinairement engendrent les désespérez et extrêmes nécessitez ausquelles l'on voyoit plusieurs et sont encores à présent réduictz, et depuis enjoinct ausd. conseillers et esche-

vins députer aucuns d'eulx, offrans lesdits poursuivans, de leur part, y envoier, pour au vif représenter leur misère et calamité, et suivant ce, par autre arrest du 5 avril dernier, contrainct aucun desdits nommez s'y acheminer, néantmoins ses excuses ; et d'autant qu'il ne seroit raisonnable que les autres articles de lad. réduction fussent entretenues, et non celluy concernant lesd. arrérages, et au préjudice de la foy publique, soubz laquelle lesd. habitans ont contracté, non acquittée.

« Ce considéré, il plaise à votre Majesté ordonner :

« Que de la recepte généralle de Caen seront prins annuellement six-vingts mil escuz et paiez à votre receveur général de lad. générallité de Rouen, pour luy servir de fondz à employer au paiement des arrérages des rentes constituées ausd. habitans sur la dicte recepte généralle de Rouen, attendu que, lors de partie desd. constitutions, ce n'estoit qu'une générallité et recepte, et ce au lieu de leur contribution aux gaiges des corps souverains de lad. Normandye que l'on faict intégrallement porter à lad. recepte généralle de Rouen.

D'autant que les charges des receptes générralles sont distinctes et séparées et que ne s'y peult innover aucune chose sans confusion, Sa Majesté n'y peult toucher.

« Rejecter ailleurs les rentes constituées en 1587 et 88 à plusieurs seigneurs de votre court.

D'autant que les constitutions ont esté faictes en vertu d'éedicts et veriffiées, ne se peult changer aucune chose au préjudice des contractz qui ont esté passez par les commissaires.

« Les 45 ou 50,000 escuz de rente annuelle que les habitans de votre ville de Paris prétendent leur estre deubz en lad. recepte généralle de Rouen, sur le revenu de voz receptes de lad. ville de Paris.

Idem.

« Aussy deffendre de paier les pentions et gaiges augmentez à vos officiers d'ancienne création, que aux autres créés' de nouveau, particulièrement desd. constitutions, au préjudice d'icelles, casser et adnuller toutes les patentes qui en auroient esté obtenues.

Sa Majesté a ordonné les gaiges et pensions, selon qu'elle a jugé pour le bien de son service, à quoy elle ne peult à présent changer aucune chose.

« Et pour suppléer aux deffaultz de fondz qu'il y a, à cause des stérillitez, aux aides octroiez par les feuz roys aud. hostel-commun de Rouen, et faciliter le paiement des arrérages des rentes consignées sur icelles, leur octroyer 20 s. pour minot de sel du nombre de 2 escus 5 solz.

Le Roy ayant ordonné lesd. 20 s. pour le paiement des gaiges desd. courtz afin d'en descharger ses receptes généralles, ne peult rien innover à ce qui en a esté faict.

« Et révocquer les lettres patentes octroyées à la court de parlement, Chambre des Comptes, grand Conseil, Court des Aides de Paris, n'estant raisonnable de ce qui se lève sur eulx estre emploié à l'acquict desd. gaiges,

« Et les gaiges des corps souverains de Normandie estre pris dans lad. recepte généralle de Rouen, au recullement et altération du fondz destiné pour les arrérages des rentes y créées.

Les gaiges des courtz de lad. province sont sy favorables, ayant esté de tout temps paiez en lad. recepte généralle, que sa Majesté ne peult pour le présent en changer aucune chose.

« Et où les susdictes ouvertures ne suffiroient au courant pour le parfournissement, ensemble pour acquitter les arrérages du passé, revenant à présent à ung million d'or, rétracter la commission extraordinaire décernée aulx fins de la levée desd. *nouveaux impostz* et en laisser l'amesnagement ausd. conseillers et eschevins.

Les deniers provenuz des nouvelles impositions sont affectez au paiement des promesses faictes par sa Majesté pour la réduction à son obéissance de la ville de Rouen et d'autres de lad. province, tant à M. le maréchal de Biron que autres, aprez l'acquict desquelles sa Majesté advisera de pourveoir aux suplians sur cest article au mieux qui luy sera possible.

« Et des huit escus pour muy de sel d'emboucheure, que auront seullement lieu jusques au plain paiement desd. arrérages, et en estre par le receveur dudit hostel-commun rendu ung seul et mesme compte avec les autres aides de lad. ville, à ce que, paié le reste des six-vingts mil escuz dudit s^r de Biron et des sommes accordées au feu s^r admiral de Villartz sur lesd. huit escus, estre leur résidu emploié à l'acquict des arrérages, sans novation de leurs contractz ; et seront lesd. suppliants de plus en plus obligez rendre à votre dicte Majesté obéissance et service. Signé : Bigot et De la Place, chacun ung paraphe.

Les huict escus pour muy de sel d'emboucheure sont affectez au paiement des debtes du feu s^r admiral de Villartz, confirmez au s^r de Villartz, son frère, et vérifiez en la Court des Aides expressément pour cest effect, au préjudice duquel ne peult estre ordonné aucune chose.

« Faict à Abbeville, le 4e jour de juing 1596. Signé : Potier, ung paraphe. »

« Au Roy et à Nos Seigneurs de son Conseil d'Estat.

Sire,

« Les conseillers eschevins de votre ville de Rouen vous remonstrent humblement que, par les commandementz et lettres patentes des Roys de France, voz prédécesseurs, que Dieu absolve ! et pour subvenir aux urgentes affaires qui se présentoient à la conservation de l'Estat et couronne de France, lad. ville a esté en nécessité de prendre et s'obliger

à grandes sommes de deniers en rente, ayant à ce faire contrainct plusieurs tucteurs de pauvres soubz aage, femmes
veufves, thésauriers d'églises, hopitaulx, bureaulx des
paouvres et autres personnes en nombre infiny, fondez sur
la promesse et foy publique portés par les lettres sur ce
octroyées par leurs Majestéz, pour estre prins par chacun an
sur voz receptes généralles et particullières dudit Rouen,
dont ilz ont esté dressez par aucun temps que le fondz en
estoit annuellement paié au receveur de lad. ville qui en
acquittoit les arrérages desd. rentes selon la constitution
d'icelles, jusques à ce que, par la mallice d'aucuns financiers ou aultrement, lesd. deniers ont esté divertis (à) autre
usage, mesme par l'injure et callamité du temps survenues
à raison des guerres l'on n'en a peu depuis 9 à 10 ans estre
dressé, sy bien que, pour les arrérages du passé, il en est deu,
pour lad. ville, ausd. particulliers, assavoir, du précédent
les guerres, 210,076 escus ; pendant les guerres, 528, 430
escus ; et du depuis la réduction de ceste ville, 201, 750
escus, sans comprendre les rentes deubz directement, tant
à iceulx particuliers que autres, sur la Recepte généralle,
Greniers à sel, recepte des Aydes, du Domaine et de l'Imposition foraine dudit Rouen, et, qui pirs est, ilz ont esté du
tout frustrez du fruict et espérance qu'ilz avoient en l'éedict
de Réduction de lad. ville, faict en l'an 1594, suyvant lequel
ilz debveroient estre satisfaictz tant du passé que du courant
desd. arrérages d'icelles rentes pour lad. année et autres
subsécutives, ainsi qu'il est expressément porté par icellui
éedict, à cause de quoy les suppliantz ont esté et sont continuellement importunez, poursuivis et inquiétez par les susdits particuliers, pour estre secourus et satisfaictz desd. arrérages, la pluspart desquelz, pour n'avoir autre bien ny
moien de vivre, sont réduictz en extrême misère et paou-
vreté, mesmes parvenus à tel désespoir qu'ilz s'en attacquent
journellement, avec parolles oultrageuses, ausdits supplians,

qu'ilz ont contrainctz plusieurs foys de faire ceste poursuitte et de supplier, comme ilz font très humblement, votre Majesté de leur voulloir sur ce pourveoir.

« A ces causes, Sire, à ce que voz paouvres et affectionnez subjects ne soient frustrez de l'espérance et foy publique de voz prédécesseurs Roys, contenus en leurs dictes lettres patentes deuement vériffiez, vertu desquelles lesd. rentes ont esté constituez, et que les supplians soient dellivrez de telles et sy continuelles inquiétudes et poursuittes, et qu'ilz puissent faire et exercer en plus de liberté et assurance de leurs personnes leurs dites charges, il plaize à votre Majesté ordonner que lad. ville sera doresnavant paiée, de quartier en quartier, sans aucun recullement ou autré empeschement, desd. arrérages d'icelles rentes à elle constituées sur les susdictes recepte généralle et particullière dudit Rouen, montant assavoir des parties sur lad. recepte généralle à 50,000 ecus par an ; sur la recepte du domayne de la vicomté dudit Rouen, à 2,000 écus ; sur le revenu des traictes domanialles, sold pour livre de la draperie supprimé, nouveaux 5 sols pour minot de vin et autres impositions de la Rommayne 15,000 escus aussy par an, pour y subvenir et paier tous lesdits particulliers ; mesmes voulloir octroyer à lad. ville remplacement de 2,000 escus, qui luy manquent de fondz par chacun an sur les octroys destinez pour la fortiffication ordinaire d'icelle et de 26,000 escus, qui se trouvent aussy chacun an de faulte de fondz sur le paiement des rentes constituées à autres personnes sur les octroys de solde anciens et nouveaulx de lad. ville, lesquelles faultes de fondz proviennent des grandes diminutions qui se trouvent à présent sur les fermes desd. octroys, ou bien, sy la commodité des affaires présentes de V. M. ne peult permettre que lesd. supplians puissent estre paiez et remplacez des susd. parties montant ensemble à 95,000 escus par année, ny de ce qui en est deub du passé ausd. paouvres particulliers, voulloir accorder ausd. supplians l'entière pocession et admesnagement des *impostz nouveaulx* qu'il a pleu à V. M. estre levez en ceste province et qui y continuent encores de présent, y comprenant exempts et non exemptz, pour plus promptement paier lesd. arrérages, attendu que les assignations pour lesquelles ils ont esté levez sont et ont deub estre acquictées, comme il apparoistra par le grand nombre des deniers qui ont esté receuz depuis le jour de la création desd. impostz ayant eu cours durant plus de 2 ans et demy, et ce sans en descharger lad. recepte générale, et qu'il en soit rendu ung seul et mesme compte.

« Et parce que les deniers qui proviendront desd. impostz ne seroient suffisans pour le total paiement desd. arrérages d'icelles rentes, leur accorder aussy le droict de 8 écus pour muid de sel d'emboucheure, qui se lève en ceste d. province, qui doibvent estre affranchis par l'acquict de la debte pour laquelle led. droict a esté estably.

« Pareillement leur octroyer les 20 sols de distraction pour mynot de sel du nombre de 2 écus 5 sols et révocquer les lettres patentes octroyez à la court de parlement, Chambre des Comptes, Grand Conseil et Court des Aydes de Paris, n'estant raisonnable, que ce qui se lève en ceste province soit employé à l'acquict desd. gaiges, et que ceulx mesme sur qui lad. levée se faict soient frustrez de ce qui leur est deub plus légitimement.

« Et d'autant que par le contract d'engaigement des susdicts droictz de la draperie suprimés, traictes domanialles, nouveaux 5 sols pour muid de vin et autres mentionnez aud. contract, il est expressément contenu que, lorsque le bail de Me Regné Brouart, fermier général d'iceulx, seroit expiré, comme il l'est à présent, touttes les fermes d'iceulx droicts demeureroient à la pocession et admesnagement de lad. ville pour en jouir et user ainsy qu'elle faict desd. octroys de solde qu'elle pocède sellon que tant le susdit contract, lettres

de ratifficacion du feu roy que vériffication d'icelles le
portent, qu'il plaise à V. M. en faire jouir lad. ville et luy
accorder l'administration et entière possession des sus d.
droictz, suyvant le renvoy cy-devant faict de leur requeste
vers V. M. par les srs Thésauriers généraulx de France où
lesd. supplians s'en estoient pourveuz au mesme effect, et
cependant ordonner que les arrérages des autres parties de
rentes deubz directement aux sus d. particulliers sur lad.
recepte généralle, recepte du sel, domaynes, aides et imposition foraine leur seront paiez du passé et de l'advenir sellon
les contractz de constitution d'icelles, sans recullement ou
autre empeschement quelconque, et lesd. supplyans avec
tous lesd. paouvres particulliers continueront de prier Dieu
pour la très désirée prospérité et santé de votre d. Majesté.
Signé : Voisin, Puchot, Danten, Paviot, Bigot, Baudry et
De la Place ; et au dessoubz est escript ce qui ensuit : Le
Roy a renvoyé la présente requeste au sr de Bellièvre, conseiller en son Conseil d'Estat et finances, pour en faire rapport à S. M., pour apprez estre pourveu ausd. supplians sur
le contenu en icelle comme S. M. verra estre à faire par
raison. Faict à Rouen le 25e jour d'oct. 1596. Signé : de
Neufville ; et plus bas est escript ce qui ensuict : Le Roy,
apprès avoir ouy le rapport de la présente requeste, a ordonné
et ordonne que le courant desd. rentes assignées sur le domayne, aides, gabelles, fermes, octroys et receptes particullières sera paié et acquicté par les recepveurs et fermiers
en la manière accoustumée et en la mesme forme qu'il
soulloit estre avant les troubles, comme S. M. l'a faict pra-
ticquer depuis la Réduction de lad. ville en son obéissance,
ayant esté lesd. rentes payées aultant que le fondz a peu
porter, sans qu'elle s'en soict aydée en ses affaires ; et pour
le regard des rentes constituées sur la recepte généralle, desquelles, à raison de l'impuissance du peuple et de la difficulté qu'il y a eu au recouvrement des tailles, qui est cause

des grandz arrérages qui en sont deubz du passé, S. M. a
ordonné et ordonne que pour l'advenir sera pourveu, par
les commissaires qu'elle establira suyvant l'advis de l'assemblée convocquée en ceste ville pour pourveoir aux
affaires du Royaulme, tant du fondz de lad. requeste que
des autres moyens proposés pour y suppléer, affin que le cours
desd. rentes soit acquicté à ceulx à qui elles sont deues suyvant leurs contractz ; et, quant aux arrérages du passé, demandez par lesd. suppliantz, en bailleront estat pour estre
veu par S. M. en son Conseil et y ordonner ce que de raison ;
et sur la faulte de fondz qui se trouve aux octroys et ayde de
solde, à cause des diminutions des fermes, ne pouvant à
présent S. M. pour la nécessité de ses affaires de la guerre
en faire remplacement, enjoinct ausdits conseillers et eschevins adviser aux moyens plus commodes pour ce faire et
iceulx proposer pour y avoir tel esgard qu'il appartiendra,
à quoy S. M. veult et entend que promptement y soit advisé
pour le bien et soullagement des dits supplians ; et d'aultant
que lad. assemblée a emploié aux Cahiers présentés à S. M.
les ouvertures de l'abollition des *nouveaux impostz* pour
estre reiglez à l'advenir par autre forme nouvelle, où ont
assisté deux desd. conseillers, ne peult à présent S. M. leur
en bailler le manyment et administration par eux requis,
comme pareillement pour les ventes pour muid de sel d'emboucheure affectez au paiement de ce qui est deub au s^r de
Villars jusques à son entier remboursement ; et, quant aux
20 s. pour mynot de sel affecté au paiement des cours souveraines de Paris et Grand Conseil, S. M. n'y peult pour
le présent innover auculne chose. Faict à Rouen, le 5e jour
de fév. 1597. Signé: POTIER. »

« Au Roy.

« Supplient très humblement les conseillers et eschevins

de ceste ville de Rouen qu'il vous plaize leur pourveoir sur les articles cy-aprez. Premièrement,

« Qu'il plaize à votre Majesté casser les garnisons des fortz Ste Catherine, Vieil-Pallais, Pont-de-l'Arche et Henrycarville d'aultant que quant à présent les despences desd. garnisons sont inutilles et grandement préjudiciables au public, attendu que l'on est contrainct prendre aux receptes géneralles les fondz destinés pour le paiement des rentes pour satisfaire au paiement d'icelles garnisons, et par semblable faire cesser les fortifficacions encommencées.

« Révocquer la levée des impositions qui se lèvent èsd. villes du Pont-de-l'Arche et Henrycarville, d'aultant que ceste levée et spéciallement pour led. Henrycarville empesche grandement le trafficq, qui porte préjudice à sa d. Majesté et au public de vingt fois davantage qui ne provient desd. impositions.

« Qu'il luy plaise accorder ausd. eschevins la somme de 146,000 escus par chacun an pour subvenir à la faulte de fondz qu'il y a aux octroys des fortifficacions, tant ordinaires que extraordinaires de lad. ville, à cause des non valeurs des fermes y affectées, que pour les surcharges qui y surviennent, estant besoing dès à présent de faire travailler promptement à la réédifficacion de grand nombre de perches de muraille qui sont tombez prez des Jacobins et S. Hillaire, où il conviendroit bien, pour la façon d'icelles, la somme de 10,000 escus, et, pour satisfaire au paiement d'iceulx les assigner sur le paiement qui se baille aux garnisons inutilles des fortz et places dont cy-devant est faict mention.

« Révocquer aussy demy-escu pour ponson de vin, du nombre de 1 escu 30 s. qui se lève en la ville de Paris pour le vin que l'on apporte en ceste ville de Rouen ou ailleurs en Normandie, attendu que à tous les lieux de ce royaulme il ne se lève que 1 escu pour ponson, et que tout le vin de

Gascongne passant par ceste ville pour porter audit Paris ne paye que 1 escu.

« Qu'il luy plaise octroyer aux 24 du Conseil de lad. ville et officiers ordinaires, à chacun, une myne de sel, au prix du marchand, par chacun an, tant en charge que hors de charge, à commencer du 1er d'octobre présent moys et an, à prendre et avoir au grenier à sel de ceste d. ville.

« Qu'il luy plaise accorder ausd. conseillers eschevins l'as-menagement des greniers à sel de Rouen, Vernon, Louviers, Gisors, Caudebec, Harfleur et Neufchastel, lesquelz avoient esté par cy-devant engaigez à lad. ville, tant pour paier les arrérages du courant des rentes qui sont constituées sur le revenu d'iceulx, montant à la somme de...... par chacun an, et de la plus valleur en paier les arrérages du passé, et du surplus faire le raquict du principal desd. rentes.

« Qu'il luy plaise accorder ausd. conseillers eschevins la somme de 20,000 escus pour aider à partie du remboursement des frais qu'il a convenu faire à l'*Entrée* de sa d. Majesté, à prendre sur les premiers et plus clairs deniers des *nouveaulx impostz* qui se lèvent en toutte la Normandie. »

Nous avons vu comment, pendant quelques années, la moitié des *nouveaux impôts* fut laissée à la ville de Rouen pour le paiement des rentes. Nous ne reviendrons pas sur ce sujet.

Nous nous bornerons à faire observer que la même question préoccupa non moins, sinon plus, les échevins de Paris. Nous n'en voulons pour preuve que cette analyse d'un discours prononcé dans l'assemblée générale du clergé par le Prévôt des marchands.

Procès-verbal de l'assemblée générale du clergé de France, mai 1602, en l'hôtel archiépiscopal de Paris. — « Le samedy 6e juillet, le sr Guyot, Prévost des marchands, s^r des Charmeaux, accompagné de etc..... entré en l'assemblée, auroit dict qu'au commencement qu'il fut estably en charge, il fist ses veux et prières à Dieu, à ce qu'il luy pleust le rendre sy heureux qu'il peust donner contentement non seullement au Roy, mais aussy à ses concitoyens, principallement en ce qui touche le faict des rentes, disant que lesd. rentes avoient servy de fond aux plus grandes et signalées familles de ce royaulme, fond que l'on tenoit sy asseuré que les particuliers vendoient leur patrimoine pour y participper, et les parlemens, par arrests, contraignoient les tuteurs d'y employer le bien des mineurs; que c'estoit le trésor où les pères mettoient la main pour le mariage de leurs filles, les maris pour le douaire de leurs femmes, les héritiers pour lotter et partager l'héritage de leurs pères; que c'estoit l'espargne pour administrer la nourriture aux vefves, pour servir d'aliment aux orphelins, pour sustenter les hospitaulx, pour entretenir les églises; mais que le malheur de ce siècle et les guerres passées nous avoient bien faict paroistre et sentir le contraire; qu'il n'y avoit rente sy incertaine ny revenu en ce royaulme sy mal assuré que cestuy là; maintenant que Dieu nous a rendu la paix, il prioit la compaignie d'entendre la clameur de tant de pauvres orphelins, vefves et aultres personnes affligées qui jettent les yeulx dessous nous, qu'il disoit n'estre, après Dieu, qu'à la protection du Roy, de la justice, de nous et de noz charitez; que sy les Dieux du passé, si les églises des Chrestiens, si nos aulmosnes et charitez ont servy de refuge aux pauvres affligez, c'estoit maintenant qu'il imploroit nos mesmes charitez et secours, à ce qu'il nous pleust avoir pitié et compassion des pauvres; que le Roy, par le traicté qu'il a fait avec nous, nous avoit faict don, à tous MM. du Clergé, de ce qu'ils pouvoient devoir des décymes, et encore qu'il n'aye remis au peuple que le tiers des cinq années des rentes, à nous aultres, il avoit tout remis en considération des pertes et ruynes que nous avions souffertes pendant les troubles ; qu'il ne vouloit traicter avec nous que depuis l'année 1595, qu'ayant promis 400,000 escus par an au Roy, ils en avoient receu 1,600,000 depuis 7 ans ; qu'il restoit 13 ou 1,400,000 à payer dont il nous demandoit raison ; que ces deniers estoient ou entre les mains des bénéficiers ou des receveurs, ou qu'ils estoient remis et deschargez. Quant au premier, que nous estions obligez par contractz ratiffiez et exécutez, les premiers confirmez par les seconds ; que nous estions entrez en payement ; partant sy les bénéficiers les doibvent, il nous en demandoit raison. S'ilz sont entre les mains des receveurs, il nous en demandoit justice, et nous supplioit y employer nos prudences et bons advis, affin qu'ensemble nous peussions empescher la rétention qu'ils font de noz deniers. S'il y a descharge, qui est le 3e, qu'il nous en demandoit communication, parce qu'il y avoit intérest. »

IMPOT DES TOILES.

Un édit du dernier jour d'oct. 1600, donné à Chambéry, établit un impôt de 12 d. pour livre sur toutes marchandises de toiles, doubliers, coutils, canevas, aulonnes, bougrens, treillis et autres ouvrages de fil, de lin, chanvre et étouppes qui seraient transportés hors du royaume. Cet impôt n'était pas nouveau ; mais il avait été aboli en 1588. Sa publication donna lieu à la plus vive opposition, comme on le voit par les délibérations de la ville de Rouen, du 28 avril, du 10 mai 1601, du 4 fév. 1602, par les remontrances du parlement et de la Cour des Aides.

Nous rapportons ici, comme un document intéressant pour l'histoire du commerce, les articles qui furent rédigés par la ville à l'occasion de cet impôt.

10 Mai 1601. — *Articles de remonstrances que présentent les marchandz et MM. les conseillers et eschevins de ceste ville pour faire congnoistre l'importance que apporteroit l'éedict d'un sold pour livre d'imposition mise sur les toilles, en dabte du dernier jour d'oct. 1600.*

« Premièrement.—Tant s'en fault que, avec les toilles qui se enlèvent hors le royaulme, l'on transporte l'or et l'argent d'icelluy, que au contraire les toilles sont les vrayes mynes de l'or et argent en ce royaulme, par ce qu'elles ne s'enlèvent de ce dict Royaulme que pour estre transportez aux pais dont l'on apporte l'or et l'argent.

« Comme aussi, sur le prétexte exposé par led. éedict qu'il seroit autant raisonnable de prendre led. impost sur les toilles, comme l'impost d'un sold pour livre qui se percevoit sur la draperie, sera remonstré que S. M. ayant recongneu le dommaige et préjudice que tel impost, ensemble celluy des toilles, luy aportoient et à son pauvre peuple, il avoit iceulx révoquez et suprimez en ung mesme temps.

« Remonstrent davantaige, contre ce qui est allégué par led. éedict, que, aux pais estranges, comme Portugal, Barbarie, Madère, Canarye et tous les Pays-Bas, ilz sçavent bien conserver la liberté des marchandises excroissantes et manufacturées en leur pais, ne les chargeans comme de bien petitz impostz pour en avoir la vide plus facile, et l'apport des marchandises estrangères, et, par conséquent moyen, d'employer leur pauvre peuple en leur travail et les tenir hors d'oisiveté, comme en France, et par espécial en la Normandie et Bretaigne, la manufacture de la filace et toille est l'entretien du menu peuple le plus pauvre et inutille, qui, cessant lad. manufacture, sera en toute pauvreté et mandicité, du travail duquel S. M. est satisfaicte à la pluspart de ses tailles, les princes, seigneurs et autres paiez de leurs fermaiges.

« Qu'il n'y a rien qui plus tost causast la distraction du
trafiq en ce royaume, si ung tel éedict avoit lieu, pour la
grande cherté qui tomberoit sur lesd. toiles.

« Et à ceste fin suplient considérer que la demande
que font les pais estrangers des toilles de ce pais n'est
pour estre leurs terres ineptes à porter lins et chan-
vres, ny leurs habitans ignorans la manefacture desd.
ouvraiges de toille, ains, par le moyen du prix médiocre
à quoy ilz leur sont rendues de ce pais, n'y ayant lieu où
les hommes et femmes facent meilleur marché de leur peine
que en ceste province de Normandie, où la plus part des
pauvres habitans se contentent s'ilz peuvent seulement
gaigner du pain, rendans par ce moyen la marchandise à
tel prix que les marchandz estrangers ont tousjours par cy-
devant trouvé meilleur achapter les toilles des marchandz
de ce pais que de prendre la peyne d'en ouvrer et façonner,
ce qui cessera si led. patent a lieu, pour le prix excessif à
quoy reviendroict lad. marchandise.

« Et afin d'entendre combien préjudiciable pourroit estre
led. impost, s'il estoit levé, sera considéré que les impostz
dont depuys quelque temps les toilles ont esté chargées, à
sçavoir la réapréciacion et traicte domaniale, combien
qu'ilz ne soient de telle importance que le présent, ont causé
une merveilleuse discontinuation du trafiq desd. toilles,
s'estans habituez plusieurs, qui n'avoient jamais pensé
à telle chose, à en faire et se passer des nostres, jusques là
que le pays de Barbarye, qui avoit accoustumé tirer de
ceste ville par chacun an plus de 2,000 ballotz de toille,
n'en tire à présent 150 ballotz, ayans les habitans dud.
pais, par la cherté des nostres, apprins à s'en passer et en
faire eux-mesmes, tellement que à présent ilz ne font grand
estat de celles qu'on leur puist porter.

« D'aillieurs l'on avoit accoustumé apporter en ce pais
grand nombre de lins de Hambourg, Hollande et lieux cir-

convoisins, qui se menouvroient en ce pais, où plusieurs pauvres personnes estoient employez et y gaignoient leur vye ;
mais pour le présent, pour le hault prix à quoy ilz voient
que les toilles sortans de ce pais reviennent à cause desd.
impostz, eulx, qui en sont du tout exemptz, voyans qu'ils
les peuvent rendre à beaucoup meilleur marché, les façonnent à présent eux-mesmes.

« Tellement que l'on ne puist attendre autre chose, estant
effectué led. patent, que, comme l'on a veu par cy-devant
l'estranger sçavoir s'aider de l'occasion et tirer à soy l'industrie qui nous estoit particullière en plusieurs artz par le
moyen de noz ouvriers qu'il n'a poinct, à vray dire, tant à
soy attirez, comme la nécessité et pauvreté les y a chassez,
comme en Escosse, le moyen à faire les tainctures ; en
Flandres, Angleterre et autres lieux, le papier et cartes auparavant à eulx incongneuz, et faict bâtir et construire grande
quantité de moulins à papier, de manière que le trafiq desd.
cartes et papier qui entretenoit grand nombre de peuple de
ce pais en est du tout distraict à l'occasion des impostz qui
ont esté sur ce mis, lesquelz sont à présent du tout inutiles,
aprez avoir esté la cause que les ouvriers se sont retirez de
ce pais pour aller résider ausd. pais estrangez, comme par
semblable les teliers et autres ouvrans les toilles se retireront ès lieulx où ilz verront plus de prouficit, nous laissans,
comme ont faict lesd. papetiers et cartiers, ung nombre
infini de pauvres enfans et leurs femmes, à la grande charge
du public.

« A joindre que de nouveau, au pais de Silicye en Alemai-
gne, se façonnent à présent grande quantité de toilles de la
mesme laize et façon de celles de ce pais, qui se rendent en
Hespaigne par Hambourg, à beaucoup meilleur marché
que ne pourroient faire les nostres, si led. impost a lieu.

« Mesmes que les Espaignolz habitans aux Indes occiden-
tales, qui est le lieu où la plus grand partie de noz toilles se

consomment, ayans navygué par la mer du Su, ont prins congnoissance avec les habitans du royaulme de la Chyne qui les fournissent à présent de marchandise de toilles à aussi bon marché et meilleur que ceulx de ce pais, qui a occasionné que les marchandz françoys ont receu perte en ces dernières années sur leurs toilles ; et, advenant que led. impost ayt lieu, il ne leur sera plus loisible ny à propos d'en faire transporter, estant bien à craindre que, si telles choses prengnent une foys cours, que l'on ne voye ce pais en bref délaissé et désert, privé des grandes commoditez qu'il a par cy-devant eubz et enfin réduict en une extresme misère et calamité.

« Desquelles choses s'ensuivra indubitablement discontinuation de tout trafiq, qui, outre la misère qui en tombera sur le pauvre, qui pourra tomber en mandicité et désespoir pour n'avoir moyen de s'employer à gaigner sa vye, apportera à S. M. mesmes ce dommaige qu'elle sentira en bref grande diminution en ses autres droictz qu'il lève sur lesd. toilles, mesmes sur toutes les marchandises qui se apportent en ce pays, estant nécessaire que cesse le moyen de faire venir aucunes marchandises estrangères, cessant le commerce desd. toilles, qui est la seulle marchandise qui nous donne accez aux nations estranges, et nous en amène de leur pais plusieurs autres à nous très utiles et nécessaires, et pour l'entrée desquelles S. M. perçoit des droictz sans comparaison plus grandz que ceulx qu'il pourroit lever par le moyen dud. impost (1). »

Un arrêt de la Cour des Aides, du 3o juillet, porta que des remontrances seraient présentées au Roi, au sujet de la levée des 12 deniers.

(1) Arch. comm. de Rouen, *Registre des Délibérations*, A. 21, f° 3go v° et suiv.

Il y eut des lettres de jussion des 6, 28 mars, 5 juin, 13 juin, et dern. sept. 1602.

L'opposition fut vive de la part des échevins de Rouen. Pour empêcher l'exécution de l'édit, ils engagèrent une correspondance avec les prieur et consuls de Rouen et avec les échevins des villes de Caen, du Havre et de Dieppe, et demandèrent aux uns et aux autres de députer quelques-uns de leurs corps qui se joindraient à ceux de Rouen et au procureur des États, pour aller, de concert, présenter des remontrances au Roi (1).

Henri IV délégua pour entendre leurs plaintes le chancelier et M. de Sillery. Le 7 oct., M. Jacques Blondel, quartenier, fut renvoyé par la ville pour « savoir la réponse des commissaires. » Et seront, est-il dit dans la délibération, les marchans de ceste ville exhortez d'y envoyer de leur part, ainsy qu'ils ont faict cy-devant, et que la séance des Estatz prochains sera actendue, au Cayer desquelz Estatz sera mis et couché article touchant la révocation dud. éedict; et où avant la séance des Estatz il y auroit jussion envoyée à la Cour des Aides, et que l'on voudroit passer outre à la vérification dud. éedict, la ville formera opposition et demandera le tout estre renvoyé par devers lesd. srs chancelier et de Sillery, commissaires dessus dits, et que le procureur des Estatz ou son substitut sera adverti de faire le semblable. »

Le 2 nov., les députés furent renvoyés en cour pour l'impôt des toiles, « aux fins de leur légation, d'autant que les Estatz estoient passez. »

L'édit des toiles fut vérifié le 21 novembre 1602, à la Cour des Aides, mais avec limitation de sa durée à un an, contrairement à l'intention du Roi, ce qui nécessita de nouvelles lettres de jussion, du 2 déc. 1602, lesquelles furent vérifiées le 17 déc. suivant.

(1) Arch. de la ville de Rouen, *Registre des Délibérations.*

360 APPENDICE.

Cet impôt fut continué par un nouvel édit du 28 octobre 1603 qui fut vérifié le 9 janvier 1604 (1).

(1) Arch. de la S.-Inf., Cour des Aides, *Mémoriaux*, B. 14, f° 235 v°.

FIN DU TOME PREMIER.

TABLE

FIN DE LA TABLE.

OUVRAGES PUBLIÉS

PAR LA

SOCIÉTÉ DE L'HISTOIRE DE NORMANDIE :

Le prix est de 10 fr. pour les nouveaux Sociétaires.

—⁓⁓—

IMPRIMÉ PAR E. CAGNIARD, ROUEN.

www.ingramcontent.com/pod-product-compliance
Lightning Source LLC
Chambersburg PA
CBHW071619270326
41928CB00010B/1700